U0561363

《古邑嘉禾——大运河嘉兴名镇记》编委会

顾　问：章　剑　崔泉森

主　编：徐明良

副主编：周　彬　沈晓军

编　委：蒋　莉　马华芳　李　鹏　张利华　钟晓燕　顾伟建
　　　　蒋　斌　吴文平　顾金生　张晓平　邓中肯

创作组：徐　兵　王　仪　蒋书澄

古邑嘉禾

大运河嘉兴名镇记

沃野 等著

GUANGXI NORMAL UNIVERSITY PRESS
广西师范大学出版社
·桂林·

古邑嘉禾：大运河嘉兴名镇记

GUYI JIAHE：DAYUNHE JIAXING MINGZHEN JI

图书在版编目（CIP）数据

古邑嘉禾 : 大运河嘉兴名镇记 / 沃野等著. --桂林 : 广西师范大学出版社，2023.9

ISBN 978-7-5598-6124-5

Ⅰ. ①古… Ⅱ. ①沃… Ⅲ. ①乡镇－概况－嘉兴 Ⅳ. ①K925.55

中国国家版本馆 CIP 数据核字（2023）第 103403 号

广西师范大学出版社出版发行

广西桂林市五里店路 9 号　邮政编码：541004

网址：http://www.bbtpress.com

出版人：黄轩庄

全国新华书店经销

苏州市越洋印刷有限公司印刷

苏州市吴中区越溪街道南官渡路 20 号　邮政编码：215104

开本：720 mm × 1 020 mm　1/16

印张：25.5　　字数：290 千

2023 年 9 月第 1 版　　2023 年 9 月第 1 次印刷

印数：0 001~8 000 册　　定价：118.00 元

目录

楔子：江南忆，最忆是运河

1. 天上天堂，地下苏杭

有一句古代谚语流传很广，叫作“上有天堂，下有苏杭”。可是在天堂之下，为何独不见居于苏杭之间的嘉兴？作为水乡泽国，嘉兴土膏沃饶、风俗淳秀，处东南形胜之地，素有“烟雨江南”的美称，与苏杭二州相比毫不逊色。三者都是中国历史文化名城，同样运河萦绕，遐迩闻名，况且嘉兴南湖与杭州西湖、苏州阳澄湖遥相呼应，相得益彰，为什么媲美天堂时，非要独缺嘉禾胜地？

说来话长。这句古谚最初发端于唐代诗人任华笔下。这位生卒年不详的诗人在唐肃宗朝入京为官，在秘书省校书郎任上写了一首《怀素上人草书歌》，其中两句“人谓尔从江南来，我谓尔从天上来”开启了“直把江南比天堂”的滥觞。

比任华晚出的那位号称“醉吟先生”的白居易，大约在唐开成二年（837）初夏，一连写了三首各自独立而又互为补充的《忆江南》，进一步描绘了江南的景色美，抒发了对杭州和苏州的忆念和向往。首先是“日出江花红胜火，春来江水绿如蓝”，然后笔锋一转，直言不讳地说：“江南忆，最忆是杭州。”因为杭州的桂花浓香馥郁，中秋时节若身处宁静的寺庙，甚至可以听见月亮上桂花飘落的声音，所谓“山寺月中寻桂子”，弦外之音大约是希望吴刚捧出桂花酒，嫦娥甩起水袖舞。

虚幻的想象并不存于现实生活，那么就退而求其次——《忆江南》的最后一层境界，是醉吟先生表达了对苏州的挂念：“江南忆，其次忆吴宫。吴酒一杯春竹叶，吴娃双舞醉芙蓉。”苏州的风物之美和女性之美，令人陶醉。今夕何夕，直把吴宫作广寒。

白居易的偏袒之爱是有前因的。最初他从长安下放到杭州做刺史时，独爱杭州。他曾对身为越州刺史的诗人元稹大夸海口：“知君暗数江南郡，除却馀杭尽不如。”等他调任苏州刺史以后，眼里终于有了苏州，于是就改口说：“甲郡标天下，环封极海滨。”接下来他就以“苏杭两州主”的身份，将“苏杭”并称。大约在白居易的偏心与执念里，江南只有他所“刺”（检核问事）过的“苏杭”可以代表。这是否就意味着，嘉兴真的被他的朝服长袖给遮蔽了？

并非如此。自三国吴赤乌五年（242），孙权为避太子和的音讳，改禾兴县为嘉兴县，即嘉兴得名之伊始，境域内的嘉兴、海盐、盐官三县就一直隶属扬州吴郡；至隋文帝开皇九年（589）废吴郡改称苏州起，嘉兴上述三县均隶属苏州。诗人任华所在的唐肃宗朝，以及白居易写《忆江南》的历史阶段，嘉兴地域仍属浙江西道苏州。在接下来的数百年里，嘉兴三县时而属吴郡，时而又属苏州，在不同行政命名的交替更换中，古嘉兴自始至终都置身于白刺史所设定的“江南忆”范畴，一直作为苏州的一部分，在刺史官衣长袖的呵护之下。

不知南宋诗人范成大晚年在编写《吴郡志》，把任华的“江南比作天堂”和白居易的“忆苏杭”合而流之，一锤定音地写下“天上天堂，地下苏杭”时，是否也意识到了嘉兴的地域归属问题。尽管他没有在这句流芳千古的谚语旁，特别标注小括号进行一番解释，但是他对嘉兴的境域之美却有一段刻骨铭心的记忆。那是南宋绍兴十七年（1147）左右的事，当时的范成大尚处“穷且益坚，不坠青云之志”的爬坡阶段，经常奔波于苏州与临安（今杭州）之间，运河是他的必经之路。有一次，路过隶属临安郡盐官县的长安市（今海宁长安镇），看见闸坝前的船只越聚越多，忽然间，闸门前传来一阵阵惊雷般的响声，白练似的水幕在顷刻间飞泻直下。水花四溅之际，这位年轻书生的创作灵感也随之如泉涌：

斗门贮净练，悬板淙惊雷。黄沙古岸转，白屋飞檐开。

航拍浙江嘉兴京杭大运河，汉歌文化供图

这是五言古诗《长安闸》的前四句，描述的正是长安开闸，急流奔涌而来，勾勒出了一幅千帆过闸、百舸争流时的壮观景象。就此惊鸿一瞥，让他再也难忘滔滔运河过嘉禾是何等的风华绝代。或许在落笔写诗之前，范成大早已认定，“江南长安”开闸之气象，“此景唯有天上有”。

当时宋室已经南迁，并在杭州建都。处京畿重地的长安镇因拥有闸坝码头而迅速成为出入杭州的咽喉要津，同时也变成漕船运输、官员迎送和公文传递的必经之地。想当年，诗人范成大正是从这里上船赶考，并高中进士第，从此人生喷涌出万千气象——不仅跻身“南宋中兴四大诗人”之列，而且仕途也似轻舟过闸，运势亨通。

2. 因水而生，因嘉而兴

运河的运势与气象，萌生于先秦。据记载，春秋末年至战国初期吴越地方史的《越绝书》上说：“百尺渎，奏江，吴以达粮。”百尺渎就是春秋时期开凿的古运河，也是江南运河的曙光，拉开了京杭大运河跨越两千五百年的历史序幕。

百尺渎的具体位置，志载位于“海宁盐官西南四十里”。不少学者认为，它的位置就在今海宁市长安镇附近。这是一条沟通太湖流域与之江（今钱塘江）的人工河道，它的大致走向是从姑苏经由拳（嘉兴古名）过修川，最后抵达钱唐（今杭州）。长安镇最早就叫修川，自古就是南来北往的水陆要冲。

周敬王三十八年（前482），越王勾践沿着百尺渎继续挖凿，最终挖成了越水道（今崇长港），这是嘉兴境内最早有确切记载的一条古运河，从桐乡市崇福镇起，至海宁市长安镇止，全长总共7.5公里。

公元前210年，秦王嬴政修筑陵水道，开河筑堤，形成水陆并用的通道，使古嘉兴与古杭州两地沟通互联。陵水道的开凿，奠定了日后江南运河在嘉兴境内的大致走向，为运河嘉兴段的形制与流向确立了早期雏形，也注定了嘉兴这座城市的基因与秉性，造就了它“因水而生、因水而兴、因水而美”的历史宿命与发展趋势。

汉武帝刘彻为了便于征输闽越贡赋，组织力量挖掘了苏嘉之间长达百余里的河道，初步形成了江南运河的轮廓，嘉兴境内的运河从此成为江南运河的一个重要组成部分而对嘉兴未来的发展影响深远。

春秋时期，嘉兴地域叫作“槜李”，至秦统一中国后，秦将吴越纷争地“槜李”改为由拳县和海盐县二县，属会稽郡。时至三国吴黄龙三年（231），因“由拳野稻自生”而被孙权视为此乃吉祥地，遂改由拳县为禾兴县，同时开始筑城，嘉兴最早的城垣（后称“子城”）因此建成，成为嘉兴历代衙署所在地，嘉兴也因此基本完成从乡村集镇向城市的转型。环绕着子城，又开凿了护城河，嘉兴环城运河就此形成。在吴赤乌年间，太子孙和因与鲁王孙霸争夺皇位而被废，因避太子讳而萌生的城市名“嘉兴”却异常坚挺地流传运用至今。在大运河的长期滋养下，这座古城开启了自己“因水而生，因嘉而兴”的成长之旅。

隋大业六年（610），出于经济动机和政治诉求，隋炀帝下令利用旧时河道拓宽修浚，完成了南北大运河的沟通，形成江南运河，使嘉兴成为南北交通干线上的一个关键节点。悠悠江南运河水，自京口（今镇江）绕太湖之东，直至余杭（杭州），全长800公里。这段运河，大多利用或遵循旧时的河流与水体，经过加工开凿、掘深拓宽或者截直联结，最终形成浙北干河。大水常从运河行洪，既便捷了交通又扩大了运输，更对境内经济，尤其是唐朝末年的大规模农业开发，创造了极其有利的外在条件，使嘉兴的经济走向繁荣兴旺。

唐文德元年（888），嘉兴在子城之外又筑了一道外城，称作“罗城”。此城的城围有12里，其西、北两面的护城河充分利用了运河河段的水资源，使嘉兴府城成了实实在在的运河合围之城，这在运河沿线城市里实属罕见。罗城的出现，使嘉兴城市的空间概念扩展了，城市化进程得到了进一步提升——子城成了城市的行政核心地带，罗城则代表了嘉兴的城市疆界。发展到了五代吴越国时期，嘉兴城就成了东南地区的政治、经济和军事重镇，城市规模基本形成，城市地位也有所上升。这时候的大运河嘉兴段，已经形成了以嘉兴城为中心，大运河为骨干，“一河抱城，八水汇聚”的独特水网系统，一座水上名城已然浮出地平线。

嘉兴作为一座江南水城，运河是它的灵魂。在运河的滋养与呵护下，嘉兴才逐

嘉兴运河古镇（长安镇）鸟瞰图，陈海明摄

步形成了自己的城市肌理与风景格局。由于城市的亲水特质，因此涌现出很多只归属于嘉兴自己的专用词汇，比如“塘”。在嘉兴的城市语汇里，“塘”不是指池塘，而是指“堤岸”或者“堤防”。由于运河的纤道大都位于堤岸上，嘉兴人就习惯性地把它们称为“塘路”。塘路与河道紧密联系，所以当地就把有纤道的大河称为“塘”。在如此独特的命名范式下，大运河嘉兴段中嘉兴城西南段就成了“杭州塘”，嘉兴城向北的河段就称之为“苏州塘”。共有八条“塘水”萦绕着嘉兴城，并“四进四出”，以自己的“来龙去脉”哺育着嘉兴城。四条是来水，即海盐塘、长水塘、杭州塘、新塍塘，分别从海盐、海宁、杭州、乌镇方向流入嘉兴城；其余四条是去水，即苏州塘、嘉善塘、平湖塘、长纤塘，分别从嘉兴城流向苏州、嘉善、平湖与上海。

嘉兴城里曾有四座城门，分别命名为春波、通越、澄海和望吴。城门又分水门和陆门，运河水从澄海水门和通越水门进城，又从望吴水门和春波水门出城，在来来往往之际，嘉兴就成了杭嘉湖平原中心的水上枢纽，也因此形成了独特的城市格局。

这八条“塘水”好似过海的八仙，各有神通。彼此也是横塘纵浦，大港小泾，形成密如蛛网的运河水网，嘉兴城恰好位于网中央。秀美的嘉兴南湖，则好似一个大“水柜”，由运河各渠汇流而成，上承长水塘和海盐塘，下泄于平湖塘和长纤塘，四周地势低平，河港纵横，可以调控杭嘉湖平原和嘉兴城的水源，以确保供水的稳定。

3. 运河兴古镇

嘉兴的大历史，是一幅以运河为主脉与灵魂的千里江南水乡图。顺着漫长的历史延伸线溯源而上，可以看见伍子胥屯兵古西塘、挖掘古运河的光影。吴越交战，垒石门为限，石门镇雏形因此浮出地平线。乌镇，被誉为“江南的封面”，今日是世界互联网大会永久地址和国际戏剧节的举办地，而在“置石门为吴越限”的春秋，它是一座军镇，叫乌戍。在吴将越甲的眼里，对面既没有会址也没有舞台，眼里看到的只是哨所和长戟，是鸣金开战的心悸，是舍生忘死的搏杀。在硝烟弥漫的兵戎对峙里，谁又能看到千年之后市河边的戏剧舞台上，今人在演《卧薪尝胆》……西塘镇的桨声欸乃，恰似千年一叹，那可是“春秋的水、唐宋的镇、明清的建筑、现代的人”，一句话，几十个汉字，刹那间便将西塘古镇的人文历史、生活形态、建筑积淀以及现代西塘人的文化底蕴，和盘托出，同时也向天下行者馈赠了一把解读嘉兴运河古镇的金钥匙。

嘉兴是江南文化之源，两千五百多年的运河开凿史为这座城市积淀了丰厚的文化遗产。较之于中国的其他古镇，嘉兴地理版图上的古镇，都可以谓之为“运河古镇”。江南运河在嘉兴境内长驱直入，拥有110公里的里程。在运河沿线，坐落着一座又一座灿若星河的千年古镇，这就是今人无比向往的诗意的栖息地。这里不但有诗，也是真正的远方。

在历史传说、经典人物、古志史话甚至是金戈铁马的精彩战争故事里，每一座古镇在自身命运的安排下，在自我演进的过程中生根发芽、开花结果，最后犹如古嘉兴的食桑之蚕，吮吸着大运河恩赐的各种养分，而后自结成茧，化蛹成蝶，翩翩飞舞在历史的时空里，最终演变出今日之形貌与内里。

曾经令范成大为之惊诧的长安镇，自古繁华。唐代建镇，一直是江南水陆要冲，宋时已有“长安闸”之名，“一坝三闸”是古运河上的重要枢纽。应运河而生，与千年古县崇福镇共同恪守着古越水的两端。苏嘉运河，起始于涿郡（今北京）的运河之水从天津而来，至山东到江苏，最后从江苏苏州平望镇入浙，所流经的第一个镇就是秀洲区的王江泾镇。京杭大运河穿镇而过，建于明万历年间的长虹桥为世界文化遗产。流过王江泾，再入油车港，两岸风光秀丽，经杉青闸、栖真寺、落帆亭等历史人文景观，苏嘉运河汇入了市区南湖，然后再经石门镇、崇福镇，最后到达杭州塘栖镇与运河中线交汇。

流向杭州的“杭州塘”是嘉兴运河的主航道，也叫嘉杭运河。从嘉兴市区的西丽桥出发，一直流向西南，途经桐乡县（今桐乡市）濮院镇，经石门镇时拐弯南奔，再经崇福镇与大麻镇等地，最后直达杭州市塘栖镇。自从隋朝整治疏浚大运河起，杭州塘一直是一条舟楫穿梭的运河主航道。另有长水塘经王店镇、斜桥镇至盐官，海盐塘沿岸先经沈荡镇，再到“东南有秦望山，傍有谷水流出”的澉浦镇，这里曾是宋时的“市舶场”，明代古城墙的文脉至今犹在。嘉善塘流向西塘，直奔上海。平湖塘则直通沧海，经当湖镇至乍浦古港，最后实现河海相连。乍浦镇，自古就有“江浙门户”和“海口重镇”之称。它依山傍海，人文荟萃，有着历经千年辉煌的海运文化，中国古典名著《红楼梦》就是从乍浦走向了世界，乍浦镇也因此成了文化出口港，是浙北杭嘉湖平原在杭州湾沟通外海出口的唯一门户。

2014年底，经国务院批复同意，乍浦港口岸更名为嘉兴港口岸，并进一步扩大开放。正是在这一年的6月22日，在第三十八届世界遗产大会上，中国大运河成功被正式列入《世界遗产名录》，嘉兴境内有五段河道（总长110公里），以及长安闸与长虹桥两大遗产点入选其中。应运河而生的长安闸，仿佛在多哈会场闸门大开，欢欣的运河之水，破闸而出，奔腾而来……2022年4月28日，位于山东德州的四女寺枢纽南运河节制闸开启，位于天津静海区的九宣闸枢纽南运河节制闸开启，京杭大运河终于实现了近一个世纪以来的首次全线通水。

江南忆，最忆是杭州、是苏州。然而在江南的万里锦绣风光里，真正值得追忆的还是那条京杭大运河。它是美的源泉，是江南的生命之河，它若黯淡枯萎，哪里还会有堪比“天上天堂”，与之遥相呼应的“地下苏杭”呢？

倘若失去了大运河这个气吞山河的风景线与滋润万物的母亲河，何来嘉兴运河古镇的熠熠生辉、光彩夺目？马上出发吧，到嘉兴去走一走。沿着一段又一段的运河，从一座古镇走向另一座古镇，通过对运河古镇的走读，方知祖国万里河山之美好，才会真正地体悟到江南运河与中国人的亲密关系，以及它的历史价值与深远意义。

第一章

越水兴古邑

唐懿宗咸通十年（869）的某日，诗人皮日休乘船从汴河（即通济渠）顺流南下，赶往苏州府就任刺史从事，一个掌文书等事宜的佐官。

运河两岸景色秀美，使诗人不禁思绪翻腾，心生无限感慨。如果没有运河上舟楫行船的便利，从汴京到苏州有1400多里路，只能快马加鞭不分昼夜急行，哪里还有一路悠闲自在观河景的机会。自从隋炀帝在隋大业年间开凿京杭大运河，贯通南北以后，国家的水运交通大为改变，虽说皮日休只是个州府佐官，但当他泛舟于这条关乎家国前途的大运河上，切身体会到了运河诸多利好时，心情顿时备感舒畅，于是在旅途中写下两首《汴河怀古》。第一首诗，描述了隋炀帝游览扬州的豪华船队以及大运河的地理环境：

万艘龙舸绿丝间，载到扬州尽不还。应是天教开汴水，一千余里地无山。

在第二首诗中，诗人批驳了杨广修筑大运河是亡国之举的传统观点，并从史学角度对隋炀帝的是非功过做一个颇为公允的评价，“尽道隋亡为此河，至今千里赖通波”，意思说得很明白，后人总把隋亡的原因归咎于隋炀帝劳民伤财挖掘大运河，然而，正是这条至今赖以沟通南北的大运河，使得中国的大江南北在两百多年时间里大受裨益。

皮日休写在诗里的“至今”，是指869年的“当下”。但是，即使将这个“至今”推移到当下21世纪的今天来看，依然贴切。在现代嘉兴城，至今仍有一半的货运量要通过这条京杭大运河往来输送。以小见大，北起北京通州，南至浙江杭州，全长约1797公里的京杭大运河至今仍然在社会发展和经济建设中发挥着重要作用，尽管在当下人间，像大鹏似的可以翱翔天空的飞行器早已出现，似巨龙般能够伏地飞驰的高速铁路也已铺设了数万公里。

当年，隋炀帝为了加强南北交通，巩固隋朝政府对国家的集中统治，前后花了六年时间，将中国境内的海河、黄河、淮河、长江和钱塘江等五大水系进行沟通，最终形成了一条规模宏大、空前绝后的运河。但他并没有想到这项浩大的运河工程最后会搞得民怨沸腾，以致国库空虚，成为压垮大隋帝国的一块磐石。他更不可能想到的是，隋朝历经了短暂的三十八年就宣告覆亡，可是这条备受埋怨的京杭大运河却存续了一千多年，而福泽天下，使后世收获了无穷利益。正如皮日休在《汴河怀古》所说：“若无水殿龙舟事，共禹论功不较多”倘若隋炀帝不醉心修龙舟巡幸江都，那么他的功绩简直可以与治水的大禹平分秋色。

一、江南长安应运生

运河是孕育嘉兴的“母亲河”，也是活着的、流动的文化遗产。那么，江南运河最早是从何时开始在嘉兴萌生的呢？这是一个非常值得研究的课题。不妨由小及大，先从一个汉字“运”的形成说起。

1. 因水而生古长安

中国汉字博大精深，每一个汉字都有自己的一番天地。比如“运”，古字为“運”。走之旁，右边是繁体字“軍”。追根溯源，“運”字跟军队有关。古代社会里的原始部落，为了护卫或者争夺水源及狩猎成果，部落之间经常会发生冲突，行走打仗是常态。所以，在“運”字的象形图案里，左边是行走的脚，右边是有一辆车，人在行走中推着车辆同行，表达的含意就是军队出于作战的需要经常迁移。

春秋时期，中原各国烽火连天，狼烟四起，这使吴王阖闾看到了机会，将攻伐重心放在中原大地。但欲征服中原须先吞并越国，于是阖闾就开始筹备伐越。周敬王十三年（前507），越王允常得悉阖闾的野心，就听从大夫文种的建议，采取“拒敌于境外”策略，率先做军事准备，在钱塘江北侧的黄山与河庄山之间，开挖了一条通至武林水（今长安镇修川桥西侧）的运河。因运河边上有一座可以观察钱塘江水情的高楼叫“百尺楼”，所以就用“百尺渎”（又称“越水道”）为这条运河命名。越王开挖的“百尺渎”，是嘉兴境内最早有确切记载的运河。文种向越王提的建议是，吴越之间必定有一战，所以要先发制人，把边境扩展到吴国边境。如果吴兵来犯，可在御儿（今石门镇）迎击。于是越王允常就将“百尺渎”又延伸到了崇福故地，所以“百尺渎”又称为崇长港（今崇福镇至长安镇）。

有了“百尺渎”以后，当允常获悉吴国计划攻打楚国的情报后，决定先发制人，趁机偷袭。通过“百尺渎”，三天时间就将越军运到了御儿，并占领了这个地方。吴国大夫伍子胥得此线报，迅速率五千精兵回援。但因夺回领地无望，只能在御儿北面“垒石为门”，用来防御越兵乘胜进攻。越国则从此将御儿到柴辟（今硖石镇）作为整个越境北部边界，以防吴军进犯。

古水道“百尺渎”，在隋代被接入江南运河，从此长安的水上交通就呈现出了四通八达的优势，对长安商业和手工业的发展起到了决定性作用。

公元618年，李唐王朝登上中原的政治舞台，修川古地迎来了属于自己的新开局。尤其在唐贞观五年（631），朝廷在此地设有桑亭驿，贞观八年（634）改为义亭驿，使其在清以前一直是南来北往的“水陆要冲”。

长安之得名，始于唐开元十一年（723），朝廷改设长安市。当时，唐朝历经百年统治，官僚机构和皇室人员陡增，关中物资不敷应用，一切物资都需要从江南调运，所以才会出现对江南“中原释来，辇越而衣，漕吴而食”的依赖。而作为水驿的义亭驿正好是当时唯一的漕运出口。后来朝廷虽然在这里建了义亭埭，可泥坝牛埭的过船速度太慢，远远不能满足唐都长安“嗷嗷待哺”的消费需要，所以在此建一座既能通过重船，又能同时过十艘船的船闸，是保障京都衣食供给的关键。正因为具有这层依存关系，路宣远是奉命在桑亭设市时，便用都城之名来命名“长安市”，建“长安闸”。长安又名长河，这个名称也很可能是从长河衍化而来，一说是祈求长治久安之寓意。

长安市位于古运河两岸，自古以来为南来北往之咽喉要道，是物资运输的重要枢纽，素有“水陆要冲”之称。南宋建都临安后，长安扼其要冲，西接临平驿，北连石门驿，凡观光上国、迎送官员、传达公文等无不由此进出；加上漕运往来，四方客商聚集于此。因此，长安的经济、商贸日趋昌盛。

长安古镇沿运河两岸傍水而建，以虹桥为中心，分东、中、西街。明时即有“江南巨镇”之称，号称“十里长安”大街。在历史上盛极一时的“长安米市”，曾被誉为江南三大米市之一，此外，长安镇的小市、带市、鱼市、菜市也十分有名，因此有“长安五市”之称，闻名江、浙、沪等地。

尤其是长安镇的米市，历史久远。从隋大业六年隋炀帝开通京杭大运河开始，至唐、宋时期，已到达鼎盛。唐贞元年间，一年就要从长安坝闸运出钱塘仓粮食三百七十万石，是当时全国最大粮仓之一，仅次于洛阳“含嘉仓”。唐末、两宋时期，人口向江南第二次大规模迁进，到明初已呈现出宁、绍、杭三地区倒挂的现象，成为缺粮地区。而明万历《杭州府志》却有长安镇“商贾往来，舟航辐辏，昼夜喧沓”的大好局面，长安米市很快成为江南三大米市之一。《修川小志》亦说：“绍杭诸郡商贾咸集于长安镇。”

元朝末年，杭州大旱，上塘干涸，杭州城内缺粮，亟待接济。当时与朱元璋争夺天下、盐商出身的张士诚动用部下和当地民众，从北新关开挖运河到奉口（西茗溪向东支流）东的武林头（又名“五碍头”）。与杭州的塘栖接通，成为新开运河，全长35公里。从此，杭州的水道绕开了上塘河，而上塘河则成了盐官的专用水道。

到了明朝，朱元璋设运河沿岸水饮仓，长安镇设为便民仓，使长安的米市盛况不减。时至清朝乾隆年间，长安的繁华也让当时的皇帝三番两次光顾。公元1765年闰二月初四，乾隆皇帝爱新觉罗·弘历到达长安，见到上万诚惶诚恐的百姓长跪于地、纹丝不动的欢迎场面，非常得意，微笑着让御马慢慢地行进，从王婆弄到兴福高桥，这一段路足足花了一个多时辰，喜悦之情溢于言表。于是吟诗一首："夹溪万姓喜迎銮，桑柘盈郊入画看。廿四桨过风帆驰，片时新坝到长安。"

殊不知这热闹场面的背后，有多少百姓的血泪。在接驾的前一天，清绿营兵用马鞭赶着农民用黄砂铺平街道，稍有不顺眼，就用马鞭抽。同时，衙门里的差役督促米业同行扎牌楼，还要求沿街商铺门前挂彩灯。并通知所有百姓，接驾时必须下跪，叩头到地，不准出声，不得乱动，不能偷看，更不能越线，违者斩。然后由里长和衙役带着属下百姓，到现场进行彩排：试着做欢迎动作，不正确的要纠正。老百姓怕衙门里的人，怕杀头，一清早，饭也没吃，饿得头昏脑涨，但只能忍着，不敢吭声。这乾隆皇帝哪里知道，他踱得越慢，百姓的膝盖就越痛，等皇帝上了御船，驶离码头，他们才松了口气，等衙门里的人走后，才敢站起来，揉着膝盖，捶着腰背，蹒跚回家。当时有人说："皇帝没来想皇帝，皇帝来了脱层皮"，这才是老百姓的真实感受。

清咸丰十年（1860），长安遭到了太平军的烧杀。一连两天，从王婆弄烧到西关厢，从东关小市烧到石虎弄北道院。同年九月初九，太平军又一次进袭长安镇。次年二月，太平军再次打败清军民团，占据长安镇。抢走长安米市所存粮食，再次放火烧镇。全镇仅留令公庙和新桥南、觉皇寺部分房屋，其余全部毁于大火之中。

同治五年（1866），太平军北撤，人们才在虹桥头建店面房子 ，形成"抬头一线天，开窗面对面"的靠街楼及宽两米多的石板路。

光绪三十年（1904），长安镇街道只从西关帝庙到上闸桥头，有恒丰酱园、久征酱园、和丰米栈、万丰米栈等商铺。宣统元年（1909），火车站建成营业，吴兴、菱湖、德清、桐乡等城镇的商人、旅客，把长安火车站当作往返沪杭等城市的起讫地。还有各地开往杭州的快板船，往返都经过长安镇落坝。

民国二十六年（1937），镇商会呈文上海铁路局要求，28次列车在长安镇站停靠两分钟（快车），造就了长安镇的地货行、粮油市场和运输行业的兴旺。

长安闸拔船过坝用具遗物，沈国生摄

1937年，日寇侵华，占领了长安火车站，日军宪兵、伪军进驻了长安镇，六十余家店铺全都外迁到沈士、兴福、袁家坝等地，镇上的人都外出逃难。

抗日战争胜利后，县、镇政府会同镇上士绅和在沪同乡人士的协作下，把百业皆废的长安镇各业，恢复成海宁县（今海宁市）西片集工商、金融、文教、交通、通信和土特产集散中心的大镇。一直到了新中国成立后，长安镇才得以稳步发展。

2. 长安闸坝

长安镇的出名，缘于长安三闸两坝。据管振之《海昌胜迹志》载称："三闸在长安，上、中、下三闸也。相传始于唐，盖自杭而东，水势走下，故置以节宣也。"民间传说，三闸为尉迟将军所建。宋《咸淳临安志》则谓"始于宋绍圣间"。《宋史·河渠志》中已有"长安闸"之名，并称其"上彻临平，漕运往来，商旅络绎"。长安坝即长河堰、长安堰，又名长官堰。《嘉庆重修一统志》称："长安堰……宋时建。元至正七年（1347）复置新堰于旧堰之西，今名长安坝。"堰、闸原为调节上下塘水利，便利大运河上往来船只而设，此后商业亦因之日趋繁荣。乾隆《杭州府志》称长安为"商贾舟航辐辏，昼夜喧沓，市无所不有"。清朱文治《海昌杂诗》中亦有"近自江南极川楚，长安利甲浙东西"之句。当时商业之兴盛，经济之繁荣，可见一斑。

长安的三闸两坝的出现，跟它的地理位置有关。由于钱塘江潮的涨沙冲刷，海宁县靠近钱塘江一侧的地势增高，地形自西南向东北倾斜。以杭州西湖为水源的上塘河，水位较高；属于东苕溪流域的崇长港，水位较低。上河与下河的水位，落差1.5—2.0米，从而分出两条不同水系，一条为上塘河，也称"上河"，另一条为崇长港，即越国为抵御吴国而开凿的古水道"百尺渎"，也称"下河"。两条水系的交汇点就是长安镇。

公元610年，隋炀帝开通了大运河后，上塘河的水直泻崇长港，水位西高东低的缺陷马上显现，严重地影响了漕运的载重和运行。到了公元631年，为提高上塘河的水位，增加运输能力，于是修建了一座义亭埭（坝），长安原名叫"义亭"，也称"长安坝"。

隋唐以前，统治者的生活非常奢侈，加上几百年间战乱不断，黄河流域和关陇之间的生产遭到了严重破坏，各种物资严重短缺，影响了皇室、官僚、贵族们的生活。而比较平稳的南方，尤其是两浙地区的发展已超过了北方，两浙的丝绸和作为税收主要来源的海煮盐都是他们急需的物资。开凿江南大运河的目的，就是向两浙地区要物资和粮食。

但大运河杭州段（桑亭到钱塘段）的河流受桐扣山、皋亭山、临平山等山脚影响而河底水位浅，过不了大漕船。尽管所筑的义亭埭提高了河道水位，但长安坝用牛拖船过埭，过船很慢，不能满足当时京都物资的需求。于是开始筹建新闸，即长安闸。

中国是建造船闸最早的国家，在秦始皇三十三年（前214）凿灵渠时就设置了陡门，又称“斗门”（今名“闸门”，简称“单闸”）。唐开元年间的《水部式》正式记载了在一个河道上连续设两座闸门的事例，这是最早有正史可考的船闸。但船闸每次开闸放船都会流走不少水量，这对于水资源缺乏的运河来说仍然是一个大问题。所以北宋于天圣四年（1026）发明了水澳，称为“澳闸”。长安闸的始建年代应于天圣年间后，其“三闸两澳”的工作原理相当复杂，通俗地讲，澳相当于水库，蓄存一定的水量，通过闸门的灵活运用，调剂上、下河段的水位，让船只顺利通过。

作为运河水工遗存的杰出代表，长安闸最早使用了“拖船坝”“复式船闸”技术，实现了运河水系中不同水位河道间的航运功能。

走进长安古镇中心，有一座连接中街、西街，跨上塘河的单孔拱形石桥，它便是古镇长安的地标性建筑，始建于宋建炎年间的虹桥。该桥梁结构保存完好，桥中栏板上，分刻着“咸丰元年重建”“虹桥”的篆书铭文，两侧栏板，则刻以人物故事花纹浮雕。

在虹桥北堍有两条街，一条沿着运河的是庆宁街，另一条与庆宁街垂直的为公庆街，呈“丁”字形。古时的长安，是闹市中心，店铺林立，绵延数里，长安闸自古以来是水陆交通要冲，客商云集，南来北往的生意人络绎不绝，繁荣不下县城。现在走在街上，已经不见了往日的喧嚣，只见一些游人在长安闸公园参观游览。

长安老坝，陈海明摄

长安坝前赛龙舟 · 金国华摄

登上虹桥桥顶，长安坝一览无遗，但见运河河面水平如镜，中间是一个分水墩，将水面一分为二，右边是长安坝，左边水路则通往长安三闸。

听当地人说，在分水墩的台基上，绿树掩映之间，原来有一座明式建筑，被称为“王相公堂”，是祭祀一位王姓相公，此人原为坝夫头之一。为何要供奉这样一位人物呢？

要还原这段故事，还是从长安闸说起。尽管长安闸对当时的航运发挥了很大的作用，但还是要受水文条件的制约。因杭州“春雨多，秋雨少”而常有秋旱，上塘河经常缺水，致使长安闸停用，全部的过船任务又集中到长安坝上。

对长安坝的管理，唐朝时是由军队执管。到了明朝设置了坝官，下有坝夫十五名，由应役衙差充当。清初，基本沿袭了明代的体制，清康熙十三年（1674），大运河上的漕船经常遭到洪帮及流民的抢劫，影响到了京城军队的粮饷发放。为了便于管理，于是就利用被俘的洪帮头目，共同管理，还把各级管理职位让位于帮主手下的帮众头目。此位帮主任长安坝的第一任坝头，并明文规定由曹、王、沈、许四姓丁壮充值。

因长安镇是商贸往来的重要交通枢纽，在长安闸关闭后，长安坝过船极其繁忙，尤其是长安镇成了江南三大米市之一后，过坝收入非常可观。海宁的盐帮见利起意，想争夺坝权，双方争执不下，经双方协商，达成用“油锅里捞秤砣”的办法来决定归属权。当菜油烧到沸滚时，众人都不敢取，王相公取之，惊退强人，维护了坝上众人利益，故后人立庙奉祀，即为“王相公堂”。

在长安坝边上，还竖有一块《永禁埠夫勒索碑》。从元代到明代，坝夫都是由当地烟户的丁壮充值，久而久之成为世袭，因而普遍存在坝夫敲诈勒索的现象。清代诗人杨铸的一首《过坝谣》做了生动的描绘：“上坝挽长绳，下坝收短绠。高低三尺水，长养百夫命。客船上坝横索钱，官船下坝不敢言。官船摇橹西泠去，大笑客船如上天。”

过坝的船户叫苦不迭，联名上告到杭州府衙门。乾隆三十二年（1767），杭州知县黄世簪在坝上立了一块《永禁埠夫磐距横勒索碑》，内容偏向商人一面，压制了

虹桥，沈国生摄

坝夫的正当要求。因此，坝夫用各种办法，明服暗斗，争吵不断。为稳定市场秩序，光绪八年（1882），知州汪肇敏经过调查，与坝头多次商量，确定了比较公允的收费标准，才按双方都能接受的条件，在坝上立了一块新的禁勒碑。

1991年，长安新建的船闸投入使用，老的长安坝闸也就完成了它的历史使命。2014年6月22日，从卡塔尔首都多哈举行的第三十八届世界遗产大会上传来消息，经会议审议，中国大运河项目顺利通过表决，成功被列入《世界遗产名录》，成为我国第三十二项世界文化遗产及第四十六项世界遗产。此次列入《世界遗产名录》的中国大运河项目中，属于嘉兴上报的三个项目全部入选，其中之一就是长安闸。

如果说都江堰是世界水利工程的鼻祖，那么，长安闸就是世界水务工程的翘楚。它的分水工设施代表了当时世界水利水运工程的先进水平。如今的长江三峡大坝，船只过坝的原理就是从它那里学来的。

3. 火车站史话

在长安镇虹金村方家埭33号，有个叫方林峰的本地人在自己的宅第里，自费创建了一座“潮运文化展示馆”。这个展示空间虽然不大，但所呈现的文物与收藏的内容却相当丰富，既有清代长安运河畔的“税收”联单、民国五年长安大兴元绸庄的发票，也有20世纪20年代的长安坝老照片以及三四十年代的钱塘潮旧照……还有一张他本人在2009年9月拍摄的长安火车站停运通告，很有视觉冲击力。因此长安本地人除了对大运河有一种天生的依赖之外，内心或多或少都有另外一种关乎交通运输的怀旧情感，姑且叫它“火车站情结”吧。

方馆主用自己的单反相机在为即将逝去的百年老站“验明正身”，若有所失地回家之后，仍觉意犹未尽，似骨鲠在喉，不吐不快。于是当天晚上，他就在自己的微博上发了一篇对长安火车站的深情告白，全文如下：

> 一百年前，宣统元年，沪杭铁路全线通车停靠长安站，而恰恰历史的车轮滚到百年后的今天——2009年9月28日。长安镇火车站只剩下一趟列车停靠，

那最后的一班车，还能停靠多久？

一段貌似非常普通的话，却代表了长安人正在用自己的方式纪念这座百年火车站，也表达了长安镇市民对于老长安站深深的眷恋。或许只是机缘巧合，长安火车站从启用到停运，刚好一百周年。

一百多年前的1898年，清光绪二十四年。帝国的夕阳余晖如残血般地映衬在中原大地的苍穹之上。清廷督办铁路总公司事务的盛宣怀颇有几分志得意满地与英商怡和洋行签订了《苏杭甬铁路草约》四条。在他的眼里，似乎已经看到了那条被称作苏杭甬的铁路，将在洋人的资金与技术的双向支持下，如铺地毯一般地在江南腹地徐徐展开，接着便是火车轰鸣，黄金万两。可是，盛宣怀怎么也不可能预见到，草约确实是签订了，可却一直是“签而不约”。不签正约，怎么动工造铁路？贵为四品京堂候补，盛宣怀也只能抓耳挠腮，一筹莫展。

浙江的绅商们终于看不下去了，翘首以盼的火车轰鸣越看越像个闷葫芦。不管英国人还是美国人，他们就想抓浙江的路权，然后留给自己慢慢发展。尽管大清帝国快烂到根了，但是国家还是自己的。为抵制英美掠夺浙江路权，浙江绅商于1905年在上海集会，决定自建铁路。朝廷准了商部奏折，接着就创立了“浙江全省铁路有限公司”，并推选原两淮盐运使、立宪派人物汤寿潜为总经理，沪杭铁路建设的序幕总算由中国人自己亲手拉开。

但是钱是个大问题。汤寿潜为了筹措修路资金，打出“工商各界、缩衣节食、勉尽公义”的口号，鼓动社会各界认购股份。结果贩夫走卒、引车卖浆者甚至优伶僧道等三教九流，纷纷解囊认购路股，可见当时的黎民百姓对建铁路事宜是多么渴望与支持。

1906年，沪杭铁路正式动工。线路很直，从上海经枫泾、嘉善、嘉兴、桐乡、长安直达杭州。可是这条计划中的铁路线，到桐乡卡壳了。桐乡各界一致认为，铁路要穿过农田、坟地和住屋，肯定会破坏当地风水，而且火车的怪叫声也会坏风水，所以极力反对在桐乡建火车站。

设计沪杭铁路的总工程师叫徐骝良，是海宁硖石镇人，早年在法国攻读铁道专业。当他发现桐乡人竟然会拼命抵制这么一件大好事，便起了一份奢念，希望通过各方努力，使铁路改线，绕过桐乡，走他的家乡硖石镇。

为此徐骝良特意将此消息告诉了徐申如、杭辛斋、许行彬等几位硖石镇的开明绅士。硖石人认为机会千载难逢，纷纷慷慨解囊，集资捐款，力促沪杭铁路从嘉兴起弯道，南下过硖石至长安，再到杭州。汤寿潜批准了改线计划，沪杭铁路最终在硖石绕了一个约80度、半径440米的大弯。

1909年8月，海宁人等来了一声由远及近的火车轰鸣。这条横跨海宁境内全长41.26公里的沪杭铁路正式开通运行，这也是浙江的第一条跨省铁路，既经过硖石镇，又经过长安镇，这就叫“好事成双”。沪杭铁路通车后，交通的便利带动了硖石的繁盛，不久海宁县政府从古镇盐官迁到了县域偏东北端的硖石，也就是现在的海宁城区。

长安站启用后，成为当时的一条交通要道，孙中山也偕夫人宋庆龄及蒋介石等来海宁观潮，看完潮后在长安站上车回上海，很方便。桐乡石门镇青年丰子恺，与故乡的顽固乡绅完全不同，对火车这个新事物很有感情，非常享受坐火车旅行，经常往返于石门与长安之间，然后乘火车去上海或杭州。同样是海宁文人，徐志摩对火车这个新鲜事物却是另一番态度，尽管他见多识广，曾留学英伦，但在爱情与事业双碰壁的1931年的夏天，居然拿火车入诗，以一首《火车擒住轨》来表达他内心的苦楚：“火车擒住轨，在黑夜里奔；过山，过水，过陈死人的坟……过冰清的小站，上下没有客，月台袒露着肚子，像是罪恶。”铁路和车站成了诗人笔下的魔鬼。事实上他是以拟人手法，抒发他当时在事业与爱情屡遭碰壁状态下的心情，跟现实中的火车与车站毫无关系。巧合的是，这段描写与当时桐乡各界的认知如出一辙，难怪当年会极力反对铁路从桐乡通过。

长安镇本地收藏家方林峰，尤其喜欢收集与长安火车站相关的文物，珍品有民国初期到新中国成立后的各种火车票，日占时期的列车时刻表，甚至还保存了一张泛黄的长安火车站照片。虽然火车站看上去很小且简陋，但它在当年所发挥的作用却相当大。但凡从上海开往杭州的任何列车，无论是快车或是慢车，都在长安站必停。因为那时的火车是蒸汽机头，从上海开到长安，机车头的水刚好用完，所以必须停车到长安加水。另外一个原因就是，长安站是旅客和货物的中转地，客流与货运量都特别大。许多去崇福、石门、盐官的旅客务必在长安下车，然后转乘长途汽车或轮船。

在本土藏家方林峰的馆藏品中，有一张与“休止符”似的《停运通告》照片持相反表情的照片，也许可以将它命名为“未来已来”。在这张同样于2009年9月28日按下快门的照片上，呈现出的是这样一幅充满未来色彩的画面：

一条穿越长安镇，正在建设中的高速铁路；一个个桥墩巍峨矗立即将架梁，预示着高铁时代就要到来……

1909年，当沪杭铁路通车后，春波门外开设起了火车站。街道开始新建，旅馆、茶楼、酒肆，以及周边的南北货店和烟杂小店也竞相开门大吉，春波门外和东门大街又重新热闹了，但是大部分人不可能猜想到，其实，帝国已在黄昏里摇摇欲坠。

现如今，长安火车站已经消失，但它的建筑主体依然存在，它见证了长安镇的历史变迁，成了这座古镇的重要标志。如果要为长安火车站建立一座百年纪念馆，那么有一个叫杭辛斋的长安镇人的故事应当陈列其间并在馆内拥有一席之地，以纪念他当年热心支持沪杭铁路改线，积极参与资金筹措，最后为中国民主革命事业鞠躬尽瘁，死而后已。

清同治八年（1869），杭辛斋出生在海宁长安镇的一个破落商人家庭。从小聪慧过人，六岁时就被三叔送进杭州一所专门招收贫苦家庭儿童的“正蒙义学”。杭辛斋如鱼得水，名列前茅，在县试中获秀才第一名后，被推荐到了京城的同文馆，与翻译《天演论》的严复相识，受他影响很深，后随严复到天津共同创办《国闻报》，主张“居民智，宣扬维新，富国图强”的思想，同时宣传维新变法。报纸由于经常鞭挞朝廷痛处而被封停。参加辛亥革命，拒绝了袁世凯的入阁邀约，因为他认准的是孙中山。1924年1月20日，孙中山为改组国民党，在广州召开了国民党第一次全国代表大会时，杭辛斋是总理亲自指定的浙江三名代表之一，只因有病在身而未能出

长安轻轨在线，董志坚摄

席，会议尚未结束就于上海病逝，终年五十五岁。

出师未捷身先死，长使英雄泪满襟。当运载着杭辛斋灵柩的专列抵达长安镇火车站时，周边围满了人群，各界人士自发为他佩戴白花，按乡俗捧香，护送着他的灵柩回归故里，从火车站到东街、中街、西街，然后转向寺弄，最后安葬在仰山书院之侧，与三女墩隔河相望。

如同黑白电影里的蒙太奇，百年前春波门外的景象，以及筹建高铁的影像都已被崭新的彩色画面所取代。2021年6月，杭海城际铁路建成通车。作为城铁沿线唯一拥有两个站台的镇，长安镇又一次把握住了铁路建设的契机，以站点为核心，以轨道为主轴，依托站点辐射，在站台周围打造一批惠民设施，以公共交通为导向的配套住宅、全民健身中心、公园绿地、道路升级等新兴项目正在如火如荼地开展，高等院校、文教中心、等级医院将在这座千年古镇落地生根、开花结果。

依托新长安站点的优势辐射，都市美丽城镇样板镇的规划正在实施，一个崭新的都市生活圈也已逐渐形成。这座一直拥有与中国大唐长安相同名号的运河古镇，将继续头顶古都“长安”这顶桂冠，在新的时代里，演绎一份属于自己的运河古镇的精彩“长安”生活。充满古意的长安，却能不断地绽放出新意，这就是长安镇的发展逻辑和内在动力。

一条江南运河，一座千年古镇，一个千年水闸，还有那具有象征意义的百年车站，这一切都将随着未来的发展与变化，融入崭新的理想之城里，从而翻开长安镇共同富裕的新篇章。

二、崇德之城

桐乡县崇福镇的那个遥远起点，也在“春秋”。一本拥有将近三百万字的最新版《崇福镇志》这么记载：

> 周敬王六年（前514），镇域属越地，名御儿。《国语·越语》云：“勾践之地，南至于句无，北至于御儿。”

当时的越国疆界，最南至句无，即今浙江省诸暨市。诸暨曾为越国古都，被现代人视为西施故里；北面的边界地叫御儿，就在今天的崇福镇一带，正好是“新桥遗址”旧地，属于新石器时代的马家浜文化带。

御儿是吴越争霸的前沿阵地，曾经是金戈铁马奔，鼙鼓动地来。在遍地狼烟的争战中，御儿时而归越，时而属吴，在越疆吴地的角色变换中，铸就了异常丰富的文化基因。到了周敬王三十八年，古越水开挖成功，使崇福镇与现属海宁长安镇地域贯通。

在越水道旁，曾经有两座古亭，也是吴越战争时期的产物，在历史资料中有据可查，而且颇有传奇性。一座叫“女阳亭”，传说勾践被夫差战败，入吴为质的路上，陪同而去的夫人在此亭生女。勾践胜吴后，便将此亭更名为“女阳”，同时更改此亭所在的地名为“语儿乡”。这段在明代张岱编撰的《夜航船》中有所记载。更早些的唐代陆广微在《吴地记》中还记了个语儿亭，说此亭乃范蠡送西施入吴过程中，西施与之有私情，生下一子。走到亭，儿子都一岁了，而且能说话，所以就把此亭称为“语儿亭”。不过，张岱跨时空反驳了陆广微，说这是殊为可笑的误传，与《越绝书》中写西施在吴国被灭后，“复归范蠡，同泛五湖而去”的说法，同样叫人疑而不信。估计亭子有，传说不可考，可能全是民间附会。在历史上，语溪之地的亭子确实有过不少，宋代在县城东面建有观风亭，还有先后建成的义和亭、光华亭、承流亭和迎麾亭等，只是而今皆不复存在，全都化作虚影躲进了历史故纸堆。

另外还有两处古迹，仍然是金戈铁马的吴越争霸“作品”，它们是何城和鹞子墩。何城遗址位于崇福镇的星火村，吴王夫差的“建筑作品”，其中有何律王庙，在明成化年重新修缮过。目前，桐乡市博物馆内现存一块《何城庙碑记》，对部分历史史实有段解读：

语溪乃吴越交争之地。吴之御越尝用何王宅基以筑斯城，故曰何城。

故事大致是，越王勾践开疆辟土，北至御儿，也就是拓展到了今崇德镇地界，吴王夫差则筑了何、晏、宣、管四座城池以作防御和抵抗。只是何城早已消失，只留西南河道和东北高地尚可辨认。

鹞子墩遗址位于崇福镇东部的中夫村，村北的那个土墩就是当年的吴越古战场。在崇福镇，古战场遗迹不胜枚举，自然早就湮没。

至汉代，御儿亦被称为“语儿”。因地域东侧有南沙渚塘，又被称作“语儿中泾”，因此又名“语溪”。当光阴的时针指向三国鼎立这个历史节点，吴帝孙权大笔一挥，改禾兴为嘉兴的赤乌五年，语儿乡成了东吴的西境，又是军事战略要地，需要面对蜀魏两大军事集团的战争压力。战争重压一直要打到三百多年后，隋大业六年，江南八百里运河开掘与贯通，才得以缓解。运河自京口（今镇江）至语儿，再经长安古镇入上塘，最终抵达余杭（今杭州），这是嘉杭运河的流向。地处这条水道边的“语儿”也因此有了运河古镇的血脉与身份。历经多次变动，镇名成了后世使唤很久的“崇德”，而此时的中国历史画卷已经翻到了晚唐。

“崇德”二字，取的是“崇尚仁德”的本义，这是儒家学说里的核心思想，由此可见今日崇福镇是文脉绵长，底蕴深厚。当下镇里依然有很多“活着的”古地名，比如诞生于春秋时期的何城庙、歌舞庙、鹞子墩等，宋代建的春风楼、平绿轩、语溪馆等，虽建筑物均已不复存在，但是就好比“赠人玫瑰，手留余香”，这些风雅的名称，不仅蕴含了丰富的人文密码，更揭示了古镇的地理历史，代表了地方文化渊薮。

后梁开平初年（907），是崇福发展史上的一个重要节点。这一年，吴越王钱镠废除了军镇，将靠近运河右侧区域设置为义和市，左侧为语儿市，改变了这里的行政结构。后晋天福三年（938），崇德镇升格为县，县治设在义和市，从此崇德一直保持县制，直到1958年并入桐乡县而成了其直属镇为止。相比之下，桐乡县历史更短，在明宣德五年（1430）才“出世”，而且还是从崇德县析出，这真应了古典小说《三国演义》开宗明义的第一句：“天下大势，分久必合，合久必分。”

不管怎么分合，在土生土长的崇德人看来，故乡从来就是一座历史悠久的县城。甚至有人会掐指算给你听，嘉兴市现在有那么多座古镇，自古以来就拥有县制的，只有盐官县和崇德县。吴越王钱元瓘分苏州置秀州（今秀洲区）的时候，崇德与嘉兴、海盐、华亭四县并驾齐驱，地位显赫。所以，本地人都知道“祖上确实阔过”，而且前后至少“阔绰”了上千年。镇里的老人传言，对于桐乡和崇德如何归并，当时的政府是举棋不定的。最后考虑到当时的文化部部长茅盾是桐乡人，又是文学大家，因此才下决心拍了板。

1. 文庙与书院

崇德虽然憾失“县府的顶戴花翎”而变成了崇福镇，但是崇福人“文化自信”却根深蒂固，一点没有变。先前的“富庶与阔绰”，归根结底还是于儒家文化的深厚积淀与传承。

古镇的“文化自信”，应该从宋元丰八年（1085）这个重要的历史节点说起。这是县史上的一道分水岭，这一年，崇德知县吴伯举在运河西岸建了县学。那位至今名声响亮的宋代科学家沈括在《秀州崇德县建学记》里详述了这件大事：“筑宫庙以祠孔子，聚学者，择经师而教之以义理行能。”县学的功能被他说得很清楚。文章写好后，沈括还专门请了北宋“苏黄米蔡”四大书家中的米芾来书写碑文。米芾的书法作品流播很广泛，影响也很深远，请他出马也许别有一番深意。明隆庆二年（1568），县学重修，通政使吕希周也写了《重修崇德县儒学记》，并立了一块石碑，这块石碑被保留了下来，目前镶嵌在孔庙大成殿西壁，寄托几代人对崇德故里文运兴旺的祈愿。

宋元丰八年，国家发生了重大变故。这年三月，宋神宗驾崩。皇帝的“离席”，使王安石自熙宁二年（1069）启动的“熙宁变法”陷进了前所未有的僵局，最终只好以失败收场。可是，在远离北宋权力中心、偏安一隅的江南水乡崇德，在知县吴伯举的带领下，如火如荼地按期建起了孔庙，实际上县学也同时在新建的孔庙大成殿内建成。放眼整个北宋王朝疆界内的古城古镇，在这等历史拐弯口造孔庙开县学，

崇福镇的运河金秋，金炳仁摄

文庙，潘骐摄

实属不可多得，况且还追求建筑规模，气象恢宏，更是罕见。

孔庙就是文庙，通常以“前庙后学”的统一形制和学宫同时兴建，是历代读书人朝圣的殿堂，也是文人墨客的游览胜地。崇德县的孔庙，最早都建在嘉杭运河之西，后因被方腊起义军所毁，在南宋绍兴年间又移建到运河之东，目前位于镇上的中山公园内。除了大成殿等主体建筑，还有后修的“文房四宝”，即笔、墨、纸、砚，以及石狮、牌坊等人文景观。其中“笔”最具名声，最初也由吕希周所建，其实就是指大成殿前的“文璧巽塔”，原有坤、离、巽三塔在清道光年间倒塌，现存的文璧巽塔于清代咸丰三年（1853）重建，用花岗岩筑须弥座，是一座18米高，用六面七级仿木实体楼阁式砖构建筑的古塔。

崇德孔庙是浙北地区唯一现存的孔庙，不少学子都曾在这里苦读四书五经。由于崇德学风甚炽，所以在县学建成几十年后的宣和六年（1124），终现“飞龙在天”，出了个甲辰科状元沈晦。这是北宋最后一位状元，也是崇德县一千多年来有案可查的第一位，也是唯一的状元。

沈晦原本是钱塘（今杭州）人，由于学业甚好，在宣和初年的科考中被人请去当“枪手”，结果在考场被抓了现行。虽然未受处罚，却时常遭人讥讽。忍无可忍之下逃离杭州，寄居在崇福寺西赵家巷，继续寒窗苦读。结果在四十岁那年，以崇德考生的身份，在八百零八位同科进士中拔得头筹，蟾宫折桂。

沈晦能状元及第，与他的家世背景有深远关系。在整个北宋时期，沈晦家族曾因拥有“一门五进士”的光辉史而名扬江南。他的叔曾祖父，就是《梦溪笔谈》的作者，那个大名鼎鼎的沈括。

宋室南渡以后，崇德县收获了罕有的历史机遇期。既是京畿要地，又是儒学重镇，不同地区的文化思想和价值观在此碰撞交融，使县域内的文化结构得到明显改变。当时的京都人口超过百万，是世界第一大城市。沿着京杭大运河，从首都临安（今杭州）出发，崇德是必然经过的第一座县城，既是苏杭要道，又是南北必经之路，对商贸的繁华与发达有很大的促进作用。在崇德县城内，设有县衙门、县学、书院、税务、酒务、河泊司等政府机构，可见崇德县已经跃升为区域性的政治文化中心，地位已非普通市镇可比。

南宋淳熙十四年（1187），莫琮的“五子登科”，又使崇德县再次声名远播。北宋太学生莫琮生有五子，因家教有方，俱成进士，被时人比作“燕山五宝”，这在中国科举史上也是一段千古佳话，当时的崇德县令朱軏奉旨在莫氏居所附近建了座五桂坊，以示表彰。而今，五桂石坊早已消失了，但五桂坊弄作为文化印记却传了下来，成了那段辉煌历史的缩影，当然也彰显出崇德县深厚的人文底蕴，“德副其实”。

大约在南宋嘉定初年，一个叫辅广的崇德人辞官归隐语溪，构筑一座读书、讲学堂叫“传贻”，同时把他的先生朱熹也祭祀其中。光绪二十八年（1902），新学堂兴起，传贻书院被改为“石门县学堂”，算起来这个“传之先儒，贻之后学”的书院，前后共延续七百余年，跨越了好几个朝代，是目前的崇德小学的前身。辅广最终成了入祀孔庙的古代教育家，荣膺了古代知识分子最高的礼遇——牌位进入孔庙，这在以儒家文化为国家正统文化根基的中国，是至高无上的荣耀。

辅广一手开创了桐乡的宋学传统，后来的程本立、张履祥、吕留良无不受到他的精神灌注。林则徐在杭嘉湖做道台时，说起嘉兴的代表人物，只提了两个人，一个是唐朝的陆宣公陆贽，另一个就是宋朝的辅广，这大概也是古代精英知识分子的共识。

2. 运河古桥

不仅士族精英与崇德县交织深厚，连南宋开国皇帝赵构也与这座千年古县城有着不解之缘。

北宋靖康二年（1127），金军挥师南下导致北宋覆灭，康王赵构在南京应天府（今河南商丘）即位，改元建炎。随后赵构就一路往南狂奔。建炎三年（1129）二月，途经崇德县城，驻跸县城里的西常乐教寺。

赵构在崇德城里的行踪后来竟被定格在各种各样的桥名上，成为一系列奇怪的历史标签。比如有座桥就叫“王过此桥”，四个字就揭示了一段史实。所谓王，当然是指康王赵构，当时他应该尚未登基。万历《崇德县志》上这么记载：“康王南渡，金兵追之，土人曰：王已过此矣。”此桥因此得名。

在崇德城郊，还有一批记录“圣上”行为举止的桥名，颇有几分散装《起居注》的意思。比如催皇帝赶紧上路的桥，叫“催驾桥”；大驾光临过的桥，叫“行驾桥”；下马地，叫“下马辇桥”。连太子的行踪也不舍得放过，所以有太子堂桥。另外，还有扶驾桥、御驾桥、迎驾桥、送驾桥等一系列桥，都与赵构在崇德县城的活动有关，真是乱花渐欲迷人眼，“马屁拍得惹人烦”。不过，桥名作为一种碎片信息，也具有一定的史学价值，至少通过桥名就可以知道，当年赵构下船后进入崇德县境内，所用交通工具既有御马，也有靠人力抬的龙辇，甚至还骑泥马渡桥。当然，那只是一个流传很广的传说，叫“泥马渡康王”。说的是建炎三年二月的某个深夜，有五百个金人前锋突然兵临城下。赵构恐慌之至，连夜仓皇出逃。事实上，扬州城内以及长江沿岸尚有大宋二十万大军，从军事上看，抵御五百敌兵根本不在话下。可是，一朝被蛇咬，十年怕井绳，不但皇帝赵构存在“恐金”心魔，连南宋的大部分将士也都闻“金”色变。赵构带着一干人马逃到崇德地界时，天色已晚，于是就躲进沙渚塘南岸的蚕神庵。

庵内供奉有蚕神马鸣王和泥塑的白马，用来祈福蚕丝丰收。赵构极困，靠着泥马就睡着了。半夜，突然又听闻“金兵杀来了”之类喊叫声。赵构睁开眼睛一看，四下无人，门前只有一匹白马在等他。不管三七二十一，他跳上白马直奔河边。金人见有个穿龙袍的，便死命追。赵构逃到沙渚塘边，无奈之下纵马跃入水中，连人带马冲向对岸。等他上了岸才发现，渡他过河的，竟然是蚕神庵里的那匹泥马。据说那座“泥马渡桥”，就是赵构念及那匹泥马救驾之功，传旨令地方官员在渡水处建造的。

南宋绍兴六年（1136），已坐稳皇帝宝座的赵构第三次过崇德县，又驻跸在西常乐教寺。此时的金兵已被韩世忠、岳飞等主战将领阻挡在长江北岸，此番到崇德主要是来巡视。崇德县令赵之涣殷勤接驾，献上当地土特产，还如数家珍地逐一介绍。宋高宗突然插问：“崇德乃大邑，现在户籍人口不知有多少？”赵县令愕然，支吾难答。高宗又问：“那全县一年的租赋有多少？”这个糊涂官又支吾起来，使赵构对这个失职县官起了疑心，遣人一查，果然有贪污受贿、扰民勒索的劣迹，于是当场撤职惩办。

由于此番来崇德，天下已经太平，赵构有了皇帝的威仪，所以他及其仪仗扈从浩浩荡荡地经过架在沙渚塘上的那座桥，就被称为“御驾桥”。运河边有座俗称南桥的万岁桥，是康王赵构及其护卫不曾见过的，因为那是初唐开国功臣尉迟敬德行马江南后所建。

同样作为封建王朝的“万岁”，清朝康熙皇帝六下江南里，也有五次途经崇德，他的御驾出行，那才叫龙游天下。有好几次是从北塘甘露庵（俗称北寺）登岸，然后浩浩荡荡入朔义门，出薰仁门，至迎薰馆码头登舟。按计划，准备换乘二十四桨轻舟，经长安镇直达海宁陈氏的安澜园，走京杭大运河。

龙舟过境时，岸边的塘路上有皇家轻骑护航。在惠风和煦、彩旗飘飘中，百姓扶老携幼，夹河观望。康熙六下江南，主要还是为了治河导淮，巡查运河和漕运，本质上是来检查工作的，顺带畅游江南。可是海宁袁花镇的大才子金庸，非得在他的小说《鹿鼎记》里，将康熙下江南的目的写成是为了寻找韦小宝，如此戏说康熙，玩的是小说家的语言迷踪拳，纯粹为了故事需要。

赵构在临安暂时安定下来之后，便大兴土木，建造皇宫以及各大衙门，作为京畿要地，处于“五环”要地的崇德城也随之上行下效，万岁桥北三百步处那座俗呼北桥的永安桥，就是在这个历史时期建造的。明正德年间，县令洪异重修南北两桥。两桥均系梁式石桥，高峻雄伟，宋孝宗官船过此，无须落帆，所以又被称为“邑市双虹”。

由于有运河萦绕，崇德城水多，桥自然也多。到了明朝，建造的跨河石桥就更多了。比如明洪武年间建造的南高桥（司马高桥前身），宣德年间建造的大德新桥（亦称大通新桥），正统年间建造的迎恩桥等，不胜枚举。

在运河崇德段，总共有十座单孔石拱高桥。尤其是包角堰桥、何嘉桥、登云桥呈三角鼎立，十分壮观。十座古桥的桥名都有出典且有诗意，桥体构建精致，集建筑、雕刻、书法、诗词等艺术形式于一体，具有江南水乡风韵及独特的桥文化。可惜的是，而今除司马高桥依然耸立运河之上，其余九座均已在运河疏拓时被拆除或改建。孤独的司马高桥，成了整个江南运河苏嘉段上，唯有的一座单孔拱石桥遗存。

“登渡上云天，人行在碧空”，描述的就是这座特立独存的司马高桥。它始建于明洪武年间，现存石桥系清光绪二年（1876）知县余丽元请帑重建。

在20世纪的五六十年代，司马高桥附近的居民在城南街南端开荒种菜，意外地在半米深的地下挖到了成片方砖和石块石墩，古语儿市的废墟从此被揭开了神秘的面纱。

3. 横街往事

在20世纪80年代初，为了挖掘县域内的非物质文化遗产，崇福镇政府曾召集了地方学者与部分乡贤在文化站开了场座谈会。席间，有位耄耋老人的回忆，成了座谈会的题外收获。

那是一段来自光绪年间的童年记忆。当时还是个稚童的长者在横街宫前河边玩耍时，突然间，看见一条船开到颐志堂前，然后有个男装打扮的女子从船跳下……老人非常肯定地说，那人就是鉴湖女侠秋瑾。

耄耋乡贤所言不虚，秋瑾确实从杭州乘舟到过石门古城（今崇福镇），那是1907年6月21日，她来找挚友徐寄尘。两人一年多前相识于湖州浔溪女校，那时秋瑾刚从日本归来，由同盟会元老、嘉兴府商会总理褚辅成陪同到校任教，校长正是徐自华，字寄尘。

两个同气相求的新女性“各自倾倒，相见恨晚”。后来经秋瑾介绍，徐寄尘及其胞妹徐蕴华都加入了中国同盟会。两姐妹还凑了近两千块银圆，帮助秋瑾到上海创办《中国女报》，主要是为提倡女学和女权，投身反清活动。

徐寄尘父亲病故时，前来吊丧的秋瑾曾在徐家住过半个月，第二次来是熟门熟路。徐家是当地的风雅望族，由徐思椿于明朝末期从衢州举家迁来。最初在崇德郊外九里塘隐居，随后徐姓便在此开枝散叶，至清末民初成为当地旺族。徐寄尘祖父徐宝谦，光绪六年（1880）的进士，担任过刑部侍郎和安徽庐州知府。父亲徐杏伯

今日司马高桥，王仪摄

修缮中的横街，潘骐摄

是“国学生”，诰封奉政大夫。学宫河边的颐志堂由崇德徐氏（西支）六世祖徐克祥于清嘉庆元年（1796），购得著名学者吕留良祖宅中的两栋旧楼扩建而成，光绪年间又在宅西购得一块空地建造了颐志新堂。这是一幢多进式厅堂建筑。正门临宫前河，建有“八”字形河埠，一看就是大户人家的架势和气派。

门楼为骑楼建筑形式，楼下沿河约有1米多宽的行人过道。除了正厅在1960年被房管部门动过以外，其他的门厅楼阁皆保留完整。有个楼厅美其名曰“月到楼”，徐家族人常在此吹笛子、唱昆曲，尽显崇德大家族的文化底蕴。

来看望徐寄尘前，秋瑾到嘉兴府会过褚辅成，当时就住在嘉兴南门外，褚辅成办的南湖学堂。秋褚二人在鸳鸯湖的放鹤洲密谋了反清起义之事。来见徐寄尘，主要为了筹款与诀别。

徐寄尘在廿年后所写的《返钏记》里，追述过这段历史。秋瑾亲口告诉她马上要回绍兴举义，只是经费不足，恐事难办。她替秋瑾担心，又知不可能阻拦，便悉倾奁中物相赠，主要为首饰，大约价值黄金三十两。秋瑾说着“感姊厚贻，何以为报”，遂脱下双翠钏赠给她留作纪念，因为“事之成败未可知”……在秋瑾殉国二十周年后，徐寄尘将那对翠钏还给了大学刚毕业的秋瑾女儿王灿芝，告诉她“见钏犹见汝母”。

秋徐二人志趣相投，常有诗词酬答。徐写有《和鉴湖女侠感怀原韵》，其中有一句叫作“好散千金交侠客，相从燕市买吴钩”，慷慨侠情，跃然纸上。鉴湖女侠秋瑾留下的诗篇也不少，所表现的爱国、献身情怀常使人感动，其豪壮、阔大的境界，也是中国古代女子诗歌里罕见，正所谓侠之大者，为国为民。

鉴湖女侠当年是6月21日来，23日坐船离开，在古城逗留了两天时间。在茶余饭后，两人或许会一起到横街上去散步。因为实在方便，从熙志堂后门走上几步就到横街西端。

横街的地理布局在明代就已基本定型，原有的公共空间肌理至今保存完好。河流沿岸水阁枕河，石埠系舟，驳岸廊棚，完全是一副小桥流水之江南水乡风貌。民居则因水而生、临水而建，进而构成沿水成街、依水而兴的江南民居特色。

那时，城南设有两座城门。市河西为薰仁门，又称“大南门”；市河东是丽正门，又称“小南门”。横街因此成为车马人流进出大南门的必经之路。清咸丰间，由于太平军两次攻占崇德，使东半城被毁。因此，一镇之商业贸易中心西移，客观上成就了横街的商业繁华。

横街是一条百年老街，以半爿弄为界，将全街分为东西两段。当时的东段和中段，以商业和手工业为主，商铺鳞次栉比，满眼是绸布衣庄、皮货商铺和茶馆酒楼，亦有漆木作、银匠店、裁缝铺等手工作坊。清同治年间，胡雪岩也到横街开设了大亨典当行。横街西段，矗立着徐家熙志堂、戴家敦厚堂、劳布政使府第等二十几座豪门大宅。

为什么这些名门望族都认西段？那是因为这里有被视为风水宝地的登仙坊，所以仕宦、经商之豪门富户喜欢在此购地建宅，故而大宅毗连，望族与富豪门当户对，比邻而居。只是时至今日，有几处大宅已在岁月的变迁中灰飞烟灭，比如劳布政使府第。

想当年，山东左布政使劳永嘉在崇德地界可是赫赫有名。劳家累代簪缨，家族子弟不少入仕为官。劳永嘉是明万历辛丑科（1601）的进士，先授芜湖令，又知福州府，后因功升山东按察使，考核吏治的官，相当于现在的山东省政法委书记。后来转任左布政使，主管山东省之行政和财赋出纳，是很有分量的官职。

劳布政使府第建于明代晚期，在今横街88号和92号地段以北。坐北朝南，前后三进，南临横街，北至县前河，西侧墙外即为西寺弄。后埭第三进为五楼五底，十分壮观。太平军占领崇德时，劳府被改成了礼拜堂，后宅则存放了不少太平军将领的吊棺。

与徐家的颐志堂遥相呼应的，是戴家的敦厚堂。戴府上的戴麟经，是近代横街上的一抹异彩。他不仅读书好，是上海交通大学和暨南大学的学生，而且足球踢得更好，被称为“足球大王”。戴府不远处，是号称来鹭草堂的吴滔故居。吴滔是清末著名画家，与吴昌硕、吴谷祥合称“三吴”。毕竟是艺术家，他的故居打破了传统的对称格局，通过房舍布局与庭院点缀呈现一种不规则之美。前后庭院内有假山、花坛和金鱼池，代表了横街乃至整个崇德古城的闲情逸致和文艺调性。

如果将时间再往前推三百年，那么徐家的颐志堂、戴家的敦厚堂、戴家以及待雪楼蔡家围合而成的区域，都属于吕留良家族的府邸。吕留良是明末清初的思想家和著名学者，事实上，也是崇福古镇的人文符号。

秋瑾与徐寄尘在横街颐志堂诀别后，不出一个月，就传来了秋瑾起义失败，在绍兴大通学堂被捕的消息。1907年7月15日，秋瑾在古轩亭口就义。徐寄尘闻此噩耗，悲愤不已，提笔写了十二首《哭鉴湖女侠》。

秋瑾的罹难，也让在天津读书的嘉兴女生沈亦云恸哭不已，尤其当她从报上看到了秋瑾的供词和照片后——一张是留学日本时的和服照，另一张是临刑前绑跪赴死的形象，愤怒与同情不能遏制，便私自跑回寝室蒙被大哭了一场。在20世纪80年代的哥伦比亚大学，被称为“嘉兴三姐妹”的大姐沈亦云出版了一本《亦云回忆》，追忆在光绪丙午年（1906）之春，在嘉兴家中见到秋瑾的情形。沈亦云的姑丈陪一女客来访，此人便是别号“鉴湖女侠”的秋瑾。书中这么描写：“她貌不美而甚清秀，态度文雅，不施脂粉，穿黑色长袍，说话是绍兴口音。”

沈亦云记得秋君与姑丈寒暄时，同她谈读书，临行前还执她的手，要她同唱“黑奴红种相继尽，惟我黄人酣未醒……”沈亦云后来嫁给了辛亥元老黄郛，黄郛与陈其美和蒋介石是结拜兄弟。同盟会员秋瑾为反清革命事业做出了巨大贡献，可惜1907年在绍兴就义，没能看到五年后辛亥革命的成功。另外一个同盟会员，浙江湖州人陈其美，不但在1911年在上海发动了武装起义，上海光复之后还被推为沪军都督。陈其美在走上革命道路之前，却在位于崇德横街中段的“善长典”当了十二年的学徒。

善长典是个百年老当铺，当铺原址是胡雪岩投资的“大亨典”旧地。崇福古镇昔日的商贸必定是拥有繁荣景象的，否则晚清首富胡雪岩断然不会在横街上投资开“大亨典”。从横街繁复的格局与纵横交错的街弄走向，也可推测出作为崇福古镇的横街，当年的商业是多么兴旺。另外，位于东大街与东横街之间，那条南北走向的县街，也能揭示明清时期的崇福古镇的商业气质。

吕晚村纪念亭，潘骐摄

民国二十二年（1933），为了纪念孙中山先生，当时的崇德县县长毛皋坤以明蓟州太守钟起凤的几园遗址，以及孔庙学宫旧景为基础，修建了一座总面积28000多平方米的中山公园。园内曾有孙中山纪念厅、陈英士纪念塔和吕晚村纪念亭等人文景观。历经八十多年的风雨沧桑，而今的中山公园内，只剩下清代重建的崇德孔庙大成殿和棂星门风貌依旧，文璧巽塔仍耸立在荷花池畔。

时至1988年，崇福镇政府在中山公园内重建了吕晚村先生纪念亭，并将其扩建为吕园。从某种意义上看，吕留良已经成为崇福镇的历史人文符号和思想精神高度，他的传奇与故事，只能另起炉灶，写一本更为厚重的书，恐怕也很难畅所欲言。儒学思想家吕留良能够诞生在这座江南古镇，是崇福之福，唯有崇德古城才能积攒的千年之福。

第二章

苏州塘之魂

延绵千里的京杭大运河，穿越了长江后，到达了烟柳繁华之地的江南。这段北起江苏镇江，南至浙江杭州的大运河，被称为“江南运河”。

当江南运河流入浙江后，顺应了江南水网密布的特点，与当地丰富的水系紧密相连，形成了三条水路。向西的那条流入了浙江湖州境内；中间的这条是从苏州的平望至嘉兴的乌镇澜溪塘，经练市、过新市，再到杭州的塘栖；而向东的这一条，则是从苏州的平望至嘉兴的王江泾、油车港，经石门、崇福，最后到达杭州的塘栖，与中线相汇。

东线也是大运河进入浙江境内的主要航道，至今还在发挥重要的交通枢纽作用。这条从苏州城至嘉兴北丽桥的河段被称为“苏州塘”，也叫“苏嘉运河”。苏州塘始凿于汉代，全线贯通于隋朝，当时嘉兴隶属于苏州，故此得名。苏州塘到达嘉兴后与杭州塘相接，最终流向钱塘江边的杭州，形成贯穿浙江北部的水运主干线。目前苏州塘大部分河段已升级拓宽，完全适应现代航运的要求。

苏州塘两岸是典型的江南水乡，河流湖荡众多，土地肥沃，被誉为“鱼米之乡，丝绸之府”。沿途风景秀美，长虹桥、杉青闸、栖真寺、落帆亭等人文景观比比皆是，使人目不暇接。

一、王江泾：入浙第一镇

江南运河流入浙江境内，首先映入眼帘的是一座气势恢宏的大型石拱桥，它形似长虹卧波，因而得名长虹桥。一路舟行，两岸风光旖旎，长虹桥就像一座高耸的门楼，横跨运河两岸，敞开着海纳百川的胸怀，喜迎着八方来客。悠悠运河犹如玉带穿越嘉禾大地。一条条泛着银光的河道，像是运河的枝根叶脉，惬意地在杭嘉湖平原伸展。此处水网密布，河港纵横，大大小小的湖荡像散落的珍珠，河道在街巷间迂回穿梭，到处散发出浓浓的水乡韵味。在大运河的泽润下，此地世代都是富庶之地。

这个地貌如莲花瓣似的水乡泽国，水源充足，物产丰富，非常有利于驻军。由于水网交错，既可以成为天然屏障，也利于军队调防，种种有利条件，成了兵家必争之地，自古以来就是一个兵戎相见的战场，春秋战国时期吴越争霸的两次大战及明嘉靖年间名将张经率领的抗倭大捷都发生在这里。

1. 王江泾镇的由来

王江泾，这个运河进入浙江的第一古镇，却以两家姓氏来命名，背后到底发生了哪些故事呢?

清末民初的闻川（今王江泾镇）有一位学者唐佩金，花费了十多年时间，专门编撰了一本《闻川志稿》。在它的开篇中写道："闻川，春秋时属吴越接壤之槜李，有射襄城。秦属会稽郡之长水县，改曰由拳县。东汉永建中分隶吴郡。三国吴改禾兴，寻改嘉兴。自后皆属嘉兴县。宋为闻川市，又名王江泾。"

可见王江泾镇的由来可以追溯到春秋战国时期。当时的吴越两国都是江南一带有影响的霸主，为了称雄争霸，连年争战，那个经常发生战事的地方就是王江泾，古属"槜李"，它的起名是因为此地盛产水果槜李，这个品种为李中珍品，古代常作进贡帝王之贡果，《春秋》杜预注曰："吴郡嘉兴县西南有槜李城，其地产佳李故名。"

而这个"槜李"可是个有来头的地方，当初吴、越纷争，两国多次在槜李交战。比较著名的有两次，一次是在公元前510年，吴王阖闾南下攻越，弱小的越国不敌吴国。可越王勾践忍辱负重，卧薪尝胆，并献上西施美人迷惑吴王。被胜利冲昏头脑的吴王夫差，淫而好色，见到西施垂涎三尺，宠爱有加。尽管西施身在吴国，可一直心系越国。明朝望乡处，应见“岭头李”，西施家乡盛产李子，思乡之情让她想起了李子，于是西施向吴王提出想去当地的李园看看。吴王一口答应，选派一批宫女，陪西施来到李园，那成熟的李子，青里透红，密缀黄点，外披白粉，咬上一口，脆甜爽口。西施爱不释手，犹如吃到了故乡的味道，嘴巴一时停不下来，也许是吃了太多的缘故，竟被李子醉倒。从此，人们给这种李子改名“醉李”，久而久之这里的地名也被称为“醉李”。也被写成了同音字“槜李”。故事至此并没有结束。因吴王没有听取伍子胥的建言，终因盲目自大，在公元前496年的那场“槜李之战”中败于弱于它的越国。而后，为抵御越国，吴国在此地筑有射襄城。在唐佩金的《闻川缀旧诗》中有《射襄城》一诗：“霸业销沉（消沉）久，射襄废垒平。空余桥畔月，曾照古时城。”由此可见，这射襄城就是王江泾镇的前身。

那么，《闻川志稿》中提到的“闻川市”又是从何而来呢？北宋年间，官至秘书丞的闻人建带着妻儿老小迁往今王江泾的莫家村一带定居，并开店设肆，这里便成了附近村民交易货物的集散地，久而久之形成了集市。由于莫家村在运河边上，而当地人又爱把大的河流称作“川”，故将此地称作“闻川市”。安定的日子过了没多久，金兵来犯，闻家人迁到了运河的西边，而此处有北方的王、江两个大族迁来。说是后来这两个大户声望逐渐盖过闻家，闻川市也就易名为王江泾市。这种说法总觉得有些牵强，地名本身都是约定俗成，一般不是行政命令不会轻易更改，尽管闻家开始没落，但还支撑着当地的一部分产业。“川”和“泾”可以理解，是与运河有关，但以王、江两家取代闻家有何理由呢？当初王、江两家是怎么样达成协议，以两家的姓氏作为镇名？又为何不叫“江王泾”而称“王江泾”？何况这王、江两家崛起不久后也突然销声匿迹，种种疑团令人费解……

不论什么原因，王江泾镇这个镇名到底还是沿袭了下来。尽管许多文人墨客在著书立说时，仍然喜欢用“闻川”来称呼王江泾镇，但这并不妨碍这些镇名演变背后的故事，它们也成了人们对王江泾津津乐道的原因之一。

2. 长虹桥探秘

到了王江泾镇，有一个地方你必定会去看，那就是举世闻名的长虹桥。2014年，京杭大运河申遗时，长虹桥作为嘉兴仅有的两个遗产点之一入选世界遗产名录。

长虹桥位于现在的长虹公园内，公园的整个设计布局堪称完美，无论是远眺还是近观，在你眼前跳出来的都是一幅幅美丽的画面。眼前，长虹桥的西堍下是一宿庵、城隍庙，北侧不足百米处就是闻店桥，闻店桥北侧便是一里街。小桥回廊，楼台亭阁，沿着运河便是长长走廊，一应俱全，处处透露出江南的古韵。无论是全貌，还是局部，在这里，自然与人文遗迹巧妙地结合在一起。

就拿长虹桥本身来说，桥型美观流畅，建筑工艺精细，宛如从天而降的彩虹静卧在京杭大运河上，造型别致，气势雄伟。长虹桥是一座典型的三孔实腹薄孔薄墩联拱桥，始建于明万历年间，尽管在清朝时期有过三次修葺，但总体结构一直保持着最初的设计。它是我国江南地区古代桥梁高超建造技艺的代表。

长虹桥是浙北平原软土地基上修建的最大的三孔实腹巨型石拱桥，全长为72.8米，桥面宽4.9米，东西桥阶斜长为30米，各有台阶57级，用长条石砌置。桥拱三孔，是纵联分节并列砌筑法的半圆形石拱。主孔净跨16.2米，拱矢高10.7米；东西两边孔净跨9.3米，拱矢高7.2米。

桥的设计非常巧妙，如此大的体量和跨度，石拱最薄的地方厚度却只有0.5米，桥墩最窄的地方厚度只有0.4米。几百年来历经多次洪水，依然稳固地屹立在大运河之上。大桥的布局也很有人性化，桥栏杆呈弧度，像一张长长的靠椅，过桥的人们可以在此歇脚。桥下两侧，四只威武的避水兽石墩趴蝮日夜守护着长虹桥，确保航道和大桥的安全。相传，趴蝮是龙的九子中最喜之子，代表守护神。实际上石墩的作用是减缓来往船只通过桥洞时的水流速度，还能有效防止船只直接撞击桥墩，既实用，又美观。

那么问题是，长虹桥是什么人提议建造的呢？为什么选址在这个位置上呢？这里不得不提到一位人物，他就是曾经担任过嘉兴地区父母官的吴国仕。

明万历三十九年（1611），嘉兴迎来一位造福后世的知府吴国仕。

长虹桥之晨，陈宏伟摄

运河是嘉兴的母亲河，然而，每年梅雨及夏秋台风多发季节，地处运河之畔，地势在嘉兴市最低的王江泾镇，总是首当其冲，深受其害。每当河水泛滥时，河水漫过河堤，侵入堤内，严重影响当地人民的生命财产安全。吴国仕到任前，嘉兴曾发生过特大水灾，致许多农田颗粒无收。这位亲民爱民的知府在到任的第二年，就到运河沿岸进行实地考察，决定改用石材加固运河堤塘。当吴国仕考察到运河王江泾段时，看到此地商贸发达，经济繁荣，但人和物资过运河只能依靠渡船，极为不便。为促进运河两岸的贸易往来，同时保证运河的通航安全，他向朝廷建议，在此建造一座运河大桥。他肯定没有想到，当时他提议建设的这座长虹桥今后会成为大运河浙江段的一座标志性建筑而闻名于世。

古代的桥梁建筑都十分重视堪舆，通俗地说就是讲究风水。如果剔除其中迷信的成分，堪舆学包含了地理、气象、建筑等多种学科内容。据推测，当时选址时，吴知府还请过风水先生，否则不会选择这么好的地理位置，但目前尚未找到相关的历史资料来印证。

中国在桥梁建筑上自古以来就有非凡的造诣，从隋朝建成的河北赵州桥开始，到今天的港珠澳大桥，造桥工艺都让世人啧啧称奇。就拿这座四百多年前建造的长虹桥来说，工艺也是不简单。

在江南软土基上建石拱桥，可不是一件容易的事，尤其是在没有现代施工机械设备的条件下，全靠肩拉人扛，利用简单的力学原理，将几十吨重的石条架到桥上。当时根本没有钢筋混凝土的概念，桥梁的结构要像搭积木似的，用我国特有的榫卯结构，将石条与石条巧妙地连接起来。另外，历史上江南大运河嘉兴段处在苏州与杭州的黄金水道，一直都是运输最繁忙的河段。要做到建桥、通航两不误，对当时建桥的发起人吴国仕知府是一个重大考验。为确保大桥的施工，在奏请朝廷同意后，这位吴知府亲力亲为，经常深入施工现场，与工匠们讨论施工方案，解决难题。

首要难题就是施工期的通航。关于此，民间有多种传说，一说是吴知府组织民工，在如今的长虹公园内、运河边开挖了一条临时水道。今人在修建长虹公园时，开挖地基中发现有一段土层与周围土质不同，宽度大约可容两艘船航行通过，推测此处可能就是当年开挖的临时水道。还有一种说法是当时借用莲泗荡四通八达的水道绕开长虹桥施工段。但这些说法都没有史料来佐证。

另外一个难题就是架桥条石的运输，长虹桥用的条石主要是产于无锡金山的花岗石，每块重量在几十吨以上，吴知府与船工商讨方案，最后采用捆扎法，即将石条绑在船沿两侧，利用水的浮力来减轻船的载重。

克服了一个个难题，经历了十一个春秋，终于建成了长虹桥，其中的艰辛可想而知。凡参与建设的人，在通过辛勤的付出后，一定会去仔细观赏自己的作品。

登桥远眺，北面即是江苏吴江盛泽，南面可望见嘉兴北门，有诗为赞："虹影卧澄波，登高供远瞩。南浮越水白，北接吴山绿。"这首古诗写出了长虹桥的气势与辉煌。

现在收藏于嘉兴博物馆，由清代咸丰年间嘉兴民间画家顾梁所作的《虹桥画舫图》，用艺术的手法反映了乾隆皇帝下江南路过长虹桥的热闹场面，生动地展现了两百多年前以长虹桥为中心的市井风貌。这在一定程度上为长虹桥的选址做了诠释。在交通以水运为主的年代，江南水乡最大的特点就是水系发达、水网密布，运河就像畅通的大马路，类似东南沿海一带的疍家人一般，水网就是市井。画卷上，乾隆皇帝南巡的龙舟正在穿越长虹桥，边上挤满了丝网船、货船、渔船、渡船等三十多艘，岸边人头攒动，一边是迎接乾隆皇帝的官员，一边是做买卖、吃饭、喝茶的人群，还有看热闹、听戏的，水上还停有一艘搭有戏台的大船，正在演戏。《虹桥画舫图》生动地反映了浙北嘉兴一带的民风民俗，场面恢宏，人物各异，共出现有六百五十多个人物，全都浓缩在这幅小小的画卷之中。此画不仅反映出清乾隆皇帝南巡时的宏大场面，也将江南水乡的市井小民、地方官吏百态尽现于纸上。因此，此图历来被人们称为"江南水乡的《清明上河图》"。

从现有的史料来看，我们对长虹桥的了解还是太少了，从它的体貌特征、历史经历及周遭变迁来看，还有太多的未解之谜，值得后人不断地去探索与研究。

3. 荡湖船歌

顺着苏州塘，越过长虹桥，就能看到闻名遐迩的莲泗荡。它是古太湖的遗存，以陶家荡、文泉荡、庙前荡、桥北荡四荡相连，故而得名。唐佩金的《闻川志稿》上是这样描述的："在镇东南五六里。巨浸联属，俗因号连三连四荡。西受陶家荡，南纳吴家漾、杨韩墩诸水。东南别称浅甸湖。东泄于十字路荡，东南泄于陈盛荡。"综上所述，莲泗荡是由多个荡漾串联而成，水域非常开阔。水上交通极为便利，东经虹漫之港可通嘉善、上海，南可通嘉兴、杭州，西边有两条河道直通大运河，北通桥北荡、虎啸荡、梅家荡等，称得上四通八达。

莲泗荡有大片开阔的水域，面积达4000余亩，一般水深在2米左右，最深处可达3.5米，风浪较小，盛产鱼虾，是当地渔民的衣食来源。

莲泗荡周边，土地肥沃，气候适宜农业生产。但此地处于太湖南泄洪区，地势低洼，经常出现洪涝灾害，历史上粮食产量很低，农民生活非常贫困。当地流传有一首民谣："莲泗荡边徐长湾，三天大雨便成灾，苛捐杂税高利贷，十家要有九讨饭"，形容的便是这类场景。生活艰难贫困的百姓总是祈祷上苍给予保佑。他们建庙祭拜，寄希望于各类神灵，以求得心灵安慰。因此，旧时此地的庙宇很多，民间的信仰也十分兴盛。

莲泗荡特有的地理位置和人文环境，孕育出了一个流淌着的运河民俗"网船会"。

网船会又称"刘王庙会"，是嘉兴本地及江浙沪一带渔民、船民和农民自发组织的民间庙会活动，主要祭祀元末除蝗救灾英雄刘猛将军。百余年来，人们通过庙会的方式，祈求风调雨顺、出入平安、农渔丰收，同时通过庙会观光游乐、休闲购物、探亲访友。

这位被祭祀的刘王爷是个传奇人物。元朝末年，嘉兴一带蝗虫成灾，铺天盖地的蝗虫侵袭农田，所到之处，田禾尽毁，颗粒无收，百姓流离失所，饿殍遍野。朝廷只得张榜招贤，邀请贤能灭蝗抗灾。当时的江淮指挥使刘承忠将军揭榜自荐。在他的带领下，当地百姓不到一个月，就将当地的蝗虫扑灭。正当他准备班师回朝时，皇帝却听信谗言，将其革职为民。原本就对腐败无能朝廷心灰意冷的刘将军，在当地百姓的再三挽留下，干脆留了下来，寄宿在大悲庵，继续指导村民生产自救，确保了当年的粮食产量。

为了谢恩，当地百姓自发凑钱请来戏班子，在大悲庵的广场上连演三天。正当大家沉浸在欢乐喜悦中，一场狂风暴雨突然袭来，使莲泗荡上风浪骤起。住在荡边大悲庵内的刘承忠听到阵阵呼救声，急忙冲向荡边，登上一条小船，往出事船只划去。但总因风浪太大，无法靠近出事点。此时，他毫不犹豫地跳入水中，连救数人后，终因体力不支沉入荡底。王江泾人为了缅怀这位灭蝗救难的英雄，在大悲庵内为他造了一座刘公祠，试图将他永久地留在莲泗荡旁，永远保护乡民和湖泊田地。

清雍正二年（1724），朝廷将他树立为典型，敕命全国祭祀刘承忠，并追封他为“刘猛将军”“行礼仪与直省祭关帝庙同”（《大清通礼》卷十六）。当时的各省、府、州、县均建有“刘猛将军庙”，每年都要进行春秋二祭。

每年的清明和刘承忠的诞辰日农历八月十四日，莲泗荡就热闹了起来，各种船只从四面八方赶来，聚集到王江泾镇的刘王庙前。

好像是上天的有意安排，刘王庙所处的地理位置，恰似一座天生的舞台，三面环水，宽阔的水域可以停泊上万艘船只，边上的刘公塔鹤立鸡群，周边的景致美不胜收。参加庙会的船民，头顶祭品，肩挑香烛，络绎不绝地涌进刘王庙，跪拜在刘王像前，青烟里的刘猛将军显得更庄严肃穆，这缕缕香火寄托着人们对刘猛将军的崇敬和对美好生活的向往。

网船会大约兴起于清咸丰年间，《闻川志稿》中载：“吾乡俗传正月二十日开印，八月十四日诞辰，届期江浙渔船咸集（莲泗）荡中，以数万计，演剧献牲，岁以为例。至二三月之交，船之集尤多，谓之网船会。”

据史料记载，庙会最盛之时，敬献的新鲜猪头，就有十万三千多个，五十万人虔诚地顶礼膜拜。远近赴会者，扁舟巨舰不下四五千艘，由长虹桥至刘王庙前，十余里内排泊如鳞，空前绝后。

网船会的高潮是刘王爷的出阁巡游，此时众人簇拥着刘猛将军神像进入庙前广场，无论是参与巡游者还是路边旁观者，仿佛每个人都成了这场庙会的主角。刘王

网船会风采，陈宏伟摄

殿外广场成了喧闹的海洋，龙灯、舞狮伴随着铿锵的鼓点，秋歌、莲湘、花鼓和着悠扬的歌声，扎肉提香表达对神明的虔诚。来自江浙沪上百个民间艺术团的戏曲、歌舞让人们驻足观赏，古老的吴越文化在这里得到了忠实的传承。

而网船会的真正主角，那些普通的船民则在自家的船上摆着香台，祭祀刘王爷，每条船上还插上了旗幡。祭拜仪式虽然简单，但却庄重。他们来参加庙会，不仅仅是来祈求神灵保佑，更重要的是，这些常年漂泊的船民可以在这里会亲访友，团聚欢乐。亲友们围坐在船舱里，品着船菜，喝着黄酒，其乐融融。此时，岸边的喧闹声陆陆续续地传进莲泗荡中，富有嘉兴水乡特色的踏白船表演让宁静的湖面荡起了波涛。踏白船也称摇快船，是一项盛行于浙江嘉兴水乡的民间水上竞技，是为祭蚕神而举行的一项民俗活动。据说其名来由与岳飞有关。宋朝名将宗泽因赞赏岳飞的才能与忠勇，任其为“踏白使”，为鼓励赛船者以岳飞的无畏气概参加竞渡，故有此称。

等到宴席散尽，夜幕降临，莲泗荡就显得格外宁静。月光下，刘公塔的倒影在荡中闪烁，夜风吹得幡旗猎猎作响，仿佛在期盼下一次聚会的到来。

网船会暂时落下了帷幕。但莲泗荡的魅力不减，作为3A级风景区，莲泗荡已经成为国内游客旅游的打卡点。景区是由莲泗荡刘公园（刘王殿、刘承忠纪念馆、望湖楼公园）、刘公塔（舅公祠）和江南水乡渔俗文化博物馆等组成，是集观光、休闲、度假、特色旅游为一体的国内著名的旅游景点。尤其是在荷花盛开的季节，游人如织。登上刘公塔，放眼望去，“接天荷叶无穷碧，映日荷花别样红”，万亩荷塘格外显眼。莲泗荡背靠万顷良田，面朝千亩鱼荡，以荡水为核心，将千年运河民俗、江南水乡文化完美融合，既有深厚的运河文化底蕴，又有绮丽的自然风光，因此成为千年运河的一抹亮色，也是江南水乡的一个缩影。

在水资源非常丰富的王江泾，水就是黄金。广阔的水域与湿地有取之不尽的宝藏，这里拥有国家级长江四大家鱼的原种场，每年光青鱼苗养殖量就达两百万尾。湿地中种植的莲藕更是不计其数，放眼是望不到边的荷塘，故此地有“中国田藕之乡”的美誉。生活离不开美食，这里的鱼鲜与莲藕自然成了一道主菜。各种美味佳肴让人馋涎欲滴，味蕾大开。王江泾人正在用独特的智慧和勤劳的双手，编织出一件水灵灵的生态文化“百衲衣”。

4. 苏嘉铁路风云

作为水陆交通要塞的王江泾镇，地处运河与古驿道上，是江浙两省交界的要地，自古闻名。两宋时期，大量机织户聚集两岸，以丝绸纺织生产和贸易为主，到了明代，已形成丝绸贸易集镇，后来逐渐发展为江南丝织业重镇，与新塍、陡门、濮院合称为“秀水县四大镇”。方圆数十里，日出万匹，镇上到处是商铺，商贾云集，经济繁荣。且多园林、祠庙和工商会所，鼎盛时有三街、十坊、五埭、二十六弄，店坊林立。

其后，数度兴废。尤其是在太平天国时期，被烧了七天七夜，镇上大部分建筑被毁，仅一里街部分建筑尚存。抗日战争时期，整个集镇又惨遭日寇蹂躏，被大火烧了整整三天三夜，一里街两旁的楼房所剩无几，几乎成废墟。直到抗战胜利后一里街才得到逐渐恢复。前几年老街在改造时，人们在拆除的老屋中，还发现了银圆，无不印证着老街当年的繁华。

一里街是王江泾的商贸中心，自射襄桥至济阳桥，东连横跨京杭运河主航道的长虹桥，西通苏嘉公路，全长500米，街宽仅2米，狭长如带，在明清时期极其繁华。当时的一里街丝绸店铺林立，又称为“丝行街”。一里街建筑以平房为主，空间布局极为紧凑。一条闻溪倚街而过，现在还保留着其中的济阳桥、闻店桥等，依然遗存着古老建筑的格局并散发出一些古风旧貌。

沿着一里街往东，跨过长虹桥，大约500米处，在北虹东路与运河东路的交叉口，一辆黑色的蒸汽机火车头醒目地停靠在那里，火车头身上有“SHNL”几个英文字母。据介绍，这是当时英国机车的型号。边上一块石碑上“苏嘉铁路遗址公园”几个大字非常显眼。火车头的前面，是王江泾站的候车室，青砖黑瓦。旁边有三座炮台环伺其间，墙体厚实，足足半米有余，从炮楼内向外看，可以看见一个个小孔，透出了点点亮光，这是抗日战争时期留下的弹孔。

在王江泾这个小镇上竟然还有一个火车站，这实在令人好奇，这旧时的王江泾车站记录着一段怎样的历史呢？

苏嘉铁路是在1935年2月开始建设的，北起苏州，南到嘉兴，全长74.44公里，1936年7月正式通车。作为战时交通大动脉，苏嘉铁路在淞沪会战的三个月里，往前线输送兵员辎重给养，成为保卫大上海的生命线。

为纪念这条极具历史意义的铁路，王江泾镇在2018年建造了苏嘉铁路遗址公园。公园内的火车，是按照当年在苏嘉铁路上运行的蒸汽机车1∶1仿制的，它全长约14米，高约3.5米。王江泾站站房、轨道位置、机车样式、日军炮楼等都做出了精确复原，向大众展示当年的“苏嘉铁路王江泾站”。

走入候车室，这里现在是苏嘉铁路展示馆，一幅幅图版给我们讲述了一段令人屈辱的历史。

清光绪二十一年（1895），主张“中学为体，西学为用”的洋务派代表、两江总督张之洞，上奏清政府要求兴建苏嘉杭铁路，以发展长江三角洲地区的经济。此时的中国正处于半殖民地半封建社会，任何举动都受制于洋人。这个建议遭到了英国的粗暴干涉。迫于压力，清政府被迫与英国怡和洋行签订了《苏杭甬铁路草约》，由清政府向英方贷款修建苏州经嘉兴至杭州再延伸到宁波的铁路。这不仅使我国丧失了铁路建设与运营的自主权，而且意味着沿线的利益也将拱手相让。此后，英国由于受到其殖民地南非的布尔战争以及1900年义和团运动的冲击，全然不顾清政府的催促而一再拖延开工和签署正式合同的日期，长达七年之久。为了从英国手中夺回路权，防止美国等其他列强的觊觎，1905年，苏、浙两省的官商自发创办了商办全浙铁路有限公司和商办苏省铁路股份有限公司，通过募集社会资金自建苏杭甬铁路来抵制草约。经过三年努力，1909年沪杭铁路建成通车。但苏嘉铁路因为建设资金的原因，被搁置了下来。

直到1932年，“一・二八”淞沪战争爆发。当时的国民党政府与日本签订了《淞沪停战协定》，规定划上海为非武装区，中国不得在上海至苏州、昆山一带地区驻军，而且调动军队也不能经过上海中转，南京与杭州间铁路军运中断。

苏嘉铁路遗址，王仪摄

为解燃眉之急，国民政府重启苏嘉铁路的建设，并于1936年开始营运。

1937年，上海“八一三”战役爆发后，苏嘉铁路和京沪杭铁路共同承担了抗战军运的大量任务。日军出动大批飞机，对苏嘉铁路狂轰滥炸，迫使火车不得不改在夜间行驶。铁路职工们通宵达旦，在上半夜以前将被破坏的线路桥梁、电信等设备及时地抢修完毕，这才保证了下半夜军运列车的安全行驶。

好景不长，运行了一年多的苏嘉铁路被日军全线占领。这条铁路成了日寇对太湖游击区的封锁线，沿线地区也成了日军侵华的重要据点。

太平洋战争爆发后，日军的战线一直延伸到了东南亚，由于中国大陆战事久久不能平息，战争的补给已经到了警戒线，大量的钢铁等战略物资短缺。于是日军就以“协助江苏省政府收集金属”为名，开始拆除全线钢轨、枕木等，还劫走了全线的钢轨、器材，仅存废置的路基。这条存世了八年的苏嘉铁路从此消失。

时光匆匆，很多记忆被渐渐尘封，很多伤痛也已悄悄淡化。然而在许多人的心目中，它仍然被历史所铭记。如今，苏嘉铁路遗址公园，已成为市民接受爱国主义教育的重要场所。

至今为止，当地的人们还在惦记着苏嘉铁路。可喜的是，这个愿望不久将成为现实。2018年，苏嘉城际铁路被纳入中长期铁路网规划，项目变为“南通经苏州、嘉兴，终点为宁波”的铁路，同时还把时速提升至每小时350公里，定位为国家“八纵八横”铁路网中“一纵”，成为国家高铁网的重要组成部分。目前工程已经开工，将于2027年建成通车。

5. 灶画村的升华

在运河的西侧，离长虹桥不远的天花荡边，有一个美丽的古村落——古荡村。

进入古荡村，村口一块写着“江南灶画村”的古色牌楼非常显眼。这是一个以“七彩古塘，江南灶画”为特色的景观村。步入村庄，依水而建的民居白墙黛瓦，两旁的农家墙上，呈现出各种各样的灶头画和农民画。

整洁的游步道，绿树成荫，空气清新。沿河而建的木栈道蜿蜒曲折，水榭沿廊、亭台楼阁，错落有致。水中绿植，美而养眼，起到净化水质的作用，农家菜园绿意盎然。这是一座如诗如画的村庄。

走在村庄里，最显眼的地方莫过于灶画，除了画在墙面上外，连绿化带的花坛形状也做得像灶头，上面画着的当然是灶头画。

灶画的形成与中国的饮食文化一脉相随。民以食为天，食以灶为先。中国人向来对灶都有讲究。灶台看似简单，学问可大了，它的基础部分就有灶肚、灶膛、灶台、出灰口，制作科技含量不小。好的灶台设计能做到柴火完全燃烧，烟囱出烟清淡，用火也比较安全。为了确保灶台的安全使用，古代百姓无法用科学道理来解释，朴素的想法就是祈求神灵，人们心目中的灶神爷也就应运而生。

灶神，又称灶王爷，旧时，差不多家家灶间都设有“灶王爷”神位，人们称这位尊神为“灶君司命”，传说他是玉皇大帝封的“九天东厨司命灶王府君”，负责管理各家的灶火，因而受到崇拜。灶王龛大都设在灶房的北面或东面，中间供上灶王爷的神像。没有灶王龛的人家，也会将神像直接贴在灶上。灶神是汉族民间最富代表性、最有广泛群众基础的“流行神”，寄托了汉族劳动人民一种辟邪除灾、迎祥纳福的美好愿望。

因而，人们直接将灶神画到灶头上，灶画也由此发展而来。久而久之，灶画的内容上也有了根本的变化，不仅仅停留在灶神本身。在嘉兴，已经形成了一种风俗，有家必有灶，有灶必有画，有画必有意，有意必吉祥。

走入古塘村的“嘉兴非遗文化客厅”，呈现在眼前的是各色各样的灶头画，有花草虫鸟、梅兰竹菊，有民间传说、神话故事，有中国古代的四大名著，有反映当地人文历史的网船庙会、长虹桥盛景，还有反映当前社会精神风貌的农民画……五彩缤纷，内容丰富，寓意吉祥，反映了人们对美好生活的向往。

而这一切都离不开一位为古塘村默默耕耘灶画数十年的老人施顺观，这位浙江省非物质文化遗产灶头画传承人已近耄耋之年，但言谈举止，精神矍铄。谈起灶画来，如数家珍。他自我介绍说，十九岁便开始跟随倪传金师傅学习打灶、画灶画手艺，与灶画结下了不解之缘。

但是，随着村民生活的改善，以及发展生态农业的需要，灶头逐渐被淘汰。在这样的背景下，如何将老祖宗留下的宝贵遗产传承下去是一个问题。2017年，古塘村与嘉兴非遗保护中心合作，创建“江南灶画村”，开发以灶画为主题的旅游产品，结合生态农业，让城里人体验惬意的乡村生活。

施老对灶画的痴迷程度，可以从整个古塘村所画的灶画数量来说，其中大部分都是由他自己亲手制作，这么大年龄有时还爬高爬低，站在脚手架上画灶画，为古塘村打造“江南灶画村”倾注了全部心血。每次施老画画时，都有许多人来围观，尤其是孩子们，兴趣浓厚，问东问西，很是好奇。为此村里办起了培训班，并聘请施老担任辅导员，为孩子们进行美育教学。在文化客厅边有一个教室，室内排着整齐的课桌椅，教具一应俱全，墙上还有一些儿童培训的照片，可见这里画灶画的普及程度。

目前，灶画已经成为古塘村的一张文化名片，各地游客慕名而来，乐不思归。

二、瑞水乡，油车港

京杭大运河自北向南切入嘉兴，将秀洲区北部一分为二，切出两个谜一样的小镇，左为王江泾，右则是油车港。看着“油车港”三字，你会作何联想？

或许不会与布满溪流和水荡的江南小镇形成想象的共鸣——街市两边，生长着望不到边际的油菜花田，乡民们摇曳着小船，把新收的油籽送往荡口的油坊，经过一夏的酝酿，奔腾的油车声吱吱呀呀地滚过潮湿的青石板路，将浓郁醉人的菜油芳香，连同小镇的名号一同载向无尽的远方……

是的，这就是油车港镇演绎了千百年的日常。若想要真正了解它的故事，或许就应该先从澄溪北岸的那座倪氏油坊说起……

1. 油车声声过澄溪

清光绪元年（1875）春天里的某个吉日，倪氏油坊在爆竹声和古镇人的万众瞩目之下，开张营业。

坐落于运河畔的油坊大约有三进四合院那么大，坊前挂着崭新的牌匾，匾上“倪氏油坊”四字格外鲜亮。这可是金字招牌，因为这家新开的油坊，是镇上最大的一家。倪老板是当地有名的望族，一直以经营榨油业为生，他们家的古法菜油采用低热度的石磨研制，菜籽沉淀物少，因而经久放置也不易变质；又因色泽金黄，香而不焦，在嘉兴一带广受好评。凭借着如此上等的油品，倪氏油坊很快吸引了五湖四海的客商，而这座飘满了油香的古镇，自然而然也成了长三角地区远近闻名的菜油集散地，并因此得名“油车港”。

油车港的镇名，真是名副其实。产油的历史有多长，古镇的历史就有多长。据记载，早在西晋建武元年（304），嘉兴监屯校尉高使君领兵三千屯田于嘉兴北部时起，油车港就有了种粮、种油菜的传统。明末清初，满人入关后，原居于北方的中原人为躲避战乱而南下，偶然间踏入了这片隐秀之境，从此栖息于此，在这里繁衍生息，务农经商，并将粮油业发扬光大。到了民国，大大小小的油坊如雨后春笋般出现，油香阵阵，催生了倪氏这样的商贾大家，也使油车港之名远播江南。每年初夏，数不清的商船如过江之鲫，从江浙各地慕名而来，沿着小镇北部的澄溪一路往东，试图将遍布两岸的油坊探寻个底朝天。

鲜有人知的是，其实澄溪才是油车港的前身。早在唐代，澄溪就已经是本土居民的生命之源，千年良渚文化留下的应家港遗址在它的胸怀里书写过古老的传奇。澄溪，流淌过小镇最悠久最朴素的那段时光，是古镇的气魄与灵性之所在。

河荡悠悠，澄溪香远。从莲泗荡到沉石荡，这条东西向横陈的河流恰似一条玉带连接了小镇最繁忙的两片水域。于是古镇的事业和名望，便顺着它流向大江南北的各个角落，在那里留下油车港香喷喷的名号。毫无疑问，澄溪正是那些油香四溢的年代里，船只货运往来必经的水路枢纽。

在这个枢纽尽头的沉石荡，其实原本并不是个河荡。相传在很久以前，沉石荡是一片沃土，乡民们在这里耕稼陶渔，安居乐业，逐渐就诞生出陈、盛两大姓氏家族。在机缘巧合之下，那盛家得了一宝贝石磨，相传该磨曾因受仙人点化，能对外“有求必应”，人们往磨中放入什么，磨盘就能吐什么。有一次，为了给田地施肥，陈家竟从盛家借了石磨来磨粪。结果这一举动触怒了天庭，神仙直接降下天罚，整个村庄霎时狂风大作，雷雨交加，大地开始迅速下沉，变成了一个长4里、宽3里的大荡。那只石磨也一直愤怒地转个不停，并随之沉入荡底。这个大荡，后人就叫它“陈盛荡”。

据说，只要在小暑这天划船路过此荡，就能见到石磨旋出的漩涡。正因为有这个漩涡的存在，“陈盛荡”的水特别清澈，可以洗净任何污浊。于是乎，乡民们又将它改名为“澄水荡”。从“澄水荡”流出的溪水，自然就是“澄溪”。由于谐音的缘故，“澄水荡”在清末被叫成了“沉石荡”，寓意磨盘沉于水底，倒是意外地与人们赋予它的传说形成了巧妙的呼应。

六月的澄溪，总是热烈而充实，一条条油船划着橹桨在沉石荡停泊，等待着装满香油的油车从倪家油坊里驶出。沉石荡旁的倪氏油坊其实一共有两间，小的那一间坐落在野菱浜西岸，是一个“回”字形的作坊；大的那一间正是油车港之最，和倪家老宅一同位于斗丰浜的北侧。走进烈日炎炎的斗丰浜，终日里都是石磨碾碎菜籽的嘎吱声、榨油工人的挥铲声、买卖香油的交谈声，以及从倪家老宅传出来的读书声。

倪家老宅是一间砖木结构的清代建筑，青瓦黛墙，雕梁画栋，门堂上用方砖刻着“居仁由义”四个大字。两侧的抱柱与内堂上的楹联都透着一股浓郁的书卷气，彰显出倪氏一族诗书传家的家风特质。

在香名远播的澄溪，倪氏家族的故事可不止百年香油。自祖辈倪焘开始，倪家便遵循“崇之厚德，乐善好施”的祖训，致力于帮扶家乡，不仅多次将开设油坊所积累的财富用来资助同胞，还为乡邑的文化教育慷慨解囊。著名的书画家、收藏家倪禹功就是其中由商而儒、耕读传家的成功典范。

倪禹功出生于一个动荡的年代，在祖辈的影响下，从小对书画有着浓厚兴趣。

长大成人后，开始关注与家乡有关的书画藏品，曾为搜罗嘉兴的古籍志书而尽心奔走，并将所得藏品全部捐给了嘉兴博物馆和嘉兴图书馆。他还主动请缨手抄《至元嘉禾志》孤本，历时整整五个月，让这本“嘉禾之根”真正回归故里。他的桑梓情怀与善心义举深深影响了他的下一代。他的长子、中国科学院院士倪嘉缵对父亲这项“终身事业”也格外热衷，尽管工作繁忙，却仍利用业余时间将父母亲生前的所有藏品整理、考据，再度无偿捐赠给“嘉博”和“嘉图”，使倪氏家族的百年风韵得以延续传承。

油车港的小镇基因，就是这样从澄溪河畔泛着油香的老宅中流淌出来的。油坊所在之处，记录着澄溪悠远的过往；而澄溪的尽头，则藏着油车港的根。

2. 麒麟踏湖，醉卧栖真

麟湖，是油车港的另一古名。相传数千年前，道家的文昌帝君骑着仙兽麒麟路过一片湖泊，见水清如镜，灵气闪动，忍不住与麒麟一同化作寻常百姓下凡游玩。湖边有一酒家，酒香四溢，帝君便携麒麟进店同饮。未承想那瑞兽不胜酒力，醉后现了原形。此事传到王母娘娘那里，这位天宫的“领导”便责罚麒麟面湖思过。天上一日，人间千年，思过上千年的麒麟，身上的祥瑞之气不知不觉浸染了方圆几里地，这片湖水于是多了一份仙气，得了一个美名——麟湖。此地也因此被称为“麟瑞乡”，又称“麟禔乡”。

与澄溪乡一样，麟瑞乡自唐代时就已存在，甚至有传澄溪原本也隶属麟瑞。到了北宋，镇名又改称“麟溪镇”，也叫“池溪镇”。如今因鱼池众多，又因进出麟湖的市河弯曲，这里已变成了“池湾村”。可见，一条溪和一头瑞兽恰似油车港的图腾，共构了地域人文与传奇风情的主体意象，也是镇名的核心所在。

曾经的油车港，就是由澄溪和麟湖两片水域组成。这些湿漉漉的名字，彰显了古镇与水的不解之缘。如果说澄溪滋养了油车港的古老根基，那么麟湖则像一座宝库，为这片天地带来了丰饶的自然禀赋和充裕的人文财富。

麟湖，分东、西两湖——东麟湖俗名“六百亩荡”，西麟湖则称“千亩荡”，也有东、西之分。麟湖整片湖面积约1500亩，一条细若银练的弹花港蜿蜒穿过湖中，将东西千亩荡相连。麟湖并不是一片封闭的水域，据说这里原本是古太湖的一部分，后因长期泥沙淤积，逐渐形成高低落差，便分割出一个个大大小小的河荡。

有关麟湖最早的记忆，除了神话故事外，当属市河上那些建筑遗产——迄今屹立不倒的古桥。它们静卧在迷宫一般的水系之中，沿老街任何方向漫步而去都可探个究竟：往南有长生桥，往北是麟湖桥，往东则是步云桥，还有一座与嘉兴南湖大桥同名。它们都是三孔有栏梁式石板桥，桥面和桥柱均由多块完整的石板组成，桥面两侧有石栏板，四端有方形望柱，桥柱上还有楹联。桥身、栏板等处刻有蟠螭纹、回纹和卷莲纹，纹饰精美，做工考究。无论是桥梁的制式还是雕饰，都凸显出当时精湛超前的造桥工艺和生动细腻的建筑审美。

古桥们的始建年份现大多已无准确记载，现今的样貌基本是清代重修后的留存。往昔岁月，从油车港去嘉兴，它们便是人来货往的必经通道。

走过几座桥，走到街尽头便豁然开朗，在枝叶茂盛、气象开阔的银杏树背后，还藏着一座寺庙。“地广境幽，绝无尘迹，足可栖真养道”几句诗文，便清晰地道出了它的名字——栖真寺，也勾勒出了它的隐幽静谧之妙。

据传，栖真寺为云游僧人宝月所建。宋开宝二年（969），宝月偶然游历至麟瑞乡，在丁安荡畔驻足歇脚。因见此地水清树茂，境况空幽，适合礼佛问禅，便决定留下。他四处化缘，在湖边用善款建了一座陋庵，取名“栖真寺”。

六百多年后，高僧憨山路经嘉兴，受好友麟溪镇居士沈旅渔相邀去寺里凭吊云谷上师塔，见寺中破败，又无人烟，不禁唏嘘不已。沈旅渔也感同身受，心有戚戚焉，随即主动提议捐赠48亩作为庙产。随后，憨山法师又写下《栖真寺置长生田引》一文，鼓动当地的乡民广种福田，共同参与修缮寺庙，这才让“栖真”两字再度名副其实，成为麟湖边独特的风景地和精神皈依场。

栖真寺地广境幽，文人骚客心向往之，常在此诗酒作伴，风流雅集。清同治四年（1865），举人陈其炯在栖真寺发起文会，汇聚了嘉兴、秀水、嘉善三地的学子。这场雅集并非闲情逸致下的“曲水流觞”，而是一次地道的苦读。学子们每月要来寺里碰头两次，每次数日，每日还需完成一个作业，主旨以推动国运昌盛为首。尽管彼此间未必相熟，但人人都在文会上各抒己见，大胆进言，为实现共同的政治理想而努力。

这场苦读一共持续了八年，同治十二年（1873），已有所成的学子们带着各自的使命各奔东西，其中许多人为清末的改革运动做出过贡献，有的甚至为此殉难，而曾经那段苦修也因学子们事迹里的忠义色彩，在历史上留下了“栖真寺文会”这样一个发人深省的典故。

在鼎盛时期，栖真寺规模宏大，堪比杭州灵隐寺。后因战乱损毁，在政府和民间力量的支持下几度重修，才有了今日的样貌。寺院历经风霜，唯有院落里那两株四百五十岁的银杏树安然如故。每到秋季，坚实粗壮的树干依傍着巍峨的庙堂，金黄的银杏叶铺满寺庙的地面，一阵阵钟声似有若无地从袅袅香火中飘荡过来，恍惚间，仿佛可见那位衣衫褴褛的宝月和尚还在佛前低吟浅诵：一切有为法，如梦幻泡影，如露亦如电，应作如是观……

3. 田埂里的毕加索们

栖真寺就像一位老人，用它沧桑的面容静静地守望着这片河荡。而在它不远处，那条栖真老街外还住着另一位老人，用他粗糙的双手认真地描绘着这座古镇。他叫缪惠新。

二十五岁以前，缪惠新是位真正的农民，整日只知面朝黄土，背朝蓝天，弯着腰在田埂里不知疲倦地耕耘。二十五岁那年，机缘巧合之下，他第一次拿起画笔，就此打开了东方田野艺术的宝盒。

“我只有高中学历，以前在村上当民办老师，特别爱好绘画，一直想报考中国美术学院，但因缺乏一定数量并兼具美术功底的习作，被告知‘连报名资格都没有’。”缪惠新说，“但我这人不服输，就是有一股劲儿，别人怎么看没关系，我就要画出个样子来。”

缪惠新凭借仅参加过秀洲文化馆辅导班的绘画功底，在“1983年全国农民画展”

上崭露头角。他的参展成名作《乡情》画的是自己的母亲——大面积的黑色，搭配红色色块和蓝色细线，再缀以稻穗、树木、家畜、日月、蚕鱼等图案，以极强的视觉冲击力描绘了母亲在田间日夜劳作的背影。这是他童年里最深刻的记忆，也成为他借用画笔抒发乡土之情、表现农耕文化的灵感来源。

这次首秀，缪惠新一举成名。从此，他扛得起锄头，拿得起画笔，逐渐成为中国农民画的领军人物。作品不仅登上了中央美院的展览，还在北京办了个展，使“农民画”这一独具东方色彩的绘画形式走入大众视野。

秀洲农民画，又称“秀洲现代民间绘画”，源自江南传统民间艺术，发端可追溯到明清时期的灶画，同时又吸收了蓝印花布、剪纸、刺绣、服饰、建筑等多种艺术形式，通常采用夸张、变形与平面装饰等创作表现手法。主题大多是农间百态，内容兼具了想象与现实、秀雅与拙朴、传统与现代，是彰显秀洲农耕文明与水乡特色的重要瑰宝。

1995年，缪惠新带着这项“秀洲瑰宝”走出了国门，在法国举办了个人画展。他的作品在国外大放异彩，获得了国际艺术界极高的评价。1998年，美国权威杂志《时代》周刊（亚洲版）将缪惠新评为“亚洲十大艺术家”，并称誉他为“东方毕加索”。

缪惠新的“农民画”里，到处可见毕加索极其明显的抽象特征——画面充满碰撞强烈的色块和几何线条，用夸张、怪诞以及复杂的构图语言去描绘农耕生活里的朴素日常，烘托农民心底的质朴情感，从而形成独特的视觉冲击力和艺术内涵。

他的作品充满了刚柔并济的气质，把中国农民身上那种接地气的踏实和江南水乡温婉的风韵糅合得恰到好处，而这也正是油车港这座小镇给人的第一印象。

缪惠新曾言，故土才能给人创作灵感，所谓作画就是要回到生活本身。于是在他的引领下，油车港于2002年创建了农民画创作基地和后备人才基地，镇上随之也涌现了一批农民画家。他们之中不仅仅有农民，还有泥工、木匠、教师、商户。他们是青年、是村嫂、是大爷、是奶奶，也因此他们成了农民画的“六大爷”“七嫂子”“九姑娘”“十姐妹”。乡村艺术让他们构建了一个极其丰富多彩的朋友圈、艺术

农民画《十姐妹》，张金泉绘

群，并开创了一个色彩斑斓的精神家园。从某种意义上说，这就是精神生活方面的“共同富裕”。

提到“六大爷”，就不得不提另一位农民画的代表性传承人——张金泉。他的经历跟缪惠新相似，在偶然的机会下接触农民画后，就联合村里几位大爷自发成立了“六大爷”农民画团队。因为是木匠出身，所以他的农民画带着一股细腻的工笔风格，他把他精湛的木工技艺，以及对古镇的精确记录都融入了画里。张金泉还有油车港“活字典”的雅号，他既能画出牧牛图等充满生活气息的画作，又画得出文化内涵深厚的京杭古运河长卷，向大众展现了一个既恢宏又细致，且更富人文情趣的江南水乡。

与“六大爷”年龄相当，但人数多了一倍的“十姐妹”则有着不同的故事。“十姐妹”原本是姜家湾合心村一支自娱自乐的演唱队，平时就喜欢在节日庙会上唱唱歌、跳跳舞，是方圆百里颇受欢迎的“女明星”。她们年龄最大七十五岁，最小五十七岁，从“娱乐圈”偶然转行到“美术界”，不仅很快适应了绘画这种表达方式，而且乐在其中。她们笔下流淌出来的乡野之美，既原汁原味，又贴近生活，她们用画笔谱写了具有文化精神内涵的乡村纪实文学。

另外还有“七嫂子”和“九姑娘”等，全都是有能力拿起画笔抒写水乡生活的油车港人。他们在用农民的方式看待这个世界。这种原始、随性、热忱的表达，正是中国农耕社会特有的精神。

2012年，农民画被列入浙江省非物质文化遗产名录，随后，油车港又被确立为省级“非遗主题（实验）小镇农民画方向”。而今，越来越多的新生代开始走进缪惠新、张金泉以及七大姑八大姨的农民画创作室，从此也走进了一个蕴藏了中华民族几千年绚烂文化的锦绣天地里。秀洲农民画这张金名片，正在以最淳朴的诚意与炽热，向着未来闪闪发亮。

4. 手艺人的手艺活

在油车港，叫得上名的“手艺活”可不止农民画。大名鼎鼎的非遗传承人张金泉，老一代的人谁不知道他除了画画，还藏着一手造船的绝活儿。

这项绝活儿曾经是油车港的金字招牌。20世纪伊始，整个江南大约都听说过“圣堂港”的名号，见识过圣堂港的渔船。《闻川志稿》记载：“圣堂港，在南官塘东南，多船厂，又东为匠人港。”造船这一手艺最早就是从匠人港传出来的。匠人港曾经出过两位手艺高超的船匠，一位叫寿真，另一位叫阿二，两人在当地的口碑都极好，常受光顾。如果要在千亩荡畔寻找这两位船匠的身影，人们就会沿着河边走边喊“叮咯隆咚，寿真阿二”。“叮咯隆咚”，是敲打船只的声音；“寿真阿二”，是两位匠人的联名叫法。长此以往地叫着，就生成了一句顺口溜，也让“叮咯隆咚”的“寿真阿二”名声远扬。

后来，由于匠人港河道太过狭窄，不利于大批材料的运送，整个造船行当迁移到了往西一里左右的圣堂港上。圣堂港东靠茶壶荡，西临南官荡，水运条件更为便利，土地也更加平整宽阔。依托于如此优越的环境，船厂在这里越建越多，生意也越来越兴旺。

从圣堂港出来的船，船身小巧玲珑、轻快灵活，十分适合在江南曲折幽深的水道中穿行。在保证这项优点的基础上，船匠师傅们还在船的功能和造型上下了许多功夫，不仅可以打造弯笼船、踏白船等样式较为常规的船，还做得出太湖拖银鱼船、松江贩鱼船和南湖丝网船等用途特殊的船。

由于样式众多、适应性广，圣堂港的船引来了江浙一带渔民的争相订购，自然也带来了同行竞争。据说在晚清，芦墟和西塘的船匠对圣堂港的手艺表示不服，特派高手前来与造船师傅切磋比试。结果圣堂港造出的渔船无论造型还是性能，都优于其他两地的挑战者，因此声誉更盛。

船匠们在圣堂港扎根定居，随着团队的发展壮大，也逐渐形成了一个个造船家族，比较有名的是张、沈、杨、姚，其中张金泉就是“造船张家帮”的传承人之一。

张家帮的造船手艺传承了五代，第六代的张金泉从十五岁开始就跟着父亲学习造船技艺，仅仅学了几年便小有名气，成了村里的“老师傅”。据张金泉自己回忆，他从十五岁开始到五十三岁一直在造船。这种船他们叫它“秋爬头”，一艘船要三个

农民画《圣堂港造船》，张金泉绘

人做十至十五天才能完工。

所谓“秋爬头”，是张家帮拿手的造船手艺，张金泉正是凭借着这项拿手绝活，为苏南浙北的渔民服务，把自己的前半生贡献给了繁忙的圣堂港。

在他的印象里，圣堂港在其短短三百年的造船历史里一共经历过两次辉煌，一次是20世纪二三十年代，圣堂港那时几乎人人都会造船，三十多户的居民，光作坊就有四十多家；另一次是改革开放以后，中国经济迎来飞速发展，尤其是农林渔业的蓬勃对水运的需求大大增长，因而带动了船业市场。只可惜，时代向前的步伐实在太快，不久市场上就出现了更加新颖和便捷的交通工具，机械工艺的崛起也导致了传统手艺的没落。不过短短十几年，圣堂港就在时代浪潮的冲击下渐渐失去光芒，不得不从历史舞台黯然退场。如今再提起圣堂港，竟只剩南官荡边那一条无人问津的破败小河，不见零星半点当年造船圣地的辉煌，真是令人唏嘘。

不过衰退并不意味着湮没。在油车港，仍然有一些人还记得圣堂港曾经的红火，记得“秋爬头”在河道中驭浪而前、飒爽穿行的模样。为了留住关于造船的那部分记忆，张金泉用农民画的创作形式与遗忘抗争，终于用一幅《圣堂港传世工艺造船基地》长卷，生动再现了昔日的圣堂港。他还用造船积累的木工技艺雕刻出了“秋爬头”船、丝车等木制模型，将技艺传承融入生活的细枝末节。

在油车港近年打造的麟湖画乡“非遗线”上，就有一间位于胜丰村的船匠工艺馆，里面不仅记录了圣堂港三百年的造船历史，更有张金泉亲手制作的“秋爬头”船现场展示，为这段独特的历程添了一部立体的“圣堂港史记”。

距离船匠工艺馆不远，是来自胜丰村的另一项非遗技艺展示处——糕版雕刻技艺馆。

糕版雕刻，指利用刻刀在木头或瓷具上雕刻出糕点所需的图案，通常以阴雕技法为主，也有镂空雕刻、浮雕、浅雕等其他技法。雕刻材质大多选择白桃木，求其木质细腻，以新鲜的木材为上佳。一个质地优良的糕模，需经由挑选材质、锯出粗模板、挖孔雕牙、精雕细琢花纹等一系列步骤才算完成。

糕模大多为中国传统文化中的吉祥图案，寄托美好的生活寓意。比如如意糕，代表“万事如意”；元宝糕，寓指“发财高升”；鱼形糕，祝愿“年年有余”……另外还有状元糕、福寿糕、双喜糕等。

中国百姓食用糕点的传统本就由来已久，尤其是以米为主食的“鱼米之乡”江南，更有着丰富的吃糕历史。在油车港，盛行的糕点主要有年糕、糖糕、松糕，还有一种比较有趣的叫作“歇夏米花”，是夏收时节，娘家到女婿家做客回礼送的糕点。村里几乎每户人家都拥有几块甚至几十块图形各异的印模，糕版雕刻这项民间技艺在油车港仍然蓬勃发展。

目前，在油车港保存下来的糕模约有百余种，其功用、造型、花式繁复多变，在千百年的传承中演变出了无限创意和技巧。值得注意的是，这些糕模图案并不是纯粹地为展示雕刻技艺而存在的，反而更加偏向简练、清爽的刻画，以表达中国的农耕情结和吉祥文化为主，代表着江南民俗以物寄情的独特内涵与魅力。

纵观古今，横看各个领域，可以感受到油车港人的创作能力非同凡响——如已经上升为浙江省级非遗的秀洲农民画——不但拥有良好的群众基础，庞大的创作者团队，如缪惠新、张金泉等佼佼者，还能携带自己的艺术作品走上国际艺术殿堂；再说造船能力，在水运繁盛的时代，引领行业兴盛，占领造船高地百年之久；哪怕是小小的糖糕版雕刻，也能所向披靡，蔚然成风。可见在油香四溢的澄溪河畔，蕴藏着取之不尽、用之不竭的创造力的滋养。

5. 麟湖风物聚八方

麟湖碧波万顷，滋润着油车港古镇。在麟湖的河荡上，镶嵌着油车港最中心的四大村落——池湾村、栖真村、胜丰村和麦家村。在村与湖的水乳交融中，油车港也成了一片风光旖旎、风物荣盛的宝地。

探秘油车港，最不可错过的是麟湖八景。麟湖有个旧称叫“雪溪”。在云烟浩渺中，湖面上隐约可见几条晚归的渔船，如细碎的墨点洒落在雪白的宣纸上，形成一幅“雪溪渔唱”的朦胧画卷，这便是“雪溪”的意境。另外还有湖塘春涨、余亩盈秋、石井归帆、净莲夕照、淡沧烟霭、水云月色……最后在一阵阵“崇福晚钟”的

菱塘丰歌 / 夏松摄

曼妙悠远的钟声中，麟湖才渐渐隐入夜色。

随着古镇的发展，麟湖又演变出了新八景，不再仅拘泥于自然风景，千亩菱歌、菱珑乡情和马厍老街等具有人文价值的景观，开始成为新颖的古镇面孔而浮出水面。其中，尤以千亩菱歌和菱珑乡情最值得细细品味。

千亩荡本就有菱角种植的传统，也是南湖菱的主产区。南湖菱是一种圆润小巧、皮色青翠的菱角，因皮薄肉嫩、甜脆清香而比别的品种更受欢迎。且跟其他品种不同，南湖菱两端并无尖角，因而也得名“元宝菱”“馄饨菱”。

关于南湖菱无角一事，背后还存在一段传说。据说古早的南湖菱是有角的，只不过有一年乾隆皇帝下江南，路过嘉兴南湖，见采菱姑娘唱着歌儿从远处划船而来，一时兴起便也采了一个菱角尝尝，结果那菱角有刺，刺破了乾隆的手指，乾隆觉得有损威严，随口说了句“要是这菱角无刺该多好”，从此以后南湖菱就再也没有长过角了。

嘉兴种植南湖菱的历史大约可以追溯到新石器时代，过去南湖菱的种植区域十分有限，基本只在南湖水域存活。而今为了保护南湖水源，防止水体富营养化，南湖菱才被移植到了千亩荡，油车港于是也被称为“中国菱乡”。

吃南湖鲜菱是嘉兴人的福分——可生吃，清脆甘甜，鲜香可口；也可炒着吃，加淀粉勾芡，撒上葱花，另有一番滋味在味蕾。另外还可以和米饭一起煮，就叫菱饭。夏末时节，将白嫩的菱角颗粒分明地卧在热气腾腾的米饭里，再用咸肉粒佐配，光是看着就让人垂涎欲滴。

菱饭易做又好吃，但南湖菱的采摘可是个技术活儿。采菱姑娘坐着菱桶，还能唱着采菱歌这种水乡歌谣在河荡里身手自如地采撷鲜菱，实非普通人能够做到，坐在桶里的姿势和划船的力度都需要技巧。唯有将臀部沉坐在船心，身体微倾，才能保持平衡。由于野菱长在叶腋下，被菱盘所覆盖，还须先将菱盘提出水面，左手轻抓菱盘使之呈45度角倾斜，右手方能无往不胜地采下鲜菱。

倘若来油车港旅行，千亩荡和菱文化馆都是必打卡地。先欣赏千亩荡风光，然后再到菱文化馆了解南湖菱的历史和魅力，那么就可以算领略了油车港的水乡景观及内涵。如果能够再上一层楼，参观农民画馆，造访张金泉画室，那么油车港的人文底色，就算勘探到十之一二了。

2021年，恰逢中国共产党建党一百周年，东南浜南湖红菱基地宣布红色南湖菱研发成功，这是嘉兴农科院经济作物研究所经过十年技术攻关开发出来的新品种，口感与营养均更胜普通菱角一筹。小小的红色的南湖菱，像是得到红船精神的格外滋养，适逢其时地诞生，为建党一百周年送上最好的献礼。

南湖菱是麟湖八味之一，与真真老老传人粽、胜丰糖糕、陈家坝糯米粑粑、栖镇饭糍茶、钱家桥米花、马厍草鸡以及杨溪生态鳖齐名。而胜丰、栖镇、马厍、杨溪、陈家坝、钱家桥恰好都是油车港镇里的村名，可见这里的美食美味，村村不同，百花齐放，各具风味。

除麟湖八味外，油车港的雪菜也值得一吃。千亩荡边的古窦泾、百花庄、马厍一带，腌制雪菜的历史已有三百余年。尤其古窦泾村，因气候和土壤更加适宜，种出来的雪菜更脆更嫩。每当腌制的季节到来，一缸缸雪菜在村里要排开好几亩地，满满当当，格外壮观。到上市时分，当古窦泾菜农们把装满一批批雪菜的货船从鱼池汇摇船出来，驶向江浙沪各大目标市场时，心里那份丰盛的幸福感和满足感就更不言而喻了。

鱼池汇桥也是油车港罕见的历史建筑遗存，它是目前国内少量的且保存完好的七孔有栏石板桥。墩、柱并用式的桥梁结构非常独特，形制宏伟美观，具有很高的历史、艺术和科学价值。

都说桥是水乡的灵魂，连接着河荡与古镇的血脉。那些跨越了村庄的古桥，若没有它们，想必也就不会有这般丰盛多姿的麟湖了。

三、无限风光在要津

从嘉兴王江泾起，流经油车港，然后再奔向市区环城河杉青闸，这条河道就是苏州塘，也叫“苏嘉运河”。

据《嘉兴水利志》记载，苏嘉运河最早开凿于汉武帝时期（前141—前87），又有《资治通鉴》的《隋纪五》（卷一八一）记载，该河段在隋大业六年冬整治拓宽。现在的苏州塘，河面平均宽70米，全长27公里。其中，在江浙两省的交界段长9.1公里。王江泾到嘉兴市区环城河段，则长17.9公里。作为古时的通航要津，苏州塘一直受到很好的保护，因此水量充沛，航运畅通，在沿途塘路上，更是风光无限。若要领略嘉兴的水乡古城风韵，从王江泾的码头上船泛舟，穿过油车港，等进入到市区的环城河段以后，在城北的芦席汇上岸，此时此刻，自有一片风光入眼帘。

风景属于看风景的人，城北右岸的芦席汇，毗邻月河，与缸甏汇隔水相对，它的东北向是历史遗址分水墩，总体而言，很值得一看。在2022年6月3日端午节，芦席汇正式开街，这是继月河历史街区和梅湾街历史街区之后，嘉兴老城区的第三个历史街区。老嘉兴城的历史人文遗迹最值得一看，因为位于苏州塘最南端的芦席汇，曾经是嘉兴最早的商业中心和贸易集散地。由于以前这里有很多买卖芦席的商铺，河边常堆放着芦席，所以得了“芦席汇”这么个名称。

走上石拱桥，满眼是白墙黛瓦，让人感受到的是江南水乡的小桥流水意境。沿环城河北岸，几大历史街区正在被联片成带，嘉兴人试图在这个片区打造出一幅属于自己的“清明上河图”，或者说是带有嘉兴运河气韵的秦淮河。

沿着苏州塘继续向北，将遇到苏州塘最为狭窄的地方。此处有一座桥，叫“瑞平桥”。嘉兴坊间的凡夫俗子总喜欢拿皇帝插科打诨，说是皇帝老儿在一个雾气浓重的清晨起驾到此，结果又是视力不佳，看不清桥名，“金口一开”说了一句“端平桥到了”。于是，整座“瑞平桥”就被苏州塘水“端平”了，成了“端平桥”。过了此桥，嘉兴洋关旧址近在咫尺。“洋关”是嘉兴旧海关的俗称，时至当下，“洋关”的功能早已失效，但作为一个地名，总让那些“老嘉兴”念念不忘。从“洋关”再向北，过东升路桥，在桥的左岸，便可欣赏到嘉兴城北的两大古迹——杉青闸和落帆亭。

杉青闸是苏州塘在嘉兴的起点。在整个大运河嘉兴段的水系中，苏州塘上的衫青闸至关重要，因为它是运河入浙的第一闸。

曾经，大运河上总有南来北往的船舶穿梭不断，帆樯如林，四面八方的商贾纷至沓来，会聚于此。由于从苏州进嘉兴的帆船经过杉青闸时必须要落帆方可通行，所以有人就在杉青闸门西侧建了一座亭，这就是“落帆亭”。当嘉兴变成一座繁华的城市时，落帆亭也成了官吏和过闸客商们的游憩之所。站在落帆亭前欣赏运河闸口风光，不乏诗趣，梅里（今王店镇）故人朱彝尊在他的《鸳鸯湖棹歌》里就描述了在落帆亭前的诗学况味，那是夜半人静之际，闸与亭在灯火阑珊里遥相辉映时所呈现出的稀罕的美：

秋泾极望水平堤，历历杉青古闸西。
夜半呕哑柔橹拨，亭前灯火落帆齐。

夜深沉，站立在落帆亭前，诗人应该是看到了苏州塘上的帆起帆落，灯火点点。即使是夜半时分，依然舟来船往，生机勃勃。

诗里所提及的“秋泾”，指的就是杉青闸附近的绕城运河。它水面宽阔，由秋泾桥连通城内外，是运河杉青闸的分流。据说，青杉闸旁曾建有官舍，那是古时地方人士迎送过往官员或者亲朋好友的洗尘饯别之所。南宋建炎元年（1127），宋孝宗赵昚就诞于杉青闸一带的官邸，因为当时他的父亲赵子偁曾是秀水（今嘉兴）县丞，嘉兴也随之成为龙兴之地。

杉青闸曾经是运河上的水利枢纽处，用以调节水位，也是嘉兴运河史上起过大作用的水利设施和管理机构之一。在嘉兴段运河淤塞后，被废置。

落帆亭始建年月不详，地方志只记载是宋神宗熙宁元年（1068）由吕温卿重建。清光绪年重修此亭时，还增修了一座有四角飞檐的太白亭，说是用以祀祭李白，也不知为何要祭诗仙。民国十年（1921），政府将此地规划成了水乡风情特色鲜明的江南园林，于是就有了落帆亭公园。这个园林面积达到2500平方米，树木葱郁，塘荷流香。因为文人墨客皆爱亭畔风光，故有“柳枝沙岸夕阳边，依归帆樯卷暮烟”等佳句流传后世。落帆亭目前是国家级文物保护单位，也是江南运河嘉兴段上的一处标志性的人文景观。落帆亭公园内有一块羞墓碑，相传记录的是西汉大臣朱买臣马前泼水的故事。羞墓碑后还有新砌的“嘉禾墩”石块，这是嘉禾之源，记载的是“野稻自生”和嘉兴的萌生。

古时通航要津，今日风光无限。在落帆亭的对岸，有一座文生修道院，这是一处有近百年历史的教会设施。

文生修道院地处嘉兴市区东北角，前临京杭大运河，院地面积47.5亩，建筑面积5600多平方米，为西式建筑群，有教堂和欧式环楼。主体建筑的两侧各有六开间的两层附属建筑。院内遍植香樟，古朴幽静，使建筑与自然环境浑然一体，它的故事则可追溯到光绪二十八年。法国神父步师加带着七名法国修生在嘉兴北门外购得土地百亩，建造这个法兰西式的嘉兴文生修道院。

文生修道院曾经是我国近代历史上规模最大、功能最齐全的修道院之一，它不仅是中国早期教会建筑的代表，还是西方文化传入中国的重要实物例证，具有相当高的历史价值。2005年，文生修道院被列入省级文物保护单位。而今，经过重新修缮的文生修道院将和芦席汇、分水墩、落帆亭等历史遗存共构为一个颇为完美的运河风光带，相得益彰，一起闪耀于大运河畔，吸引着天下游客的到来。

第三章

城与河，交相辉映

从某种意义上说，整座嘉兴城就是一座大运河博物馆。城与河的水乳交融和交相辉映，又衍生出了运河古镇的兴旺发展。从广义上说，城与河的和谐共存，既能带动嘉兴城市的发展，也推动了古镇和乡村的振兴。流动不息的千年运河改变了古镇的地域文化，促进了经济和文化的繁荣，给偏安一隅、相对封闭的江南古镇带来了包容开放的文化特质，激发了传统与现代的碰撞，促进了文明与文化的交融。

一、从子城到罗城

在春秋时期，古嘉兴叫“槜李”，那是一座以水果名命名的古城。比槜李更早的城，叫辟塞，其实是吴国设立的一座军事要塞，位于长水与陵水道的交汇点。据历史考证，隶属由拳县的辟塞就在今嘉兴市区的北端，它特殊的地理位置使其成为嘉兴城发展的起点。

槜李城在今嘉兴的西南，确切位置已难以考证。在《春秋·定公十四年》中，与“槜李”相关的词条也只简单记录了一条历史信息：“五月，於越败吴于槜李。”在魏晋时期经学家杜预的注释也只解释了“水果之城”的行政归属和大致方位：“槜李，吴郡嘉兴县南槜李城。”嘉兴县南是桐乡一带。可以推测的是，槜李城应该是军事重镇，是居民与军人杂居之地。

作为水果的槜李，是李子的一种。古为宫廷贡品，现是嘉兴特产。槜李的果皮呈红紫色，肉多浆质，口味甘美。时至今日，每年都有鲜品上市，但是放眼全国，只有嘉兴桐乡和嘉善范泾村、三里桥村等地出产，这也正是嘉兴西南的位置。槜李，就是一款带有浓郁的人文历史基因，并刻有古嘉兴城市烙印的水果。也许一口咬进去，汁质里会涌出嘉兴史的滋味。

相对于消失得无影无踪的槜李城，嘉兴子城是一座看得见，甚至摸得着的建筑遗存。嘉兴建城至今有一千七百九十年之久。时间之所以能够算得如此清楚和精确，就因为嘉兴保留住了这座城最初的城垣，那是最有说服力的实物见证。

子城的诞生，与“嘉兴”的出现休戚相关。汉末孙吴崛起，是嘉兴城市发展史上的一个重要历史节点。在今日嘉兴落帆亭附近的那个“嘉禾墩”上，因野稻自生而被孙权视为祥瑞之兆，嘉兴因此得名。祥瑞的土墩也因“嘉兴”的诞生而被改称为“嘉禾墩”。孙吴就是以此为地基，筑城郭，起谯楼，挖掘了深池大堑，使嘉兴城从此有了自己的轮廓和样貌。

吴黄龙三年（231），最原始而又古老的嘉兴城终于建成，它就是子城。周二里十步，高厚均一丈二尺，是目前仍有遗迹可循的嘉兴最古老的城池。嘉兴的城市萌芽，从子城的建立开始。环绕子城，开凿了护城河，即后来的宝带河、锦带河、兴圣河等，嘉兴环城运河就此滥觞。从辟塞到子城，嘉兴基本上完成了从乡村集镇到城市雏形的转变过程，开始真正成为地区政治中心。尽管子城很小，却是历代县、府、军、路、府衙署所在地，也正因如此，嘉兴的城市变迁的脉络非常清晰。

随着京杭大运河开通，尤其到了唐朝末年，随着大规模农业开发，嘉兴经济渐入佳境。唐文德元年，吴越制置使阮结在子城外围筑起了大城，这就是罗城。到了五代吴越王钱元瓘时期，他扩建了罗城城墙，周长有十二里，其西、北两面的护城河，继续利运河河段的水系。在命名上展示了嘉兴“通越望吴，负海控湖”地域优势的四座城门，也是在这个时候修筑的，嘉兴因此有“萌芽于秦汉，初建于三国，成形于唐”的城市发展定论。

子城，潘骐摄

北宋时的嘉兴已相当繁荣，“人丰翕集，市井骈阗”。靖康之变后，宋室南迁，因为是首都临安的外围城市，嘉兴的城市规模日益扩大，城市设施也日趋完善，手工业和商业较之北宋更加发达。

经济的发展，带来了城市地位的升级。南宋庆元元年（1195），嘉兴升郡为府，辖嘉兴、海盐、崇德三县。至明宣德五年，又拆嘉兴县西北境为秀水县，拆东北境为嘉善县，拆海盐县置平湖县（今平湖市），拆崇德县置桐乡县，嘉兴府下辖七县，称一府七县。此后四五百年内嘉兴府县体制基本未再变动。在明代宣德年间的城市评比中，嘉兴府被列为全国三十三个主要城市之一，号称“江东一大都会”，城市的格局与地位，步入了一个新阶段。

随着城市的变迁，罗城以及城墙也发生了一系列变化。据《嘉兴府志》记载，当时在宋朝时期，罗城上还建有天殿和箭楼，但是罗城的城墙在元末被拆，明初又重建，周长9里13步，并增设瓮城。瓮城属于中国古代城市城墙的一部分，其功能在于军事防御，在清同治八年，为了更好地发挥它的军事防御作用，罗城有过一次整葺。然而，正是这次处心积虑的修缮，却成为其后被拆的原因，这是罗城“最后的晚餐”。

民国十年，两位嘉兴乡绅兴冲冲地呈请当时的民国政府，在春波门（东门）和望吴门（北门）之间增辟城门，以便可以行走进出嘉兴城。可是自从增辟了城门以后，大家又突然意识到，似乎拆城反而更便利交通，拆了旧城门，整个市政也能够焕然一新。民国十五年（1926）秋，若干嘉兴青年人倡导要开展“新嘉兴运动”，他们为之不遗余力地进行各种宣传，最终鼓动了人心，使嘉兴各界民众都认识到了改造城市刻不容缓，最终也算是心想事成，民国十七年（1928）元月的第二天，嘉兴国民政府就拍板决定，拆城筑路。就这样，罗城消失了。

随着历史的变迁，朝代的更迭，唯有子城在毁与修的轮回往复中屹立如初，体验着中国历史的风起云涌。子城与运河，好比这座历史文化名城的静脉与动脉。在历史长河中，两者一衣带水，交相辉映，使这座属水的檇李古城，得以完好地运行与发展。

二、环城皆水也

晚年的白居易，回忆起在苏杭做刺史时内心一定有很多回忆和感触。也许这就是他写下那首《想东游五十韵》的原因。其中有一句，“平河七百里，沃壤二三州”，所描述的正是江南运河对杭嘉湖平原的孕育。

当京杭大运河流至江南地域，它的走向就变得复杂而丰富起来。和北方地域的单线性路径有所不同，江南运河最显著的特点是河流交错，密集成网。运河水流行至江南，分出了三条线路，呈扇形依次展开。西线，主要流向湖州境内，经南浔等地；中线，从江苏省平望镇至桐乡市乌镇澜溪塘，通过练市至含山塘，再经过湖州市的新市到杭州市的塘栖镇；而东线则是从平望镇至嘉兴，经桐乡市的石门镇和崇福镇，也流经塘栖镇与中线汇合。正是在这三条河道所形成的水网哺育之下，杭嘉湖平原才得以积淀成富庶的土壤，方有“人称江南聚宝盆，处处稻谷处处桑”的盛景。

当这三条江南运河河道注入嘉兴市区时，又变出八条河段。四条是来水，分别从海盐、海宁、杭州和乌镇方向流入嘉兴城；其余四条是去水，分别从嘉兴城流向苏州、嘉善、平湖与上海方向。这八条主要河段之间横塘纵浦，大港小泾在嘉兴市区形成密如蛛网的运河水网。

环城皆水也，水利万物而不争，静默无声地滋养着嘉兴城。在运河水网当中，南湖相当于一个大的“水柜”，它由运河各渠汇流而成，上承长水塘和海盐塘，下泄于平湖塘和长纤塘。

八水绕禾城，四条“来水”和四条“去水”，构成了嘉兴互联互通的运河水网。因水而生，因水而兴，在大运河的包围与孕育下，嘉兴府城与沿河古镇陆续兴旺了起来。

回溯历史，嘉兴在北宋时期就是一座风景秀丽的水城。那时作为秀州衙署的子城的城墙上和城垣内，建有亭台楼阁、花园水榭。在子城的东北部，就有天星湖。湖的四周，水木清华，花柳缭绕。这是风水宝地，是当时名门望族的“高级住宅区”。在子城的西北部，则有月波楼和天庆观等，都是游赏登临以观湖景的风景点。

水韵南湖，俞永华摄

月波楼临着运河西眺运河对岸野村风景，下瞰横塘河流柳色的美景，已尽述笔端。

月波楼始建于北宋至和元年（1054），为当时的嘉兴知州令狐挺所建造。政和四年（1114），北宋著名文人毛滂任秀州知州时又重修了一次，并作《月波楼记》：

> 楼前翠凝如萦带，而高柳横塘，远入孤村，野光水草，微观出处。栏杆下瞰，烟雨空蒙，朝霞暮云，雾乱衣袂。

月波楼下的金鱼池是中国金鱼最早的产地和饲养地，比过去认为最早的记载，即苏东坡诗中歌咏的南屏金鲫鱼要早一百多年。城外西南郊的西南湖，即风光绮丽的鸳鸯湖，又是著名的游览胜地。湖南的放鹤洲，在唐代即已著名，北宋末著名词人朱敦儒自洛阳流寓嘉兴隐居于此。凡此种种秀丽风光，与“八水绕城”有极大关系。借水而居的嘉兴，最秀美的景致，皆由水而生。五里七里一纵浦，七里十里一横塘。不论是依水造势的民居，还是迂回曲折的街巷，还是湖光水色，无处不彰显着嘉兴水乡的独特魅力。正所谓“三山云海几千里，十幅蒲帆挂烟水”，游访嘉兴城，注定也是一场蜿蜒的寻水之旅。

三、南湖往事

南湖畔有个渡口，外地人通常并不知晓。中国的渡口大都是古渡口，在有船摆渡过河的地方，往往藏着传说和故事。比如风陵渡，那是金庸笔下郭襄邂逅杨过的充满侠骨柔情的凄美之地，更是千百年来的黄河要津。瓜洲渡，始于晋，盛于唐，它是京杭大运河入长江的南北扼要之地——汴水流，泗水流，流到瓜洲古渡头——这是诗人白居易对瓜洲古渡的“长相思”；再比如南京城南秦淮河上的桃叶渡，临近秦淮河与古青溪水道合流处，书法家王献之曾以它为题，写下“桃叶映红花，无风自婀娜”。

在嘉兴南湖北岸的古春波门旁，也有一个古渡口叫狮子汇，因五河交汇处形若狮子而得名。最初，狮子汇渡口只是个捕鱼出船口，清代的嘉兴学人陶葆廉在《鸳鸯湖小志》中这样记述："湖族本以捕鱼为生，后因时代变迁，载客游湖反而作为专业，招游于宣公桥畔，尤以夏季纳凉，为若辈生涯最盛时期。"可见狮子汇渡口在游人逐渐增多后，演变成了游船停泊处，功能性有所增加，游客需经此渡口登舟游湖。这个阶段的狮子汇，比起西津渡等著名古渡口，因价值不显而并无声名。然而就有那么一天，历史以其独有的神奇之手拽住了它，在悄无声息中就将它推到了历史的聚光灯下——在"中共一大南湖会议渡口旧址"纪念碑旁，有段碑文这样追述当时的历史细节：

> 1921年8月2日上午10时许，一群外地青年来到狮子汇渡口，焦急地等待着南湖游船的驶近——中国近代史上一个开天辟地的大事变就要发生。

有人对上述史实提出勘误，说事实上外地青年们是分两批由沪来禾，8月3日11点左右，两路人马才在狮子汇渡口聚集。先登上渡船，然后再由渡船转接到游船……其实，行程的细枝末节只是历史尘埃，真正要紧处是这群平均年龄二十八岁，20世纪初的中国"新青年"，在嘉兴南湖的画舫上，花费六个多小时成功续完上海的未竟会议，审议和通过了中国共产党的第一份纲领和第一项决议，选举产生了党的全国领导机构，在秀美如画的嘉禾八景之"南湖烟雨"中，庄严而又隐秘地宣告了中国共产党的诞生。因此，倘若将狮子汇渡口尊称为"红色渡口"，应该不为过。

伫立在2021年这个时间节点上，再去回望百年前发生在南湖红船上的事情，仿佛雄狮一吼，这个嘉兴古渡从此成了中国历史长河里的一道分水口，那些觉醒了的新青年从这里出发驶向新时代，最终改变中国命运。从某种意义上说，整座南湖都是改变中国命运的一个渡口，一个极其重要的历史分水口。

较之狮子汇渡口，春波门更为古老。它始建于唐文德元年，初叫"青龙门"，宋时改叫"春波门"。清宣统元年沪杭铁路筑成以后，春波门和狮子汇一带逐步成了嘉

一大代表铜像群，潘骐摄

嘉兴古城春波门，潘骐摄

兴府商贸兴盛的中心地带。

除却东边的春波门，府城另外还有三座城，所谓城门守四方，西面有越通门，南面是澄海门，北面是望吴门。“越通”和“望吴”的命名，凸显了嘉兴吴根越角的地域属性，“澄海”与“春波”则显现了江南水乡特质。四座城门是嘉兴古城的重要标志。然而，当滚滚的历史车轮开进了清末民初的近代化城市进程里时，城垣就显现出了阻碍城市建设与发展的另一面。在民国初年，大批城市开始拆古城墙，嘉兴也不例外，四座城门于1928年全部被拆除，自此也改变了旧城格局。

1943年，国民党政府在春波门旁的狮子汇设立了公渡。渡口有一座宣公桥，当初是为纪念唐代宰相陆贽而建。桥堍有刘禾兴面馆、近水台茶馆和东园酒楼等商肆店铺，使狮子汇周边呈现出喧闹与繁华的局面。1959年，为了建造南湖革命纪念馆，渡口必须迁移，狮子汇渡口因此消失。一直到2000年初，嘉兴开始改造城市环城绿化带时，又重修了狮子汇渡口，并在渡口立碑纪念那个开天辟地的大事件。

改建后的狮子汇渡口与重新修建的嘉兴古城墙、春波门（东城门）、水门以及瓮城等诸多城市景观，共同组成了一个具有江南水乡文化特质的古城墙公园。在这里，古城遗迹与红色记忆融汇，形成了一个崭新的综合性地标景观，用栩栩如生的空间语言，讲述了嘉兴古城的历史变迁，向世界讲述了“中国故事”里的重要篇章。古朴的城墙，肃穆的谯楼，独特的双洞箭垛，还有根据原始的城砖一比一定制的城墙砖，甚至连古春波门先前分成的水门和陆门，也一一还原。瓮城遗址的展示，显现了嘉兴古城的悠远与厚重。

复建后的春波门边，有唐相陆贽的塑像与狮子汇渡口隔河相望。狮子汇渡口的历史意义以及中共“一大”代表雕像的名字，则用中英文刻在了石质平台上。一百年前的1921年，中共“一大”代表们从狮子汇渡口出发，坐船到南湖续会。一百年后，毛泽东、董必武、陈潭秋等出席“一大”会议的十二位代表的铜雕群像仍屹立在狮子汇渡口边，有的相互交谈，有的独自沉思，有的正结伴前行……唯有嘉兴桐乡人王会悟独自站立在狮子汇渡口台阶上，翘首凝视着南湖，焦急地等候渡船从湖心岛方向驶来……

1921年8月2日，王会悟起了个大早，与几位具体安排事务的同志先行从上海出发，乘坐7点35分的104次早班快车奔赴嘉兴。几天前，由于法租界密探的出现，使原本在上海望志路106号李公馆召开的那场重要会议戛然而止。经集体讨论，最后大家选择了王会悟的提案，去嘉兴南湖。从上海到嘉兴只有到杭州一半路程，南湖又离火车站非常近，而且湖上有游船可租。在游船上开会，比较隐蔽。这么一个建议，貌似偶然却又必然地将风景如画的南湖推上了中国历史的大舞台。

唐宋时，在嘉兴府城周边的湖泊中，鸳鸯湖最大，约有12000余亩，浩渺无际。五代时，吴越王钱镠的第四个儿子，中吴军节度使、广陵郡王钱元璙被鸳鸯湖吸引，于后晋天福年间，在鸳鸯湖东建起了舞榭楼台作为登眺之所，这就是南湖上的烟雨楼最早的源头。

大约三个小时后，上海开来的列车准时到站。下了火车，王会悟先去鸳湖旅社开了两间房，同时也是由她出面到南湖雇了一艘中号单夹弄丝网船。王会悟原本想订大船，可惜大号游船必须提前预订。最后王会悟还特意从旅社借来两副麻将，并预订了第二天的午餐，这才感觉事情办妥。

嘉兴鸳湖旅社始建于民国九年（1920），位于张家弄寄园的东侧，南面贴近穿越寄园的小河道，东与施鹤年针灸诊所相邻，西为寄园出入通道，大致在今勤俭路中段人民剧院位置。鸳湖旅社在当时是高档宾馆，虽然生意一般，却能与嘉兴望族姚氏置办的北望云里、东望云里两处高档公寓遥相呼应。周边都是理发店、香烟店和杂货店之类的小店，进出的大都是本地住户，也许正是因为不太引人注目而被稔熟嘉兴的王会悟选中。

那是一栋中西合璧式的三楹二进砖木结构小洋楼，有两扇民国风的花格彩玻对开门。旅社的当中是铺了方砖的天井，楼层上下各有一圈走廊围着，而且在每间客房里都悬挂着福、禄、寿、禧匾额。把一切都安排妥当后，王会悟决定去南湖查看一下地形。远在上海的张国焘则及时通知了各位代表，务必在8月3日搭车前往嘉兴。

翌日，第二批从上海出发的早班快车于上午10点13分抵达，王会悟接站并领着大家到狮子汇渡口，随后大家一起上了湖心岛。岛上有着以烟雨楼为主体的古园林建筑群，亭台楼阁，应有尽有。参会代表都是知识分子，皆知“烟雨楼”三字取自唐代诗人杜牧的诗句“南朝四百八十寺，多少楼台烟雨中”。明末文人张岱在他的《陶庵梦记》里说：“嘉兴人开口烟雨楼，天下笑之，然烟雨楼故自佳。”不知嘉兴人开谈烟雨楼为何会被天下人取笑，但有一点可以肯定，连见多识广的张岱也认为，烟雨楼本来就美——它被五代吴越国王钱镠四子元璙筑台鸳湖之畔，按张岱的说法，“湖多精舫，美人航之，载书画茶酒，与客期于烟雨楼”。在湖上泛舟，自带书画与茶酒赴烟雨楼会客，这大约是明末文人雅士之间约定俗成的一种闲适雅致的生活方式，或许可以称之为“南湖品质生活的历史模式”。

那日午后，游船如期开到湖中央。代表们继续开会，王会悟就坐在船头。她轻摇羽扇，看似休闲，目光却警惕地观望着游船四周。当看到有汽船开来，便用扇子敲击船板，向舱内发出警讯，船舱内顿时传来一阵阵搓麻将的声音。

那场在船舱里召开的秘而不宣的会议，从上午11点左右一直开到下午6点多。午餐是从鸳湖旅社预订的一席船菜。嘉兴南湖的船菜史可以追溯到一千多年前的五代十国，那时的南湖就已经是游览胜地，到了民国更是风靡，诗人徐志摩邀约胡适等社会名流到盐官观潮途中，就是用船菜尽了地主之谊。泛舟湖上，一边欣赏着湖光潋滟，一边饮美酒品佳肴，不亦乐乎。制作船菜，船家一般在后舱设有厨房，船娘们要在相当局促的艄舱内发挥各自的十八般“武艺”，其实并不容易，不过烹饪出来的船菜颇有特色与风味。

晚清文学家徐珂在《民国八年嘉兴南湖船宴菜单》中说，正常大船上的菜价，要十个大洋或者十二个大洋，并不便宜。但船宴虽贵，却风雅可口，因为食材全部选用当地土产和时令菜蔬。比如说竹笋野菜，那是江南特色；河鱼河虾，是现捕的；土鸡野鸭，乡村里收来的。其中有金缀碧玉、咸菜冻雀、二锦蟹煲、虾籽扒鱼肚等名品美食，另有“抢虾”极富特色，活虾剪去须足，用红腐乳、白糖和麻油蘸食，异常鲜美。当然，最独特的还是南湖菱，南宋诗人范成大在《吴郡志》中说“近世又有馄饨菱者最甘香，在腰菱之上”，夸的便是南湖菱之绝顶美味。

南湖菱是嘉兴特产，皮色翠绿，两端圆滑而无角，以皮薄、肉嫩、汁多、甜脆、清香等特点而胜于其他品种。生熟皆好吃，还可制糕、制糖或酿酒。用菱肉煮米饭，亦香。船菜中的南湖菱，通常用来炖豆腐。酒过三巡，船家就端出一个小锅子，炖好了热吃，还有解酒之功效。按照嘉兴本地人的说法，那就叫——菱炖豆腐，一清二白——菜的品相竟然映射了为人处世的本分，真叫自成体统。最后再每人来一份用“小镬小锅”煮出来的“落锅面”，一锅就是一碗，煮完一碗再煮第二碗。品完落锅面，整桌船菜差不多就算余声尽韵，功德圆满了。

大约到了傍晚时分，游船里的会议全部结束，这场探讨中国命运的会议，正如采菱歌中所唱的那样，红船行来有出路。大多数代表马不停蹄，准备乘坐当晚8点15分的115次快车返回上海。

不知大家临走前就近品过嘉兴粽子否。被称为“嘉兴粽子之父”的冯昌年粽子店也开在张家弄，离鸳湖旅馆很近，店名叫“真真老老五芳斋”。冯老板曾经别出心裁地用一张油纸就将自家的“真真老老”与其他粽子成功区别，进而又把嘉兴粽子做成享誉全国的传统名点。尤其是糯而不糊、肥而不腻的鲜肉粽，头顶“粽子之王”的桂冠，成了鱼米之乡的最具声誉的美食代言。

中国人讲究靠山吃山，靠湖吃湖。譬如杭州西湖有藕粉，南湖菱可与之一比，往大了说，南湖比西湖也毫不逊色。自民国伊始，南湖就逐渐演变成江南著名的文化空间。南湖与烟雨楼相互辉映，彼此增辉。南湖成名于烟雨，烟波浩渺与烟雨迷离相伴而生，形成自然绝妙而又天赋异禀的江南风光。这等风光，天时地利与人和缺一不可。

天时，指观赏南湖的最佳时间一般在清明前后，因为那时最能体现烟雨楼的特色。老杭州人论及西湖之美，喜欢说：“晴湖不如雨湖，雨湖不如夜湖，夜湖不如雪湖。”游西湖，最佳是“雪湖”；那么游南湖，最妙的时分，却在细雨蒙蒙之际，满湖如烟似雾，倘若此时登上烟雨楼凭栏远眺，自有一番空蒙水境在眼帘。

乾隆皇帝最懂南湖烟雨之妙，六下江南，八次往返驻跸嘉兴南湖，题诗刻碑，烟雨楼因此名扬天下。皇帝因爱烟雨楼之切，北返后嘱画师描摹，令能工巧匠在承德避暑山庄仿建一座烟雨楼。不过赝品终究难敌老天爷的精妙绝伦，没有南湖辉映

烟雨楼，潘骐摄

的烟雨楼只能是东施效颦。时过境迁，而今唯有南湖烟雨楼秀美如初。

嘉兴还拥有绝佳的地利之便。民国时期，嘉兴地处沪杭铁路的中心位置，抗战前苏嘉公路的建成更使嘉兴与上海、苏州构成一个三角地带，地理位置相当优越。从旅游角度看，嘉兴连杭接沪，自然风光与人文古迹兼具，况且交通便利，一日即可往返处于杭嘉湖平原的嘉兴南湖，可谓占尽物产丰盈之利。

自从有了烟雨楼，便衍生出了南湖摆渡船。船上有船娘，又为南湖景致平添了一份特色，更是游人心中的别样情趣，所谓“吴姬荡桨入城去，细雨小寒生绿纱”。千百年来，船娘和艄公几乎都会唱船歌（亦称“棹歌”），那也是南湖文化之一。清代著名学者兼诗人朱彝尊更是以一百首《鸳鸯湖棹歌》，直接将嘉兴船歌升格为“嘉兴民歌”，使嘉禾风土人情的流风遗韵，绵延数百年而不绝。

若要游嘉兴，鸳鸯湖与烟雨楼不可不去，否则谈何到过嘉兴？嘉兴的秀美与幽静，尽在此湖此楼中。试借明末清初著名诗人、“江左三大家”之一吴伟业的《鸳湖曲》的起首四句，来为静美而低调的南湖广而告之。据说这是清朝近三百年来非常著名的诗篇。仅此四句，即写透诗画鸳湖：

鸳鸯湖畔草粘天，二月春深好放船。柳叶乱飘千尺雨，桃花斜带一溪烟。

四、月河夜未央

京杭大运河沿嘉兴城北一穿而过，也催生了运河两岸的万家灯火。从此，官舫贾船，穿梭不绝，一片繁华，从而也衍生出一条最深沉的河。

在清代学人顾祖禹著述的《读史方舆纪要》中，“嘉兴府卷”的“运河”条目之下如此记载：“运河在城西，又东流十八里，经学绣塔，又东五里，经白龙潭，又转而北，绕府城下，为月河，与秀水合……”这条运河主体河道最初只是起着缓流作用，环绕着嘉兴城北，“其水弯曲，抱城如月”，故而得了个诗意朦胧、韵致丰盈的美名——月河。

月河的深沉，不仅是因为这条城中小河源远流长，更是由于它与嘉兴人的日常生活关系密切。因为原本是运河支流，以作泻缓水流之用，可是后来随着月河所在的城北地域逐渐发展成商业中心，各路商贾与文人名士趋之若鹜地迁居过来后，时也，势也，月河的角色地位也发生了重大转变。

虽然在北宋时期，嘉兴已经相当繁荣，但直到南宋将杭州定为高宗赵构的“临安之都”时，月河地域才真正跃升为城市商贸繁荣的黄金地段。月河边北门外也随之自成体统，升级为高端商业住宅区。

在明清时期的几百年间，月河商业集市的特点依然非常浓厚，而且中气十足。就算整个嘉兴府城惨遭太平天国战事的摧毁而日趋衰败，在用里街、放生桥和五龙桥一带逐渐凋敝，失去昔日繁华之际，城北月河周边地域仍一枝独秀，兴盛如昔，成了深陷苦难的嘉兴百姓罕见鲜有的生活兴奋点和心灵治愈地，而且一直持续到民国时代。仿佛有了月河，这座从春秋伍子胥手上打造起来的历史文化名城便有了复活的力量。

在民国十七年刊印的《嘉兴新志》上，比较详细地记载了当时的嘉兴城以北门大街、塘湾街、中街最为繁盛，其中，中街有商铺一百一十二家，以鱼行、糖果店、茶食铺、腌腊行等商铺为主。月河边的茶馆和饭馆，大约都是水景铺子，从早一直忙到晚，各有各的消费群，比如赫赫有名的怡园茶馆就是米业老板们的聚居地。据说怡园很有几分不同寻常处，老板喜欢任性地在门口摆张小桌子，桌上放个本子，客人用完茶，只需在本子上写个消费明细，下回来时一并销账亦无不可，做派里透着嘉兴人的局气与诚信。

月河区域的主脉是中基路，东起北丽桥，西至城北路，长640米。清代时期的中基路以便民桥为界，东边叫“中街”，西边称“殿基湾”。殿基湾以居民住宅为主，多富户。民国时名噪一时的徐家洋房就在殿基湾，是江南民居中独树一帜的经典建筑。

东西区隔中基路的便民桥，桥上有铭文如是说：“嘉庆八年（1803）重建便民桥，里人公建。”可见此桥由来已久，属于古代民生工程。便民街，顾名思义，就是为便民，是城北农民进城的必经之路，因街头有便民桥而得名。

便民街口有茶馆，是农民的歇息地。便民桥下是航船码头，因为农民进城大都走水路，所以月河里通常停有十多艘班摇船。因开船前船家都要鸣敲小锣，以“镗镗之音”催人上船，所以快班船又叫“镗镗船”。

中基街是整个月河街区的核心地带，也是最为热闹的商业街。从南北向延伸，鱼骨图似的呈现若干条街弄。从任何一条街弄进入，都可走到中基街，而街弄的尽头，直通河埠。

千百年来，月河地域商业繁华，人口密集，其间河、汇、埭、廊、桥、弄、街曲折相交，左牵右攀，犹如瓜藤，密如蛛网，里弄多达六七十条，大多依据商业集市、作坊、姓氏而取地名。

读透了街弄名，也就理解了月河地带往昔生活的大致样貌。比如长达156米的坛弄，旧称“坛街”，因明代在此设厉坛得名。至清代，坛毁，演变为商业街。其中有清凉禅院，雕梁画栋，花香满庭，因此在抗战前，嘉兴商会便选址于此；饮马河，名起于吴越兵争之时；秀水兜，因地形如兜，秀水流注而得名，著名学者唐兰旧居亦入此“兜”；严家弄，相传是汉代严助故居所在地，20世纪中叶弄底曾有花圃，以白兰花而闻名禾城；糕作弄，曾有糕作坊，以出品桂花状元糕而出名；蒲鞋弄，嘉兴府城内最古老、保存最完整的石板弄之一，历史可追溯到明代，因街市上有多家蒲鞋店，故而又名蒲鞋弄。这就是旧时的便民街。当时月河周边民居聚集，商贸兴起，街尾沿河向西转弯，因此明代就建了便民桥。

月河是座千年市集，但从严格意义上说，月河因从未有过镇的建制，而不能叫月河镇。自1997年开始，嘉兴市政协和有关部门就提出要将城市建设与传统历史文化形成有机统一，科学合理而又带有保护性地开发具有嘉兴特色的中基路、外月河区域市井文化的民居街巷。21世纪初，嘉兴市政府决定加快历史文化名城的保护和建设步伐，因此将月河这座千年市镇明确定位为——月河历史街区，由嘉兴城投集团投资六亿元，保护性地开发建设。按照“保护、保留、改善、改造”的原则，以晚清时代的江南水乡建筑风格为主，修旧如旧。

月河历史街区的规划架构是以平行的“三河三街”为基本格局。所谓“三河”，即京杭大运河、外月河和里月河。这三条河基本平行，又在北丽桥附近相汇，因此在空间布局上富有独特的魅力。“三街”，指中基路、坛弄和秀水兜街，三条街都紧邻运河和府城，是繁华的商贸地带。建筑布局上，充分运用保存完好的鱼骨状里弄布局和水乡古城遗存，彰显江南特色、运河文化和市井生活的同时，雅俗共赏，展现既古老传统而又不失现代时尚的嘉兴府城魅力。因此，江南民居排门、格窗和朴实风格的纸筋石灰墙，整个街区民居临河而建，傍桥而市，蜿蜒的帮岸，悠长的廊棚，浓郁的江南水乡风情，如诗如画地呈现在世人眼里。

现在再从荷月桥走进中基路中心，迎面是红灯高挂，商旗飘飘。熟悉的陆稿荐、五芳斋、高公升等嘉兴老字号，鳞次栉比。譬如嘉兴首家陆稿荐野味店创办于民国元年（1912），由无锡俞阿荣率先创办，遵循无锡三凤桥的“慎余肉庄”为正宗专营，看家菜是酱麻雀与酱兔肉诸野味。传说清末“海派四大家”之一的蒲华尤爱陆稿荐的酱鸭，他的号叫胥山野史，不过他的外号“蒲邋遢”被叫得更响，寻常百姓都知道。喝酒的时候，经常心心念念陆稿荐酱鸭和酱麻雀。

2008年国庆节，占地90000平方米，建筑面积88000平方米，由环城北路、建国北路、禾兴北路和同乐路围合而成的月河历史街区开街。历史街区内保留了历史建筑二十九处，是嘉兴市区内现存规模最大、布局最完整的历史街区。

另有梅湾街，相传古人在此处种梅，又适逢濒临运河河湾，因此得名。梅湾街是嘉兴继月河历史街区之后，开发出来的第二个历史街区，是嘉兴现存的传统民居较为聚集的区域，褚辅成、沈钧儒、朱生豪等诸多名人故居汇聚此街。新街区的设计风格，以清末民初江南水乡民居建筑形态为基础，满目是青砖黛瓦、门楼花窗和雕梁画栋。

昔日的梅湾街和水乡嘉兴的其他街市一样，都是“一河一街”的格局。梅湾下岸南侧为长生桥，东接东、西两米棚下之间的通济河，西通徐家大宅东南旁的西南湖。从长生桥至南湖滩，有同盟会员褚辅成早年创办的南湖学堂，清光绪丁未年（1907），当“鉴湖女侠”秋瑾在起事之前到石门县（即崇德）的横街诀别了挚友徐寄尘后来到嘉兴，就是在这所南湖学堂与褚辅成商议起义之事。

褚辅成，字慧僧，是中国近代史上著名的社会活动家、爱国民主人士，九三学社发起人之一。嘉兴褚氏祖籍河南，先祖自南宋以来落籍钱塘。明弘治年间由崇德县迁往嘉兴郡城，世居南门梅湾。褚家为纯笃的书香世家，是嘉兴城南望族。

褚家在南门有很多房产，包括后来褚辅成安排韩国临时政府要员居住的日晖桥旧宅。毗邻褚家的是黄家，面阔三间的大宅，有三埭进深。宅主黄赞庭举人出身，旧为南门绅士。抗战前在西米棚下开设“升泰”米行，属于是梅湾街很有势力的人物。但凡邻里纠纷，都会请他出来做“话事人”。早年他与褚辅成一起创办“禾丰”造纸厂，弟弟黄献庭倾向革命，参与褚辅成领导的上海“全浙公会”，也与褚辅成来往密切。

离黄家大宅不远，则是褚辅成的寄子陈桐荪家。当时褚辅成曾安排从上海来嘉兴避难的韩国独立党领袖金九住在陈家，而后才转移到海盐南北湖。金九曾在《白凡逸志》中详细地回忆过褚家和陈家的宅子：“褚先生的家在嘉兴南门外，是老式房屋，并不太壮观，但看起来也是一个士大夫的宅第。褚先生把他的养子陈桐荪君的亭子暂充我的宿舍，这是建在湖边的半洋式房子，构造非常精巧，由窗外可望见秀纶纱厂，风景极为优美。”

那时的梅湾街的下岸河两旁是俗称“一门三吊烟”的两层楼房，砖木结构，据称为南宋遗构。梅湾街的住户大多家境殷实，属于市井人家里的中产阶层。比如翻译家、诗人朱生豪，当年就住在南大街东米棚下14号。朱生豪虽三十二岁英年早逝，可他的贡献却非同小可，他所译的《莎士比亚戏剧全集》是迄今中国最完整、质量较好的莎士比亚作品译本，译笔流畅，文辞华丽，对后世影响很大。

梅湾有名的望族大户都聚集在梅里湾，仅徐、沈、褚、黄四家所建的大宅就占去梅湾半条街。里梅湾东端徐家的宅主徐老德经营米行出身，后来开设钱庄、当铺和酱园，靠经商发家。徐家大宅是由四座传统墙门庄构成的建筑群，沿街居然长达百余米。占地面积10000平方米，是目前嘉兴现存的最大传统民宅，保持着清末民初嘉兴传统的建筑风格。沈家是南湖文化名人沈钧儒家。书香门第，也是官宦世家。

夜幕下的月河街，李文学摄

后因沈钧儒祖父赴任苏州知府，沈家才迁出嘉兴。沈钧儒毕业于日本法政大学，是当时国内著名的宪政家和活动家，新中国成立后成为新中国第一任最高人民法院院长。黄家宅主叫黄赞庭，举人出身，旧为南门绅士。抗战前，在西米棚下开“升泰”米行，是梅湾街颇有势力的人物。凡邻里纠纷或者房屋田产转让事宜，都请他出面担保。

人世风云变幻，而今的梅湾街区变成了嘉兴酒吧街，夜生活在此绽放独特的魅力。2021年12月，月河历史街区成功上榜，成为“第一批省级夜间文化和旅游消费集聚区名单”，成为嘉兴城市夜生活的经济地标。

嘉兴的月河，与南京的秦淮河有几分相似之处，但更显静谧与深沉。据说，古时月河岸边举办的元宵灯谜节很有韵致，充满雅趣，吃汤圆、猜灯谜、赏花灯，成了嘉兴人过元宵的定式。

月河岸边的元宵节，那是一年一度嘉兴灯彩集大成之时，海盐县的“滚灯”，海宁市硖石镇的“灯彩”，秀洲区王店镇和新塍镇一带所独有的火凉伞灯彩，嘉善县干窑镇的“走马灯”，还有平湖县的“西瓜灯”，真是应有尽有，精彩绝伦。所有的灯彩皆有悠久历史，各擅胜场。比如硖石灯彩始于唐，从宫廷到民间，无不以灯彩装饰为时尚。到了宋代更盛，硖石灯彩被列为宫廷贡品。清代乾隆皇帝四到海宁，都有硖石灯彩在迎驾盛典上大放异彩。一千两百年后的今天，硖石灯彩当仁不让地被列入第一批国家级非物质文化遗产名录，成为嘉兴灯彩最为理想的代表。

倘若以后有幸能够参加月河元宵灯会，那就能产生一种今夕何夕，“天上有天堂，地上有月河”的美好意境。毛泽东主席曾经填词《浣溪沙·和柳亚子先生》，庆贺1950年的国庆歌舞晚会。借用其中两句来形容月河旧日里的元宵灯会，似乎再恰当不过——正所谓“火树银花不夜天”“良宵盛会喜空前”。

五、凤鸣喈喈梅花洲

凤桥镇的建镇史并不长，在清朝初年始成小市，因市镇内有庞家桥毗邻石佛寺，因此得名“石庞市”。清嘉庆至道光年间，几个本乡邑人决定募建砖桥。在建桥的过程中，不知怎么就生出了凤凰的意象，志书里记载说：“有凤凰鸣于小河北侧之土墩，遂择地建桥，以桥名记之。”意思是，因为有凤凰飞来提示与点醒，所以才择地建桥，所造之桥，自然就叫“凤喈桥”，纪念那只有缘千里来相会的凤凰。

“凤喈”与“凤”，均取自《诗经·大雅·卷阿》：“凤凰鸣矣……雍雍喈喈。”这是一首颂美诗，借君子之游而献诗歌颂雍容祥和的盛世气象。可见“凤鸣喈喈”是取“鸾凤和鸣”的吉祥征兆。此后，地随桥名称作“凤桥”，亦作“凤溪”，那是一条细长而贯穿集镇的市河。

凤喈桥集镇东起吼桥，西至徐八房，南自镇中学，北贯大桥弄，这是凤鸣镇大致的区域架构。倘若以历史时序来定位，那么镇东北的沈方村和白坟墩遗址应是年代最古远之镇域，也应该是凤桥镇的真正源起之地。可见凤桥镇的“前传”源远流长，十分古远。

沈方村是一座古村落，土墩密集，河道盘回，而且曲径通幽，弥漫着“村深地古”的韵味。白坟墩很突兀地呈现在稻田当中，颇有几分王者风范。据清祝廷锡《竹林八圩志》记载，此墩原有百亩，经历代蚕食，犹存60亩，而今不足10亩。白坟墩出土过大量的史前文化器物，最早的可追溯至六七千年前的马家浜文化时期。专家们因此判断，沈方村很可能是嘉南最早，也是目前唯一尚存的江南原始古村落。

除了马家浜文化遗存，白坟墩附近的石佛寺和凤桥镇境内的兴善寺，也是两座很有历史渊源的古迹。石佛寺始建于唐肃宗至德二年（757），兴善寺则建于“南朝四百八十寺”的南梁天监二年（503）。两座古寺都是宋人为求僻静而探幽的嘉南丛林，明代以后就演变成了嘉兴著名的游览胜地。

明清以来，关于兴善寺的诗作，比比皆是，不胜枚举。像李日华、钱芹、朱彝尊等嘉兴历史上的重要名士，都为兴善寺留下过文墨诗作。李日华是晚明颇具影响

石佛寺院前风光，徐兵摄

的文士，他的斋号“恬致堂”便出于崇祯皇帝赐予他的题词。皇帝用“恬致”二字，说他淡泊名利，清静自安。他是书画鉴藏家，留给后世的书籍中有本《味水轩日记》相当有名。在他为侍奉父亲而归隐嘉兴的那八年，每年一卷，写了八卷日记。比如他在万历三十九年的日记里，写到三月十九日，与朋友在雨中泛舟南湖。五月十六日，在南湖上夜饮。单十月，接受宴请与回请，他又在南湖上饮酒四次。万历四十年（1612），又与一位徽州书画商在鸳鸯湖上饮酒。日后，也多次在南湖画舫上宴饮，还与朋友一起去壕股塔赏菊。

关于钱芹，在《清史稿》中有记载，属于海盐钱氏中的佼佼者，吴越王钱镠之后。至于嘉兴梅里古镇的朱彝尊，则是清初著名学者兼文学家，他的《鸳鸯湖棹歌》仿民歌以写嘉兴风物之美，流风遗韵绵延数百年不绝。其中的六十三首就写到了凤桥镇上的石佛寺，用比兴的手法描写了男女爱情：

伍胥山头花满林，石佛寺下水深深。
妾似胥山长在眼，郎如石佛本无心。

到凤桥镇探幽访古，石佛禅寺可以作为首站。石佛寺何时肇始，史书上语焉不详。但年代的横切面清晰无误，那就是唐肃宗至德二年，因乡人从地下掘得四尊石佛，便谋划就地造寺，并将此寺院叫作“石佛院”。为何地下有石佛，无历史记录，倒果寻因，大约在魏晋南北朝时就曾有过寺庙。在朱元璋改天换地的明洪武时期，寺院改名为“石佛教寺”，“石佛寺”这个简称是从这个时候诞生的，并一直沿用至今。

在宋元两朝，石佛寺屡毁屡建，终于在明朝日渐宏大，成了江南禅门古刹之一。可惜到了清代，受太平天国战事的摧残，大部分殿宇被毁，整个寺庙逐渐黯淡了下去，以至于当地人有口头禅，叫“鬼迷石佛寺”，极言其荒落。曾经得过御赐的石佛寺蓬头垢面至此，令人唏嘘不已。一直到21世纪初，嘉兴市政府决定重建时这座千年古刹才迎来曙光。2009年，新建的石佛寺被评选为“南湖新十二景”，光芒再现。

由于石佛寺位于后来新建的梅花洲内，所以要穿越梅花洲的街市才能抵达。站在梅花洲的仪贤桥上眺望整座古寺，会产生一种岁月静好的初始印象。仪贤桥就是新建的，造型仿古，乍一看，让人产生恍若隔世的错觉。仪贤桥仿佛是个渡口，或者说是个景观欣赏过渡带。在梅花洲的南街漫步时，尚沉浸在凤桥镇的车水马龙的当下生活气息里，可是一过仪贤桥，顿时天各一方，仿佛马上遁入几千年前的人世间。

走进古寺院落，可见不少形貌各异的石佛小沙弥，或卧或坐，或读书或遐想，仿佛每个身处静止状态的小石佛都能遁入时光隧道，貌似静态，却能在不同时间的同一空间里，自在生活。人世沧桑，朝代更迭，虽然早已物是人非，但古寺依旧是古寺，千古银杏而今仍然郁郁葱葱，不由地让人萌发出人在旅途的感悟。正如李白在《春夜宴从弟桃李园序》中所说：

夫天地者，万物之逆旅也；光阴者，百代之过客也。

天地是万物的旅舍，而光阴则是古往今来的过客。在此地，昔日的景象似乎并没有消失，都藏到了古寺的背后。石佛寺外的两棵身影婆娑的千年银杏，依旧郁郁葱葱。树高达29米，冠径庞大，枝繁叶茂。树身非常粗壮，需四人才能抱住，仿佛是两大彪悍门将守护着千年石佛禅寺。

元代画家项圣谟以银杏树为原型，创作了一幅《大树风号图》，画的是思怀故国的乡愁。银杏树下，有个拄杖老人背向而立，仰首遥望着远处的青山和落日，徘徊行吟，不忍离去。目前，此画珍藏在故宫博物院，在静默地向世人讲述着古镇画家与银杏古树的因缘际会和天纵之缘。

石佛禅寺是梅花洲标志性的景点，也曾经是文人读书隐居之地。世居凤桥镇巢家弄的巢鸣盛，二十岁时曾借居石佛寺读书，二十五岁考中举人，还参加过复社。明亡后，他又归隐于石佛寺。种葫芦十余品种，制作的匏器为人所珍视，世称“槜李匏尊”。明尚书孙植、御史金灿曾读书于此，并建有书院。当地民间将此地称为“龙地”。两株古银杏为龙角，三步两爿桥是龙须，桥后长堤为龙身，寺前池塘为龙珠。

经历代翻修扩建，至明代石佛寺寺境广大，殿宇宏伟，具有小桥流水、荷池竹林、嶙峋怪石。寺内有金刚桧、菩提树、青莲池等八景，游人及香客极多。由于石佛寺地形略像一朵五瓣的梅花，中间川流曲抱，所以石佛寺本身就叫作“梅花洲”。石佛寺地处田园深乡，环境幽雅，明清时多有望族富户迁居于此，做桐油生意起家的冯家便是其一。

冯氏老宅为凤桥当地望族冯家的旧宅。冯氏靠经营油榨业起家，清同治年间建造此宅。生意鼎盛之时在石佛寺东西两街，各拥有四五处商铺，富甲一方。冯氏老宅建于清末民初，为中轴对称的三组宅院，自西向东依次递进，占地面积约2000多平方米。据冯氏后人回忆，清同治年间，里人冯守六与叶文辉在嘉善开了个“永正油坊”，进项不少。后来就回故里建造了这座老宅，其中有西侧及中部的宅院，现中部和东部的宅院。东侧的宅院，现为美人靠区域，由里人名士冯仲卿建于民国初年。其建筑风格是徽派建筑与江南传统建筑的融合，在嘉兴的传统民居中较为罕见。

梅花洲地块则因“五方错峙，川流幽抱，状若梅萼”，故而称之为梅花洲。它离凤桥镇仅有二里路，但却能从现实生活的喧嚣里闹中取静，自成天地。古寺深处，更是静到极致。

凤桥镇的梅花洲是个拥有六千多年崧泽文化的古地，自身也有一千五百多年历史。经历了十五个世纪的风雨沧桑，梅花洲地块的河道肌理依旧保存完好，堪称奇迹。一草一木，一砖一瓦，呈现的不仅是独特的江南人文景致，更是以一种无声的方式，叙述着岁月年轮里的前朝往事。

古寺、古树、古桥，与流水相伴千年。古镇虽然经过修缮，但宁静质朴的古韵依旧，置身其中，仿佛穿越千年，古今过往了然于心。如果以“文旅之眼”来看梅花洲，那么到此地旅行的主题必然是探古。古寺、古树、古桥，与流水相伴千年。古镇虽然经过修缮，但宁静质朴的古韵依旧，置身其中，仿佛能够穿越千年，窥见遥远古老时光里的，或隐或现、或真或幻的影像。

三步两爿桥是嘉兴地区现存最古老的石桥。两座造型有致的单孔石桥巧妙地组合，一座叫“聚秀桥”，南北走向，宽2.15米；一座名常丰桥，东西走向，宽2.7米。桥基相连，桥体呈直角，均长13.55米。相传古桥由唐代石佛寺僧人所建，从聚秀

冯氏老宅内院，徐兵摄

三步两爿桥，徐兵摄

桥下来，只需走三步，即可走上常丰桥，故而叫“三步两爿”。古桥的尽端是水西草堂，文人雅士读书处。草堂后面有一块空旷地，地面上堆积了几十块石界碑，用阴文镌刻着“司马镇兴界”“姜景贤堂界”“仁德堂曹”以及“麟趾堂张”等字样。这些商号或者私宅界碑虽然汇聚在一起，但它们却可能来自不同的年代。界碑就好比一把时光标尺，在不复存在的某个时空点上，它们也曾“石五石六”地伫立在各自的领地，各为其主地践行着自己的职分。在梅花洲，它们才真正展现出了静默的恒久魅力。

六、三塔湾畔竞风流

以嘉兴环城河上的西丽桥为起点，经桐乡市石门镇和崇福镇，然后再流向杭州市余杭区的运河镇，这条全长60.1公里的塘路就是杭州塘，也叫“嘉杭运河”。

如果从西丽桥出发，往西折向三塔公园，那段运河就叫三塔塘。过了三塔，往北拐个90度的急弯，过百米再拐弯向西，就到了三塔湾。嘉兴人把环城西路到三塔湾的这一段道路叫三塔路。这条路只有一公里多，虽然并不长，却是嘉兴城内名胜遗迹非常丰富、人物故事相当精彩的地方。而西门外京杭大运河的杭州塘畔，并行而立着的嘉兴三塔为其中典范。三塔并立，全国少见，耸立在京杭大运河嘉兴段河岸更为壮观，历来是嘉兴的标志，也是大运河的标志。

三塔最初建于唐代，清光绪二年重修。位于中间的那座塔稍高，约有15米。这是一座富有传统建筑风格的砖塔，不但造型美观，赏心悦目，而且它是按不等边三角形的顶点布置，从水上岸边不同的角度都可以看到三座塔，还因其结构严谨科学，尽管历经千年的岁月风霜，依旧巍然屹立，充分显示了古代建筑设计师的独具匠心的智慧。

据元史记载，此处原有白龙潭，水深流急，行船过此多沉溺。唐代高僧云行云游到此，运土填潭，并为镇住“白龙”建塔三座。三塔旁的茶禅寺，其建成稍晚于

三塔夜景，潘骐摄

三塔，唐代称“龙渊寺”，宋代称“三塔寺”。

很多景点是登塔看景，但是大运河的三塔却自成一景。三塔除了景观秀美，还有一定的实际功效。由于大运河昔日行船众多，所以自三塔建成之日起，就成了嘉兴的标志。船工行船至此，如果见到面河背城的三塔，便知道嘉兴到了，这时需提神加速入城。

嘉兴三塔一直以来都很有名，而且历代文人墨客对三塔情有独钟。元朝吴镇《嘉禾八景图》，其中有“龙潭暮云”一景就是三塔；明末项圣谟画过《三塔图》，现藏于上海博物馆；乾隆第三次南巡时，曾为三塔周围风景题字作诗；丰子恺也画过名为《嘉兴写景》的塔景……传说清代，乾隆皇帝六下江南，每次经过嘉兴都要到三塔景德寺巡游。乾隆精通饮茶之道，对寺院中的东坡煮茶亭自然是欢喜无限，乾隆二十七年（1762），在他第三次南巡时，索性将三塔景德寺改名为“茶禅寺”。

比较起来，三塔在民国时期的影响最大。民国十五年，美国《国家地理》杂志把三塔作为大运河的唯一代表，将三塔的照片印在了杂志上。民国十七年《旅行杂志》（秋季号）的封面又见嘉兴三塔。民国十九年（1930），日本出版的《世界文化风俗大系》再次用三塔做书的封面，同样是作为大运河的代表图片刊发。

据考证，当年苏轼路过嘉兴，也到过三塔景德寺，曾在寺院的墙壁上题过诗，在寺院内与方丈或嘉兴朋友煮茶饮茶。古代嘉兴人送客去杭州，总是送到三塔，然后摆上酒菜或是汲水煮茶为客人饯行，接着才是拱手相别，目送客船西去。

20世纪70年代，因为兴建水泥厂，三塔被夷为平地，取而代之的竟然是三根直冲云天的烟囱，喷薄着一股股浊气。乌烟瘴气之下，舳舻不再千里，烟波也只好隐匿。最令人啼笑皆非抑或欲哭无泪的是，水泥厂出品的水泥，注册的品牌居然也叫三塔。这似乎意味着，嘉兴的三塔从有到无，最后隐缩到水泥袋上，变成一个象征着烟囱袅袅的品牌图识。这真是天大的遗憾。对于嘉兴人而言，三塔是他们日常生活里的一部分，只要三塔尚在，运河就是他们的如常岁月里的母亲河；没有了三塔，运河也只是一条曾经熙熙攘攘的航道，而从此在他们心中静寂下去。

1999年，嘉兴市人民政府在三塔原址上按原貌重建了三塔，同时新建了一座三塔公园，并将它设计成临水而建、古朴典雅的江南风格园林。近年来，在公园里的河道上又修筑了临岸观景道，给人感觉出门就可见到三塔的老嘉兴日子似乎又回来了，尽管已经失去了原汁原味……

其实在新中国成立初期，三塔路就是一条名胜古迹地带。三塔、西水驿、茶禅寺、血印禅寺和岳王祠是三塔塘畔比邻而居的著名胜迹。西水驿是嘉兴古代的传驿系统，是一个始于元至元十七年（1280），历经元、明、清三朝而延续至民国三年（1914），存续时间达六百三十四年的官方驿站，元末的《嘉兴路重建水驿记》碑在拆旧房时被发现，而使西水驿被发现。这是嘉兴历史上运转时间最长、规模最大、知名度最高的邮驿系统，专门用来接待往来官员和传递政府文书等的古代邮驿体系。

在清代学者朱彝尊的《鸳鸯湖棹歌》里，有“西水驿前津鼓声，原田角角野鸡鸣。苔心菜甲桃花里，未到天明棹入城”的诗句。嘉兴西门外古代为水陆交通枢纽，至清末还可看见嘉兴官员日常在该地排班鸣炮，接送官员。

驿站是专门负责“递送使客、飞报军务、转运军需”的机构。西水驿是嘉兴的水陆门户之一，为兵家必争之地。所发现的《嘉兴路重建水驿记》碑共二十一行碑文，每行三十七字。由于该碑从未在志书中收录过，具有珍贵价值，故1999年在嘉兴环城绿化带建设中新建西驿亭，立此碑于亭中，以作保护，并供游客欣赏。

在三塔路片区还有一座寺院，俗称“血印和尚庙”，但已破败。门前保存有石牌坊一座，系明正德年间立，原在城内碧漪坊，后移至此地重建。岳忠武王祠则位于三塔路运河塘上的三塔塘茶禅寺和血印禅寺之间，明万历年间由岳飞十八世孙岳元声等三兄弟将金陀坊岳宅内的家祠移此扩建，后毁于明末清初的战火。杭州岳庙是依岳飞墓而建，是祭祀岳飞夫妇、岳飞部将夫妇的庙宇；与杭州岳庙不同的是，嘉兴岳王祠除祭祀岳飞夫妇、岳飞部将夫妇外，还是嘉兴岳氏一支即华夏岳氏南宗的宗祠。

第四章

千年主干杭州塘

杭州塘是大运河嘉兴段的主航道。从嘉兴市内西丽桥这个起点出发，一直流向西南，途经桐乡县濮院镇，经过石门镇时，古运河拐出了一个120度的弯，然后继续向南奔去，经崇福镇以及大麻镇等地，然后就可抵达杭州市塘栖镇。这段河道全长60余公里，河面开阔，航道通畅，两岸种满绿色植物，风光相当秀美。

自隋朝整治疏浚大运河起，杭州塘一直就是运河的主干道。在嘉兴市内分成了两段行进。在龙凤桥以东，古运河经过范蠡湖公园的通越阁、岳王祠、血印禅寺、三塔等景点，串珠成玉，成了一段极富有魅力的旅游观光线路。另一段自杭州塘桥、学绣塔，古运河几乎笔直地往西南行进，这仍然是一条舟楫穿梭的航道，也是嘉兴段古运河的申遗路线。

在运河两岸，经常可见纤道、界碑与凉亭。这些历史遗址，孤单而寂寥地伫立在那里，也许并不显得独特。然而，当游人溯河而上，在天空与河道交织而成的大视野下，再去看这些早已融入或者镶嵌在大运河沿岸的古建筑遗存，便能品读出这条千年运河主航道的迷人风光，是一点点、一片片、一段段地在嘉兴古镇的背景之下，精彩纷呈。

门泊东吴万里船，一行白鹭上青天。那是一幅多么充满勃勃生机的自然美景，泛舟在这条千年主航道上，一切风光，尽收眼底。

一、消失的陡门镇

从嘉兴市秀洲区王江泾镇的长虹桥坐船出发，一路经苏州塘、北郊河、杭州塘等运河水道，最后可在新塍镇的陡门村下船上岸，这就是运河秀水段的基本航行线路。当年康熙南巡，站在画舫上看风景，眼见大船就要进入嘉兴，顿时诗兴大发，写了首《入平望》，其中有两句叫“勤民不惮周行远，早又观风向浙江”。他还饶有兴致地在诗前写了一则小序：“平望为浙江界，长吏以画舫五百来迎，恐劳民力，却之不御。”

平望是江苏省的历史文化名镇，过了平望镇就到了浙江省的王江泾镇。康熙的意思是，浙江府的官员们正准备开五百艘画舫来迎驾，但他不需要地方官员过于热情地接待，便婉拒了。他喜欢坐在小船上倚窗观景。当然，历史真相是，浙江的官吏们还是动用了画舫五百，途经昔日的陡门，浩浩荡荡地往王江泾的长虹桥方向汇聚而来……

新塍镇的陡门村，是一座流逝在岁月时空里的嘉兴古镇。在嘉庆年间刊印的《嘉兴府志》上有关于“陡门镇”的记载，说它位于“治西二十七里灵宿乡，镇夹运河”。民国九年，里人吴维善在他编撰的志书中明晰地界定了陡门的横纵坐标：“陡门塘在（新塍）镇南二十里。”而且，还说明了陡门的设置时间至少可以追溯到隋唐时期，因为此航段水流不稳，悬流众多而设闸蓄水，借以控制水流，以利往来通衢。

之所以命名为“陡门”，主要与该镇“门户型”的地理条件分不开。陡门位于京杭运河、濮院港和新塍塘的交会处，南临濮院，北靠新塍，东去三塔，西近桐乡，是运河嘉兴段以西，现秀洲区境内的最后一个重要门户。

陡门，是用来节制水流的一种设施。“陡门”二字，意为在水流较陡之处安门，以便关水。关水的地段往往河道狭窄、水流不稳或者水位较浅，船只航行比较困难。关水的目的主要是蓄水，水位提高后，航船就可以畅行无阻，陡门的作用与现代的船闸相同，所蓄的积水，还可用于灌溉或防洪。

水路是中国古代主要运输线，所以陡门作为水利设施比较普遍，在各地的运河或其他河道上均可见“陡门”的形影。秦始皇时期开凿的灵渠，至宋代已明确记载有陡门三十六重。浙江境内也有多处陡门。

陡门能够发展成集镇的主要原因，其一是水路的交会处聚集了大量人气，船家行舟至此通常会上岸歇息；其二是实际需要，陡门地处各镇中间的过渡地带，相对于卖力气为生的古代脚力，这里前不着村、后不着店却有能够沟通运河的南北往来，新塍塘南北的百姓居民自然就聚集为市镇。

如此演变而来的陡门镇的规模确实不大。较之周边的新塍、王江泾和濮院等运河名镇，陡门属于阒寂小镇，只是得益于水路的畅通无阻而拥有发达的运输业。

与长安镇和石门镇较为类似，陡门镇里也是遍布大小码头与河埠，因为布匹与粮食等重要出产物均要从这些码头装货上船，运往各地。而且，濮院港、新塍塘以及运河中的航船经常将陡门当作中转站。因此在日积月累的商业运转过程中，使陡门镇的旅店业、酱酒业以及其他相关产业也随之发展起来。所以，在明清时期的“秀水四大镇”，除了新塍、濮院和王江泾，陡门也跻身其间，拥有一席之地。另外，由于运河和其他支流的灌溉，陡门周边的田地相当肥沃，因此陡门人还能依靠种稻谷和蚕桑业谋生。

斗转星移，岁月荏苒，而今的陡门镇亦“已卒”。它的消逝，同样与运河休戚相关。一方面可以通过运河完成漕运，贯通南北，给陡门人带来财富；另一方面也是因战略位置的重要，而在历朝历代成了兵家必争之地，最后退化为村落而使古镇消亡。

但是，陡门的生命力却极其“顽强”，已经变身为新塍镇下属的陡门村，依然是游览江南运河秀洲段的开端。

假如真有一条时光之河可供泛舟，那么仍然从陡门，沿着运河往前行进与穿越，可以来到离陡门最遥远的，大约将在两千五百年前春秋时期的那个时空点上，才能拉开新塍镇起源的历史大幕。

二、古塍新滋味

那个时代的现实是，越国战败，越王勾践已被吴王夫差羁押在姑苏城。把世仇勾践踩在脚底的吴王沾沾自喜，称霸中原的想法日趋浓郁，尤其伐齐的念头如鱼儿咬饵似的不断地冒出来。夫差想在吴越边界上整出点大动作，用坚不可摧的军事实力向越国宣示霸权，同时也正好向北边的齐霸主实施武力震慑。新塍最初的形貌就这样在吴王的脑海里勾勒了出来，它的前身就是军事基地。毗邻新塍的乌镇也是军事要塞，当时叫乌墩，军事层级低于新塍。因为墩相当于烽火台，在新塍故地却建起了一座城池，这样可以囤积一定数量的兵力。

当时沉醉在西施温柔乡里的夫差产生了严重的思维定式，以为只要在吴越边境设置好相应的防御体系，就可以一边吃着西施从由拳带回来的槜李，一边就可以坐享江山永固，甚至还可以找机会伐齐，成为春秋霸主。可是历史的书卷很快就被不识字的清风翻过，勾践卧薪尝胆，有心人，天不负，越过新塍旧地，越甲三千可吞吴，于是这座全副武装的军事新城易了君主，历史又翻开了新篇章。

唐会昌元年（841），朝廷在固有的春秋旧城池的基础上修旧翻新，改建出一座新城，并正式将它纳入了三省六部管辖体系。同时被纳入管理体制的还有今上海地域的青龙镇和松江镇。那座通过老城翻新而来的城池，当时就叫"新城"，到了北宋才名正言顺地有了自己的大名——新城的"城"被改成了更为贴切的"塍"，并一直沿用至今。

1. 新塍古韵

新塍镇有两个特别唯美的别称，一个叫"柿林"，一个叫"新溪"。春秋时期，嘉兴至桐乡的通路上有一座槜李城，城南盛产一直甜到今天的槜李。城北则是一片柿林，自唐至清，新塍镇域均在柿林乡境，乡里盛产柿子，得"柿林"别称。"新溪"之称多见于清代，据清《新溪诗初钞·序》中记述，新塍因"其水源于天目，环镇皆水，故统名之曰新溪"。在相当唯美的诗学意象里，北宋时期诞生的新塍镇开启了自己的前世今生……

关于“新塍”的文字记载，最早出现在北宋。“塍”即“堤”，唐代建的所谓新城，可能在很大程度上是因为要防水患而筑“堤”抵御。到了北宋又增建了一批“堤”。可能正是在满眼皆“堤”的情况下，北宋某位地方官员提出了以“塍”代“城”的倡议，实际上确实是所修“堤岸”多于“城墙”。

新塍位于浙江省最北边，因未受过多的现代商业侵袭而使古镇生态得以较好保留。清末民初，凭借出色的水运条件，新塍成了商贸繁华市镇，只可惜后来受陆路运输的影响，逐渐衰弱。

自唐代建镇迄今，新塍已有一千余年历史，很适合游人前来旅行与探索。能仁寺与小蓬莱，千年古银杏树，名胜古迹可谓星罗棋布。还有弥漫着江南水乡风韵的古宅、古桥和古街，都能让人流连忘返。

整座新塍古镇，东西长约1600米，南北宽约530米，是一块比较标准的长方形地域。那条几乎笔直前行的市河，东来西往，玉带似的贯穿全镇。正是因为拥有如此理想的地理结构，所以古镇人家几乎全都顺势而为，发展出“依河而建，枕河而居”的生活模式，那些大多建于明清两代的民居，高低起伏、错落有致地分布在狭窄街道的前后左右，形成了一个古韵浓郁的历史建筑群，似是而非地诠释着一种小桥流水式的古镇生活形态。

新塍的弄堂，分陪弄、水弄、明弄或者暗弄，儿童积木玩具似的切割着镇域空间，形成了无比独特的古镇空间语言。上有日月星辰，下有江南水乡人家和船灯水影，与镇上的古街、古弄与古宅，糅合成一种独具韵味的新塍“景语”。在这样的格局与语境里，再反过来去审视与解读新塍民居古建，也算水到渠成。

新塍的历史建筑，通常分上下两层。一楼大多为排门店板，二楼则是木楼窗加卧室，户户相连，看上去齐齐整整，自有审美标准和情调取向。门面都比较狭小，但走进门内却别有洞天，进深很宽敞，这大概与当地人深藏不露的秉性很有关系。

新塍人不仅喜欢纵向的进深和横向的贯通，还特别注重空间装饰。无论是花窗立柱、地砖花板还是回廊厅亭以及门楼建筑，都配有雕刻与彩绘，以显示传统文化韵味和明清民居建筑的艺术特色，可是大部分民间建筑“作品”，都在清后期太平天国运动引发的兵祸中被摧毁。尽管如此，坚强地“残喘”下来的旧居老宅仍有三十多处，散布于新塍镇的每条大街上。

西北大街上有屠家厅，它代表新塍镇官宦府第的风貌、气势与品位。那是四进三开间的二层楼房，堂内摆放有“肃静”和“回避”行牌，由屠家太公辈的人物屠笛楼建于清同治年间。新塍屠氏原籍河南，第十四世祖曾经担任过明朝的二品京官——刑部侍郎，靖康之难后随宋室南渡而来。

同在西北大街的凌氏老宅始建于晚清至民国初期，坐北朝南的木梁架结构，原有五进，现存四进，据传老宅新建之初，太平军曾驻扎于此。凌家人的骄傲，就体现在镌刻于砖雕门楼上的“江表遗风”四个字。三国时期，长江以北被称中原，江表则指长江以南的地区。史学家陈寿评价东吴名将凌统，说他“在军旅中亲贤礼士，轻财重义，有国士之风”。很显然，凌家子嗣后代眼里的“江表遗风”，正是指凌统的“国士之风”，气象宏大而意味绵长，悬于门楣而光耀子孙。

西南大街上有闵家，老宅始建于清咸丰和同治年间。据新塍镇史记载，闵氏为朱熹家族的一支，靠粮食生意发家。但是新塍坊间的版本听起来更有意思，跌宕起伏充满传奇色彩，而且直击真相。

咸丰年间，在曾国藩的湘军正在全力围剿太平军之际，有个叫闵振镛的江西后生跑到秀水县新塍镇来“讨生活”，主要以补碗为生。但此人气性比较大，某日因滋事斗殴被捕入狱，与一个秋后问斩的太平军将领囚在一个牢房。此处先暂略数千字，话说闵振镛出狱后，好像突然间变了个人，很快就把自己的人生破碗“补”成了金饭碗——他不仅不再为人补碗，还在桐乡和濮院开起当铺，购置田地，兴建宅院，无缘无故地发达了起来。还有个关键细节，那位昔日狱友秋后问斩后，闵振镛不仅为他收尸安葬，还专门为他建了祠堂，而且按时祭祀，长期供奉。这个传奇故事的内核与法国作家大仲马的小说《基督山伯爵》极其相似，水手唐泰斯越狱在基督山找到神父狱友赠予的宝藏后，变成了基督山伯爵。

咸丰版的“闵伯爵”共有十二房子嗣，排位最后的三房后裔迄今依然居住在新塍，其中有一支因得罪了当地丐帮被迫迁到桐乡县的濮院，在嘉兴的另一座古镇开枝散叶。

新塍古镇，汉歌文化供图

古塍问松桥，汉歌文化供图

新塍现存最为完整的清代古宅是坐落在西南大街的闵氏老宅，坐南朝北，建造时为五进，现较完整地保存了四进。其中，三进东侧有一座“洋房”，外观与传统中式楼房无异，但门窗、家具与室内布局均融入了西方建筑文化的各种元素，不知这个审美偏好，是否与太平天国的“拜上帝教”有关。但从上述的这个历史片段可以感悟到，新塍遭受战火洗劫非常深重，太平军将领手上的财富原本就来自民间。

吴润昭私院是保存较为完好的晚清民居。不仅规模较大，而且建筑精美，梁枋雕刻细腻而又华美，很具代表性。吴家祖籍在吴江县盛泽镇，是当地经营丝业的富商大贾。因新塍农桑发达，盛产茧丝，因此吴家决定举家南迁到新塍。位于丰乐街圣堂弄的蔡氏老宅，始建于正德年间，因为在明朝中叶要迎娶皇室郡主而大兴土木。因为有皇家贵胄的特殊身份，所以在规模、规格乃至建筑上别有腔调，很显气派。目前仅剩的两进楼厅距今有五百年历史，也是新塍现存的年代最久远的古宅。东北大街上的胡博泉老宅始建于民国，在嘉兴现有的民国时期乡土建筑中颇具典型。

西南大街233号，是高公兴酱园及其门面房，初建于清乾隆三十三年（1768），是江南水乡传统建筑的代表。酱园最初由高景涵创立，由于经营有方，生意兴隆，因此名噪一时。清末民初，高氏又在新塍增设高公顺酱园，与高公兴、大生酱园（新塍许氏所创）形成三足鼎立之势。随后，又把生意做到嘉兴，颇有几分连锁经营、矩阵发展的意思。高公兴酱园是拥有两百多年历史的老作坊，不仅是老嘉兴人的集体记忆，在整个嘉兴商业史上也颇有影响，因此能够完好地保存下来，实在弥足珍贵。

2. 能仁寺与小蓬莱

相比古街老宅，能仁寺的知名度和影响力更大。寺院匾额上的“能仁寺”三字就是弘一法师（即李叔同）所写，可惜新塍志书没能记录下李叔同何时因何事回到嘉兴故里。

能仁寺是佛脉深远的名刹，始建于南北朝梁代天监年间。始建于南北朝的古寺名刹在嘉兴有很多，比如崇德古城里的崇福寺。唐代诗人杜牧的一句“南朝四百八十寺，多少楼台烟雨中”，说透了京都建康（今南京）的佛寺之盛。事实上梁武帝萧衍在位期间，仅建康就有佛寺五百多所，而且僧尼有十余万，资产丰沃，可谓穷极宏丽。

寺庙层出不穷，主要原因还是代齐建梁的武帝萧衍晚年沉迷于佛教。除了本身的兴趣取向，还为了统治需要。据统计，在萧衍统治的梁朝半壁江山内，佛寺竟然多达两千八百四十六座，僧尼有八十二万余人。新塍镇的能仁寺就是在这样的大背景下兴建起来的。

能仁古寺最初的名称已不可考。可考的寺庙名出现在唐朝德宗时期（742—805），与嘉兴籍的历史人物陆贽有关。陆贽，唐代嘉兴县人，相传他出生于嘉兴城内的甜水井（今斜西街东）。陆贽考中进士，曾任渭南县主簿。在德宗朝做翰林学士期间，将自家在寺院旁的屋舍宅基捐出来扩建寺庙，并将寺院取名为“福业院”。广种福田的陆翰林后来果然收获了福报，从此仕途上一帆风顺，最后迁升为中书侍郎同平章事（即宰相），成了名垂青史的政治家和文学家。后晋开运二年（945），古刹称报国寺，在宋真宗的大中祥符元年（1008）改名“承天院”，一直到了宋徽宗政和七年（1117）更名为“能仁院”。

能仁寺的寺名来自释迦牟尼佛。“释迦牟尼”是梵语，“释迦”相当于汉语中的“智、勇、仁”，常指“能仁”；梵语中的“牟尼”，相当于汉语中的“文静、寂静、寂寞”，合在一起即“能仁寂寞”，意为“有智慧和仁德的人，在静默无声中普度众生”。

这座充满佛家普度众生愿力的古寺名刹，自身却命运多舛，几乎遭受灭顶之灾。民国二十七年（1938）的6月10日，这座历经一千四百多年的梁代古刹被侵华日军付之一炬，几乎全部化为灰烬。只有那棵千年银杏树，隐秘地藏匿了这座名镇古寺的所有基因密码与历史气息，坚韧地在无尽的时空中无声地啜泣。这棵千年银杏现在位于小蓬莱公园内，20多米高，树围也有6米多，苍秀古劲，是嘉兴地区所有古树之冠，被尊称为“千古树王”。

昔日的能仁寺体量其实相当大，相传寺院规模最大时，占地面积有70余亩。而且四周环水，约占当时新塍镇域面积的十分之一。光与寺庙相连的石桥就有五座，占镇内桥梁的五分之一。而且，寺内殿宇宏伟壮阔，楼阁林立，禅室僧舍遍布，更有小桥流水，辉映树木的郁葱，自成一派清凉境界。

在能仁寺旁还有个小蓬莱，是镇上的著名景观。20世纪30年代，小蓬莱只是一块长满荒草的土墩，三面环水，颇显灵气。在后来能仁寺的扩建中，被寺庙住持相中，于是铺桥搭路，将这块风水宝地逐渐开发了出来。当寺庙的僧舍紧张时，住持就利用这个地块修筑禅房，美其名曰“环清”。每逢清晨时分，晨雾袅袅，把“环清”这座寺庙半岛烘托出了一派氤氲缥缈的景象，恍惚之间恰似陶渊明笔下的“桃花源”，故而又被誉为“小桃源”。后来，环清禅房与清远、明远禅房合称“能仁十二禅房”。一座寺院能有如此多的禅房，可知规模宏大。

清光绪三年（1877），里人重修环清禅房时，为“小桃源”改了一个更贴切的名字，叫“小蓬莱”。环顾四周，举目皆曲径回廊、平堤烟柳和锦浪桃花，恰似蓬莱仙境，更符合福田方净的佛家要义。

清代诗人黄驾白对故乡的小蓬莱极为欢喜，为它写下一首诗来传达他看到的人间仙境：

紫藤花落点苍苔，古寺钟声隐隐来。应是红尘飞不到，一泓流水隔蓬莱。

袁花镇的武侠小说大家金庸，对小蓬莱也情有独钟，曾以小说家神奇笔法，将整座小蓬莱移进了一个亦真亦幻的世界——在《射雕英雄传》的第三十五回，只听在铁枪庙里的黄蓉说道：“欧阳伯伯，我爹爹在新塍镇小蓬莱给全真教的众老道围住啦，你若不去解救，只怕他难以脱身。”欧阳锋微微一笑，说哪有此事。看来欲知后续如何，还得亲自走访能仁古寺。

3. 红色摇篮

在1917的春天，有一批新塍青年经常性地在小蓬莱的凤山亭边聚会，还美其名曰“凤池雅集”。看上去确实是文人雅集、诗词酬答和文艺研讨，各种人文活动搞得有声有色。然而，在雅集的表象之下，秘而不宣的《共产党宣言》研讨才是核心重点。

秘密活动的策划发起人吴文镕、黄驾白、沈选千等都是新塍当地思想活跃的进步人士，因受俄国“十月革命”的影响，而在能仁古寺内，用“凤池雅集”形式燃起新塍的革命之火。布尔什维克胜利的消息传到中国后，他们希望从中收获经验，找到中国的出路。

如果嘉兴是中国的红色摇篮之一，那么新塍镇就是嘉兴的红色摇篮。新塍的革命火苗越烧越炽。在“五四运动”浪潮的席卷下，“凤池雅集”的几个创办人又筹划了一项活动，利用那些在外地工作和学习的进步青年返回故乡过年的机会，成立“新塍青年读书会”，希望通过介绍中外进步书籍、倡导白话文和传播新文化思想等活动，改变“死气沉沉、寂寂无闻”的新塍镇。

学生成员郑兰华就是当时读书会的积极分子，在上海华童公学读书时，就因课余时间经常去天铎日报社担任校对和译电工作，而深受报社主笔、同盟会会员李怀霜的影响。参加读书会的时候，她正好从上海圣约翰大学毕业，遂准备到长沙湘雅医学院当助教。在新中国成立后，郑兰华成了著名的化学教育家。

读书会有很多骨干当时已秘密加入了中国共产主义小组。当读书会初具规模，他们又筹划创办进步刊物，编辑部就设在新塍镇米业公所。1921年2月16日，《新塍半月刊》正式创刊。虽说只是一份地方性小型刊物，却办得风生水起，具有时代先进性。刊物的发行范围日渐扩大，不仅在沪杭与吴兴、吴江等长三角区域形成较大影响，刊物还传播到北京、南京、长沙，直至日本东京，可见它具有相当不错的政治影响力。如果嘉兴是中国的红色摇篮，那么新塍镇就是嘉兴的红色摇篮。

自从在小蓬莱举办“凤池雅集”以来，新塍青年的革命热情高涨，发展节奏很快，在整个嘉兴地区都算佼佼者。1925年3月，中共嘉兴独立支部诞生，同年冬天，新塍镇成立地方党小组，成了嘉兴地区最早成立地方党小组的古镇。1941年4月，中共嘉兴县委在新塍沙家浜村张家浜建立，又一次书写了“嘉兴革命史”上的第一。

1949年初，为了迎接解放军南下，中共吴嘉工委通知以教师身份做掩护的中共地下党员沈如淙从沪上返嘉，与工委金佩扬、刘先正等人成立吴嘉湖独立团，加紧策反国民党驻扎在嘉兴的地方武装。

在吴嘉湖独立团成立七十年后，即中国共产党一百周年诞辰这个时间节点上再次回忆往事，当年的政委沈如淙依然能清晰地记得，4月19日这天，自己风尘仆仆地赶往新塍镇新南乡新桥庙，成立番号为“中国人民解放军江南军区吴嘉湖独立团”的情形，这是中国共产党在浙北杭嘉湖地区的第一支革命队伍。

5月6日，新塍解放，这是嘉兴解放的第一道曙光。解放后，沈如淙被任命为中共嘉兴县委副书记兼独立营（即改编过的独立团）政委。1983年嘉兴撤地建市后，沈如淙担任了第一届嘉兴市政协主席。1988年离休，成为嘉兴市名副其实的“老革命”。这个老革命在共产党百年诞辰的活动上，兴致勃勃地写下了一句心里话——“永远跟党走”。

红色文化资源，是新塍镇的一笔无形资产，需要传承与守护，因为这是20世纪初的那些新塍“新青年”赋予家乡的历史馈赠。因此，修复红色文化遗迹，成了挖掘红色历史的一项使命和重任，主要是通过对文化、文物、遗迹的保护、修复和开发，使革命时期的红色文物、遗址等历史遗产真正“活”起来。

新塍人始终相信，用文化的进步带动精神的富裕，用经济的发展推动物质的富裕，这样可以实现精神与物质双重富裕，从而实现共同富裕的最终目标。

4. 一日三餐“塍滋味”

一百年前，在思想进步的“新塍青年”眼里，新塍镇“死气沉沉、寂寂无闻”。一百年后的今天，新塍镇入选了2021年度浙江省美丽城镇建设样板创建名单，成了一座“自带香气、远近闻名”的美食小镇。

品尝新塍古镇的“塍滋味”，要从早酒开始。拂晓时分，暗淡的天空刚放出几丝亮色，镇上的早酒馆却已是灯火通明。

在新塍镇上，供应早酒的酒铺食肆大约有几十家，最勤快的店家在半夜3点就开铺张罗。因为那批在镇上挖地种树赶早活的勤快人，5点一到，就雷打不动地要来吃羊肉、喝早酒。而且，杭州、上海还有周边的酒痴也常在这个点凑热闹。随后，本地的老主顾，也大多在五六点光景，陆续汇聚到各自的定点酒场，与酒搭子们“敖包相会”，在掺杂着酒香肉气的烟火味里，咂巴着烧酒，开始了一天的美食之旅。

饮早酒者，以酒为大，菜码子次之。只是酒的档次都不高，不是散装的杨梅烧酒就是五加皮，要不就是大塑料桶装的黄酒、土烧和小瓶装的劲酒。外地客更不讲究，原本就是来领略早酒文化和当地风俗的，客随主便即是。除了品羊肉系列，其他过酒菜也是有啥吃啥。一份小炒也就十几块钱，丰俭由人。一口咸津津的羊肚，再一口甜而凶的杨梅酒，这日子基本就已经倚在了共产主义的门边上。有的店家老板，本人就是个酒鬼，深知道早酒在酒不在菜，所以只焖一大锅羊肉、羊肚和羊腿，没有其他闲篇，卖完收场。因为他老婆忙完早场，给那些酒足菜饱的酒痴最后递过一碗打底的羊汤面，自己还得骑着电动车去上班，那才是她的一份人间清醒的正当职业。

本地的主流酒客，大多是早已知天命年岁的退休老男人，退休工资花不完，一天的正事基本上是从早酒店里开始，麻将馆或者棋牌房里结束，他们是最惬意的新膣人。

嘉兴人喝早酒，是古已有之的习俗。有一本专门记录嘉兴地方风俗的书叫《古禾杂识》，里面关于“早酒”的描写特别有劲：“隆冬晓寒，置暖炉招客，谓之里翻绵，亦谓之软饱。冰雪积地，开门即拼一醉，游惰之民。”

此书是嘉兴人项映微在清乾隆三十四年（1769）编写，道光十九年（1839）由另一个嘉兴人王寿加增补，谈的都是三百多年前的事。清朝的嘉兴早酒店在招揽酒客方面真有套路，暖炉用得很妙。掀开帘子一进门，满身的寒气顿时就被酒店里散发出的强大暖流挡在了门外。好家伙，暖酒一杯，硬菜几碟，开怀畅饮便是。

所谓“里翻绵”是说喝酒产生的热量，几盏暖酒足以抵御冬寒。所谓“软饱”，大约是说早酒可御饥，所以越是冰雪积地日，越是早酒兴旺时。寒冬腊月喝早酒，这种本末倒置、闲适舒缓的生活，是部分中老年人的最爱。早晨起来，走出家门要做的第一件事就是去喝早酒，而且酒必须喝“三白酒”，这是一款清以来嘉兴知名度最高的本地酒——这项酒俗已经被传承了下来，现在的早酒店里，历来是嘉兴本土出品的低度白酒最受欢迎。

20世纪50年代，新中国刚建立，国家储备粮吃紧，喝早酒就显得奢侈，新塍早酒也就停更了。改革开放后没过几年，新塍人的酒兴子终于从一家羊肉面馆又冒了出来。现如今，随着“新塍美食”的声望日臻响亮，来自四里八乡的新一代老男人，争先恐后地成了“早酒”的拥趸和粉丝。大家抬头不见低头见，就在这令人迷醉的早酒店。一天之计在于晨，只要把早酒喝畅快，那么这一天的日子也就过顺了。

这边早酒喝得正酣，那边新塍美食街的早餐摊点也渐入佳境。新溪小月饼、老字号同兴汤圆、母女定胜糕、沈掌金臭豆腐、黎明生煎包等，各路“小吃大神”粉墨登场。黑芝麻小烧饼，青葱生煎包子，那都是咬上一口满颊留香的正点，用牛肉汤佐之极好，配以咸豆浆或者豆腐脑亦佳。

老王猪油大饼可算是其中的头牌，名声很响。虽然走的是“烧饼夹油条”式的传统旧路，可是现点现烤，而且烧饼内层涂猪油，那纯粹是新塍创意。咬在嘴里，咸香四溢，并已经步入嘉兴美食界的“庙堂之高”，被评为“新塍美食”而写进了嘉兴菜谱。还有开在新洛西路桥边蟹苙三馄饨，店名特别，妇孺皆知。店堂里总有一锅肉骨头汤，始终用小火暖暖地炖着，这是馄饨汤的底牌。等皮薄如绉的馄饨煮出端上，恰似碗中飘花，下酒都适宜。

新塍人对吃很有一套，也很有天赋。那些传承了千年的本地菜，浓缩了当地的风土人情，已经变成了新塍古镇最有韵味的地方民俗符号。在嘉兴人眼中，要吃喝可以去新塍，那里的小吃和特产名堂太多，几乎样样出彩。新塍自己也顶着一块“浙江省特色美食名镇”的金字招牌，打造出了“十八道塍味”，既以“新塍老味道”昭告天下，又打出“美食之旅”吸引天下游客。其中，也有两道名菜登堂入室，进了嘉兴菜谱。其一是乃吾拆翅，那是镇里婚丧嫁娶酒席上的重头菜，取展翅高飞的意思。由于本地食材缺乏海鲜，可又想显示美食档次，于是新塍人就将猪的后腿肉烧熟后，撕成一丝丝，然后按照鱼翅的做法，配冬笋、黄芽菜、韭芽等，就地取材，彰显自我，而且吃起来很有鱼翅的滋味。其二是白烧八宝鸭，是新塍镇年夜饭里的必上菜。糯米、鸭胗、五花肉、松仁、冬笋丁等八种食材塞进鸭肚子，所谓多福多财，肚中有才。白烧带汤水，先将肚子里的糯米吃掉以后，就可以把这只煮熟的鸭子剪碎，瞬间变成一个老鸭煲。这道名菜，既有八宝鸭的香味，又有老鸭煲的鲜味，吃到嘴里可以让味蕾飞天。另外还有蒸缸羊肉、冰糖河鳗、清蒸桂鱼等，都是能上台面的“塍味”好菜。

蒸缸羊肉还是入冬食补的首选，是新塍镇的招牌菜。对于蒸缸羊肉，大厨们的心法秘籍单就一个字——焐。何为蒸缸？就是要靠热气将山羊的美味，在各种香料的激发下，慢慢地“焐”出来。这与北宋诗人苏东坡自创的“东坡肉”做法有异曲同工之妙。苏东坡被贬黄州后，发现当地猪肉便宜，于是就悉心研究，最后将烹饪秘籍藏在了一首叫作《猪肉颂》的诗里而流芳千秋，关键就是那句“慢着火，少着水，火候足时它自美”。究其本质，也是在“焐”。最好用瓮“焐”羊肉，热气在缸内循环，隔一个晚上，羊肉就完全入味了。出缸时，口感酥而不烂，肥而不腻，而且温而不燥、甘甜软糯，吃起来自然美。

倘若是约了一批朋友来新塍，那么在寒风刺骨的冬夜，来一桌“满羊全席”，再配几壶烈性酒，那滋味妙不可言。酒足饭饱，最后再点一碗酥羊大面，放开肚子呼噜呼噜地吃，喝完汤，抹完嘴，你也成了一个地地道道、货真价实的美食家。

三、凤栖梧桐，人文濮院

1. 古时檇李墟

先秦时期，濮院的地理位置就在吴越边境地带。当时已形成一个“草市”，叫“檇李墟”。

秦始皇一统天下后，把中国分成了三十六个郡、上千个县。濮院古地属会稽郡，地处由拳县（今嘉兴南）和乌程县（今湖州南）之间。虽然檇李墟迄今有一千多年，但在起源与发展的很长一段时期，这个叫作“槜李墟”的语儿草市，连一个正式的官方命名都没有。所谓“草市”，就是草创的民间市场。在古代中国，市和镇是两个概念。市就是市场，人们在此互通有无做买卖。镇则有镇守之意，是军事戍守处，驻扎军队的地方，与现代的“镇”并不相同。到了宋代，才将市镇并称。

草市东南有个湖泊，看上去幽不可测，故而被称为“幽湖”。幽湖是当时的草市胜境，所以人们就拿它当地名。后来民间有人称其为“梅泾”。宋朝覆亡后，人们发现在镇西夹岸有梧桐林，而且曾引来凤凰云集其上，故而有了“梧桐乡”的称谓。随着朝代的演变和时间的推移，到了唐贞观年间，濮院境域分属长水、灵宿和梧桐三乡，成了三乡交会地，其中以梧桐乡面积为最。北宋熙宁十年（1077），梧桐乡被割给崇德县，濮院古地就有了行政上的新归属。

运河之水向南流来，进入镇境折东流去——这段水域，古称“梧桐泾”，今称“三里塘”，为镇西市河。按照《古濮院图》所绘，三里塘南亦有一片“古梧桐林”。

宋室南渡之际，有一只“凤”相中了这片古梧桐林，这个叫濮凤的人把家迁居到了这里，将自己与家族的命运，交付给槜李墟这块古地，最终是你中有我，我中有你，相互成就。他的姓氏——濮，后来就成了这座古镇名称的来源。

按《濮川志略》记载，濮凤是山东曲阜亲贤乡人，在靖康初与其弟濮凰同在开封为官。濮凤是著作郎，负责编修国史。建炎元年护驾南渡后，濮凤及其家人最初选择寓居于安徽广德。建炎三年，濮凤将家产留给濮凰，自己选择南行至浙江，最终在今天的濮院找到了栖息地。

作为朝廷著作局从五品上的郎官，濮凤向来懂风水，所以选择市河之西北的古梧桐里择地建房，临水而居。古梧桐里曾名“濮家埭”，即濮凤旧宅。

关于濮凤，还有一段不知肇始于哪个年代的“溢美史”，说他在梧桐乡安置好家眷后，即赴都城临安入仕，重回单位报到似的。还说这位著作郎因在任上撰写了一本《宣仁皇后实录》而深得皇室青睐。太后召见他时，见他玉树临风、一表人才，不仅将德阳公主许配于他，还将其拔擢为驸马都尉，有学识之人对这个驸马身份相当质疑，因为翻遍史册也没有发现北宋宗室中有德阳公主或者濮驸马，而南宋高宗膝下无女。绍兴三十二年（1162）即位的宋孝宗赵昚生有二女，可是赵昚本人出生在嘉兴，其父赵子偁在宣和元年经舍试合格，才授嘉兴县丞，长女嘉国公主九岁时卒，次女五个月大即夭折，时间与机遇皆对不上号。而且，清康熙年间重修的《濮氏家乘》里，也没有提及濮凤的驸马身份，可见所谓驸马都尉极有可能是后世戏曲舞台上的附会，而后以讹传讹，为濮老爷平添了一个皇室身份。

但是，濮院是宋理宗赐给濮凤六世孙濮斗南的宅第，以奖赏他的拥立之功，同时还册封他为吏部侍郎，这是一段信史。濮斗南被赐予濮家庄园就是濮院，镇名“濮院”因此而来，一直沿袭至今。

由于对梧桐乡情有独钟，濮凤在今天称庙桥河的北岸，亲手种植了两株银杏。而今两棵银杏已成参天大树，穿越时光的阻隔，正静默地驻守在桐乡三中的校园内，如濮院的图腾一般，东西对立，遥相呼应。话说濮凤到濮院后，先在由妙智进入镇区的西河头造了一座石拱桥，取名为“梧桐桥”（后叫为“箍桶桥”），意为梧桐为凤凰所栖；又在梅泾河上造了一座“迎凤桥”，迎接他的到来；又在西市河上造了一座“鸣凤桥”，寓意为“鸾凤和鸣”；最后在西市河与北市河的交汇处，造了一座比较大的石梁桥，名叫“栖凤桥”，意思是凤凰要在此栖息，他濮凤将在这个地方定居。该桥甚为壮观，两旁石柱壁上皆镌刻了对联，有吉祥如意和歌功颂德之意。

濮凤与梧桐乡大有缘分，《诗经·大雅·卷阿》仿佛早在先秦时期就为濮院的诞生写好了注脚：“凤凰鸣矣，于彼高岗。梧桐生矣，于彼朝阳。”用接地气的民间话语来说，那便是“栽下梧桐树，引来金凤凰”，濮凤就是一千多年前，梧桐乡引来的金凤凰，“凤栖梧桐”，相得益彰。

运河两岸的古梧桐林早已消失，成了散存于史册的若干文字，以及这些文字激发出“凤栖梧桐”的各种美好想象。但梧桐桥仍然存在，自南宋修筑之后，在清朝毁掉过一回，后来在嘉庆年间与光绪年间都曾重修。当地乡邻叫此桥为箍桶桥，似乎早就为它定了性，箍住了它。今日的梧桐桥已经变成南北走向的水泥平桥，很难领略到古桥韵味，唯有桥下水岸边的几块石头，尚可追溯岁月的沧桑和光阴的流逝。

濮院古镇，汉歌文化供图

2. 濮鉴列传

在濮院镇的发展史上，还有一个开疆拓土、革新求变的重要人物叫濮鉴。按照《濮川志略》上的“濮氏谱系图”可知，他是濮凤的九世孙。

濮氏家族经过几代人苦心孤诣的经营，发展到濮鉴这一代，家底已经相当殷实。正是由于濮鉴的继往开来，大展宏图，使濮家在古镇的商贸发展上产生了一个历史性的骤变，濮鉴将整个濮家的格局和走向，提升到一个新阶段，更为濮院未来的商业特色注入了新的基因。

元大德十一年（1307），濮鉴出资在市镇中心开街，即“棋盘街”。围绕濮氏府邸，濮鉴在棋盘街设立了“四大牙行”，大量收购丝绸产品，史册上说他“召民贸易，远方商贾旋至”。

牙行也称“牙郎”和“行老”，是指旧时从事中介业务的商号，为买卖双方说合、介绍交易并抽取佣金的商行，通常以经营牲畜、农产品和丝绸布匹等手工业品为主，也有居间包揽水运雇船，俗称“埠头的牙行”。

濮院的四大牙行也就是当时重要的丝绸交易市场。濮鉴建立的这个丝绸交易市场，使当时梧桐乡的丝绸产业链得到了完善，濮绸的品牌从此开始闻名海内外。

丝绸行占据整个商贸的重点与主流，集中在镇中心北横街和义路街一带，全盛之际，绸庄鳞次栉比，热闹非凡。只是在近代之后，外来资本的侵入，在中国设行办厂，引丝扼绸，加之捐税苛重，才使濮院的丝绸行业日趋衰落，直至民国二十三年（1934）呈现颓废之势，仅剩义路街上宣建勋等八人合办的永源丝绸行和大街上盈记丝绸行等寥寥数家。

永乐市之名在濮院沿用至今，比如上述的“永乐桥”和“永乐里”，甚至许多店铺也冠之以“永乐”，可见这个名号对经商利市很有吸引力。

商人云集的永乐市，强烈地刺激了濮绸的商业化发展，使濮院在明代中叶成为闻名遐迩的江南丝绸业重镇，当然也给濮鉴的家族带来了源源不断的财富。以商兴市，以产促销，丝绸业这个商业龙头也带动百业兴旺。就以有史可查的，市面已稍显萧条的民国后期濮院商贸状况来分析，当时濮院全镇拥有五百家商铺，覆盖了衣食住行等生活的各个层面，包括当下消失的卜算铺、嫁妆店、棺材铺以及烟行、柴行、羊行、猪行、木行等，虽然没有全至三百六十行，但凡市场有需求的，都能在古镇上找到它的位置，并自有谋生与发展的路径。

历史上的濮鉴被认定为经商奇才，而且他“积而能散”，大兴土木，舍出庙桥河北的宅院，创建了规模宏大的福善寺。濮鉴随后又在福善寺东、濮氏分宅之左建造了玄明观。先后还创建了仁寿寺、永福寺、报恩寺、普济寺、永安祠、东岳祠等宗教建筑，遍布在永乐市各个方位，一时蔚为大观。

濮鉴“处己以谦，待士以礼”，性情明达，豪放大气，所以古镇居民对他十分敬重，邻里或者族人发生纠纷或者争执，往往请濮鉴来当“话事人”，居中调解，负责仲裁。

濮鉴之所以声望日隆，备受尊崇，主要源自他对濮院的公益之心。他通过为家乡修桥铺路、创建寺观、救济贫苦等一系列善行而成为当时濮院及其周边地区众所周知的慈善家。

当地官府把濮鉴的善举报到了朝廷，使濮鉴很快获得了官府的嘉奖，并荣膺了官职。初为富阳税务官，官阶为将仕郎，后又擢为淮安路屯田打捕同提举，明显是一个商而优则仕的典型案例。

在教育办学方面，濮鉴办的濮氏义塾开创了濮院公共教育的先河。在宗教文化方面，当年由他出资创建了八座寺、观、祠，迄今仍有福善寺（今香海寺）、玄明观（今翔云观）和东岳祠（今东岳庙）留存，作为宗教信仰与地方文化的一部分，融进了濮院人的现代生活，成了这个古镇传承了七百多年的一种集体记忆，与开镇始祖濮凤栽下的那两株生命恒久远的银杏树一样，是濮院古镇的最为宝贵的文化遗产。

另外，大有桥、大德桥和大积桥三座“大”桥，也是由濮鉴出资建筑，遗存至今。他广交天下朋友，使濮院成了当时书法家以及各路文人心向往之的魅力之地。比如在福善寺落成之际，濮鉴就邀请了著名书法家夫妻赵孟頫和管道升夫妇前来捧场，成为后世书画交流史上的一段佳话。

濮鉴开创了超越祖辈的不凡业绩，对濮院的发展有很大贡献。时至今日，四大牙行所在的棋盘街仍然在，四条街市纵横方正，街道相通，在很长一段时期依然是店铺林立的商业中心，可见当年的牙行对濮院的影响之深远。

3. 濮绸与毛衫

濮绸，是濮鉴开街设牙行后萌生的一项历史性产业。当时的牙行，收集机织产品，招徕商贾，所做种种，皆为濮绸的横空出世奠定了基础。当时的濮院居民，大多“以机为田，以梭为禾”专营纺织。濮院丝绸始于南宋。淳熙年间，濮氏家族子孙原以仕途发展为本分，但见宋室家国日渐衰微，于是积极求变，转而经营起家业。

明洪武元年（1368）朱元璋下令天下：“凡民有田五亩至十亩者，栽桑半亩；十亩以上，倍之，田多者按此例增加。……不种桑出绢一匹。”这等于是从国家政策层面上，推动与加速了濮绸生产的发展。到了万历年间，改土机为纱绸，制作精进，产出的丝绸不但白净、细滑，而且柔韧耐洗濯。家居濮院太平巷的朱其瞻，能够洞究利弊，进行技术革新，改摇纬为打线，自制十三台织机并广为推广。《浙江通志》记载这段史实时说：“嘉锦之名颇著而实不称，惟濮院生产之纺绸，练丝熟净，组织亦工，是以一镇之内坐贾持衡，行商麇至，终岁贸易不下数十万金。”总而言之，嘉兴府的锦缎很有名，但多少有几分“实不称”，唯有濮院生产出来的纺织绸，行商蜂拥而来，使年底的贸易额高达数十万金。

经过可持续性发展，濮院丝绸到了清康乾年间，产、销均达到历史高潮。民国《濮院志》卷六上说：“万家烟火，民多织作绢为生，为都省商贾往来之会。”清朝后期，又模仿湖绉，盛产濮绉。就这样，濮绸开始行销全国，并且深得皇室贵胄的喜欢。尤其像“大富贵”和“小富贵”这种花样翻新的濮绸，深受北方人所爱。

濮绸曾经名扬天下，造就了濮院的商业繁华，而今濮院的毛衫畅销世界，继续演绎濮院古镇的商业神话，仿佛是一部濮院商业传奇大戏，濮绸褪去铅华之后，濮院毛衫旋即接棒，开始了第二场的精彩演出。

濮院毛衫发轫于20世纪的1976年。这一年，中国的政治历史发生了重大转折。

就在这一年，濮院弹花生产合作社购置了三台手摇横机，用来生产膨体衫。不久，又转产丙纶衫和羊毛衫，濮院的第一件羊毛衫就此诞生。这家生产合作社是桐乡县二轻总公司的下属企业，也就是后来的桐乡县第一羊毛衫厂的前身。

到了改革开放之后的1979年，濮院制面生产合作社发起个人集资，创办了中华羊毛衫厂。由于生产羊毛衫的针织横机机身较小，操作方便，易学易会，而且投资可大可小，赢利又丰厚，既适用于规模化生产，又适合个体户作业，所以很多嗅觉敏锐的濮院商人注意到了羊毛衫产业，诸多集体企业随后转产、聚焦，各种经营模式的毛衫企业如雨后春笋般冒了出来。

80年代初，濮商们就把羊毛衫销往了上海和杭州等大城市。并走南闯北，在国内一线或二线城市设立销售专柜。

1984年，濮院镇发出了第一张个体户针织厂的执照——濮院云翔针织厂；三年后，濮院三家个体户联营成立了三联针织厂，是民营企业之萌芽。

经过濮商若干年打拼，濮院毛衫渐渐名声在外，引起了外地客商的关注。他们开始聚焦到濮院，走街串巷地采购价廉物美的羊毛衫，从而以永乐路中段为中心，濮院形成了最初的羊毛衫交易市场。

另一个方面，濮院文化站也在做宣传助推，他们组织起梅泾文学社后，除了讨论文学问题，便是讨论濮院羊毛衫，在自然而然中形成了话题营销。在民间推动、政府主导下，审时度势的濮院毛衫人，如同当年濮鉴设立四大牙行一样，从1988年10月开始筹备羊毛衫、羊毛纱的市场交易区，到90年代中期，在永乐路向南的320国道两侧，形成了十个羊毛衫交易区、一个毛纱交易区和一个托运中心，同时，各种私营旅馆、饭店迅速应运而生。将近五千间营业用房的濮院羊毛衫市场的出现，是濮院毛衫的第一次转型升级，奠定了它在中国毛衫产业界的地位，再一次产生聚焦效应，引来了各路客商，他们也开始在濮院投资建厂，并形成了产销一体化的经营模式，助推了濮院毛衫产业提高市场覆盖率，扩大了产业规模。

毛衫产业的风生水起，让濮院的经济得到了全方位的带动和发展。这种相得益彰的产业效应，使濮院在全国乡镇中迅速脱颖而出，成为名副其实的“中国毛衫第一市”。可以说，濮院从“日出万匹绸”到现在的“衣被天下”，濮院走过了一条漫长而自强的道路。

4. 永远的聚桂文会

濮院，古称“梅泾”。梅泾就像一块磁石，对各种文人墨客很有吸引力。比如元代书法家鲜于枢、赵孟頫以及明代书画家、文学家文徵明等。他们对濮院心向往之，纷至沓来之后又流连忘返。尤其赵孟頫与他的书画家夫人管道升，与濮鉴交情甚笃，甚至对濮院古镇也产生过一种情感和心理上的依赖。

赵孟頫既有显贵的家世，又是那个时代的顶级书法家。作为宋太祖赵匡胤的十一世孙，在宋室南渡定居吴兴后，赵孟頫每每自称“吴兴人”。与之琴瑟和谐的管道升是松江（今青浦）人，也是元代著名书法家、画家和诗词创作家，嫁给赵孟頫后被封为吴兴郡夫人，世称“管夫人”。

元至大二年（1309）11月，赵孟頫夫妇应濮鉴邀请来到濮院新落成的福善寺。赵孟頫挥毫泼墨，为大雄宝殿题梁，留下六十二个字的墨宝；管夫人则在大雄宝殿的西壁上画竹，后人称这面墙壁为“管夫人画竹壁”。客居濮院期间，赵管二人纵情于山水之间，乐此不疲。

元延祐七年（1320）冬，赵孟頫又一次来到濮院。此时，他的老友濮鉴和管夫人都已去世。赵孟頫此番前来，主要为已病逝八年的濮鉴归葬函骨，并作墓志铭。“允中来请铭，予惟君轻财重义，盖积而能散者，是宜铭。”短短几句话，赵孟頫就写出了他和濮鉴之间的深情厚意。也说明由于得到濮鉴之子濮允中的关怀与照料，他旅居濮院期间，以翰墨为伴，以诗书为伍，盘桓至次年秋天，方才返回吴兴县松雪斋。濮鉴生有四子，濮允中是长子。在元至顺年间，濮允中担任两淮盐场转运使，是世俗眼里的肥差。但允中却效仿其父濮鉴，选择辞官归故乡，赋闲在家修身养性。他建筑了“知止堂”，以读书著书为乐，自号“乐闲”。允中之子濮彦仁，曾任吴兴典市官，又是个油水泛滥的官职。谁知彦仁又效法其父允中，弃官回家建“松月寮”作为自己的吟咏之所。父子两代人同隐濮院，可谓悠然自得，其乐陶陶。

如果说濮鉴像块磁石，吸引到了当时的著名书法家赵孟頫及其夫人管道升，那濮鉴之子濮允中则开创了一场著名的文人雅集，将当时的文坛领袖杨维桢吸引了过来，真可谓梧桐乡里凤来栖——同样成就一段佳话。更为重要的是，开创了一个声名远播、惠及后世的“雅集品牌”——聚桂文会。这大约可以从元至正九年（1349）的冬天，文坛领袖杨维桢从云间（今松江）启程，来到嘉兴永乐市（今濮院）说起。

杨维桢是会稽诸暨人，元末明初时期的文学家和书画家。杨维桢进士出身，曾在天台县短暂地做过七品芝麻官，最终效仿陶渊明，丁忧去职后一直未复归，而是一边以教授学子谋生，一边又广交天下名士，游历江南各地。他与各路文人墨客吟咏唱和，流连诗酒，好不自在，最后形成了一个以他为中心的“江南文人朋友圈”，以古乐府写性情为旗帜，形成元末最负盛名的“铁崖诗派”。传说杨维桢平素也声色犬马，常有放浪形骸之举。明代秀水（今嘉兴）文人沈德符曾在《敝帚斋余谈》中记录了一段杨维桢的风流逸事，说他好用“妓鞋纤小者行酒”，来自无锡的倪瓒是个“为人有洁癖，盥濯不离手”的画家，每见此情形都怒不可遏，避席而去，感觉自家庭院里的梧桐树容易脏，都要让仆人每天擦洗，并专门画《洗桐图》来记录的著名洁癖症患者，岂能忍受杨维桢的我行我素，乐此不疲。

但杨维桢的朋友鲍恂却对此等小事不以为意，就是他受崇德老乡濮允中之托，找杨维桢来濮院府上教其子濮彦仁。早在彦仁在做典市官的时候，因为喜读四书五经，曾投书杨维桢，请业拜师。但杨维桢拒绝了他，因为他对濮家并不陌生，他在二十岁那年曾游历过濮院，并结识了濮允中，知道濮家是嘉禾巨族。杨维桢以为一个生于钟鸣鼎食人家子弟，且又走上仕途，好吟诗作文无非是附庸风雅，所以没有理会濮公子。

濮彦仁在吴兴做了几年典市官，意兴阑珊，便弃官返家，与其父濮允中一起逍遥故里，经营家业的同时，徜徉于诗文之间。濮允中有意玉成彦仁心愿，决定仿效昆山顾德辉的“玉山雅集”，在永乐市也来一场声势浩大的雅集。这其中的奥妙是，玉山雅集虽然由昆山顾德辉发起主持，但雅集的灵魂人物和精神领袖，却是杨维桢。可见濮允中试图发起的雅集，颇有醉翁之意。

果然，由鲍恂出面招徕，杨维桢欣然赴濮。濮氏父子与鲍恂在知止室恭候，并设宴接风。通过把酒言欢式的交流，杨维桢方才得知彦仁不仅好古嗜学，具有真才实学，还弃官还家，专注学问，敢将板凳坐到十年冷，不免心中大喜，终于趁着酒兴，收下了彦仁为入室弟子。而那以后，杨维桢便坐馆桐香室，教授彦仁《春秋》，师生间“校雠经籍，商论文墨”，甚是投契。桐香室原本是濮允中读书与教子的地方。濮允中唯一存世的一首诗是《自题桐香室》：

研经暇即课子，扫榻倦亦留宾。
莫叹秋风萧萧，穿林片月如银。

元至正十年（1350）的春天，濮允中如愿发起文人雅集——聚桂文会。有五百多名东南文士携文赴约，由杨维桢任主评裁，写下了《聚桂文集序》。其中写道：“嘉禾濮君乐闲，为聚桂文会于家塾，东南之士以文卷赴其会者，凡五百余人，所取三十人……”

作为“以文会友”的一种特殊交流形式，文人雅集为个体或者群体创作营造了特定情境，有力促进了诗文与书画等作品生产，成就了中国文化历史上诸多名垂千古的佳作。话说到了六百多年后，在今日之濮院，“聚桂文会”这场雅集名称，演变成了一项梅泾古镇的“文学品牌”而兴盛之至。

四、全球化视野里的乌镇

1. 漫说乌青

作家茅盾在散文《可爱的故乡》中这样描述乌镇：“我的家乡乌镇，历史悠久，春秋时，吴曾在此屯兵以防越，故名乌戍，何以名‘乌’，说法不一，唐朝咸通年间改称乌镇。”

语儿桥，陈滢摄

诚如茅盾所言，“乌”之起源，版本较多。地方文献上说：“越王诸子争君长海上，分封于此，遂为乌余氏，故曰乌墩。”还有一则唯美传说，唐元和年间，因镇海节度使李琦起兵叛乱，朝廷派湖州镇将乌赞前往讨伐，结果乌将军战死沙场，副将吴起将他与战马葬于车溪西岸，并就近植一棵银杏作为标识，而后古镇就随了乌姓。譬如用中华民族的开端女娲补天、精卫填海、后羿射日等神话诠释，乌将军战叛将的故事，更大程度是一则彰显古镇人文历史的传奇，虽然五代吴越王钱镠曾为传说中的乌将军建庙，使乌赞成了乌镇的土地神而备受后世祭祀，就连苍劲挺拔、生机勃勃的银杏树也成了乌镇精神的一种象征。

银杏树旁的那条车溪古河，从春秋时期就汩汩流来，南北贯通全镇，并将其一分为二。车溪河的西边叫乌镇，东边叫青镇。两镇夹溪相望，虽东西二分，但实质是为一体。大家习惯叫它“乌青镇”，并统称为“乌镇”。这也是此镇的不同凡响之处。

公元前221年，秦始皇统一中国，改分封制为郡县制。乌镇以车溪为界，东属由拳县，西属乌程县。历代志书皆言，乌程县乃因当地有善于酿酒的乌巾和程林两个家族而得名。以擅酿的匠人名字组成县名，大概在中国绝无仅有。乌程酒有一番美名，酒香飘散之际，连“诗仙”李白也曾慕名而来。“樽有乌程酒，劝君千万寿”，这是唐代“诗鬼”李贺写给乌程酒的；清康熙朝的《明史》编修总裁官、宜兴文人明代徐乾学为之写的诗句是：“春来醅发乌程酒，雨过香生顾渚茶”。

宋朝是乌青二镇的历史繁荣期，商贸发达，坊巷林立。镇里设有监镇、酒务、税务等国家机构，并已形成水上集市，以蚕桑发达和商贸兴盛著称。宋时乌镇属于两浙路，元朝时属于江浙行省，与苏州、湖州、嘉兴都在同一省级区划之内。到了明朝，中国省级区划大调整，使乌镇一下子成为两省交界之地，同时也是三府六县（清代雍正以后为七县）的交界，地理位置从此变得特殊，商贸上更为繁荣，明朝也因此成为乌镇的重要转折期。

中国是世界上最早植桑养蚕的国家，其历史最早可以追溯到新石器时期，早在殷商，采桑就已是一件既重要又日常的农事活动。乌镇的丝织业始于唐代。明清时期，市场商贾会集，是嘉兴府的原丝贸易中心。当时的朝廷对桑蚕业很重视，农民种桑养蚕是仅次于种植水稻的产业，几乎达到家家种桑，户户养蚕的程度，“尺寸之堤，必树之桑”。因此，镇上除了丝行林立，还有众多贩卖新鲜桑叶的叶行，东西南北四栅都有。每年一到育蚕期，买卖双方就乘船到镇上的叶行进行交易。叶行上市通宵达旦，采叶船只封满河港，乌镇因此成为嘉湖一带远近闻名的桑叶集散中心。围绕着蚕桑叶交易和流通，商旅和小贩来往日繁，一些附属行业，比如典当、饮食、农副产品买卖等也随之兴旺发达起来。

乌镇之水，皆来自天目山，流经苕、霅二溪贯穿境域，为这座浙北古镇的商业繁荣提供了水上的交通便利。车溪是市河，自南而北地流淌在乌、青两镇之间，并分别与东市河、西市河垂直而交。南、北、东、西四条大街，沿河伸展，形成了颇具特色的“十”字布局。乌、青二镇依水而建，因水而兴，车溪一水中分，形成“双子”并峙的独特格局。

这种“双子”并列、“十”字布局的地域结构在南宋时期就已经形成，千百年间未曾有过大的变化。由市河相交的中心朝东西南北四端延伸，俗称“四栅”。镇人习惯将由栅门通向市中心的街区称为“栅头”。四栅之内，便是乌镇人的生活区域，茶肆酒楼，烟店肉铺，勾栏瓦肆，应有尽有，素为江南富庶之地。宋室南渡后，中原士大夫偏爱此地风物形胜，往来便捷，多寓居此地，可谓是四方宾客，聚集一镇。各地商船，南来北往，货物运输日见繁忙，商业贸易规模不断扩大；市面上是分外热闹，镇区的范围也随之拓展，其规模已非桐乡等县城可比拟，甚至与湖州府也难分伯仲，茅盾在散文《可爱的故乡》里这么描写故乡的气势：

> 清朝在乌镇设驻防同知，俗名“二府”，同知衙门有东西辕门，大堂上一副对联是“屏藩两浙，控制三吴”，宛然是两江总督衙门的气派。

在民国期间，乌青二镇仍各有分属。乌镇属湖州府乌程县，青镇属嘉兴府桐乡县，直至中华人民共和国成立后的1950年5月，乌、青二镇才合二为一，并称“乌镇”，隶属嘉兴桐乡县。

乌镇风光，汉歌文化供图

2. 追随茅盾游乌镇

20世纪80年代初，茅盾专门为故乡乌镇写了首《西江月》，其中有两句叫“唐代银杏宛在，昭明书室依稀”。茅盾念念不忘的那棵银杏老树，古朴苍劲而又粗壮，而今依然矢志不移地“生活”在乌镇市河西岸剧场的北面，看上去还是那么意气风发，已经成为当下乌镇“鲜活”的形象代言树，至2023年，已有一千三百二十五年树龄。而原本的主角“乌将军庙”早已荡然无存，成了真正的江湖传说。

昭明书室，其实可以看作乌镇的文化内核，那是南朝梁昭明太子萧统曾经读书的地方，遗址依稀可寻。昭明太子之所以会到乌镇来读书，源于他的太子少傅沈约。作为南朝史学家和文学家，沈约可谓是博通群书，因此被梁武帝看中，赐其教太子读书。沈约的父亲曾任淮南太守，病故后就葬于乌镇，所以每逢清明，时任尚书令兼太子少傅的沈约都要来乌镇扫墓。后来干脆带太子萧统同来，以便施教。两人先是寄居于密印寺，后又在市河东侧兴德桥边的幽静处辟园筑馆，好让昭明太子安心读书。后来沈约因将父迁葬于金陵，便将书馆捐舍为寺院。今观后街上的乌镇国税所所在地，就是几经演变的寺院——密印寺旧址，可以依稀认作昭明太子读书处。

万历四十二年（1614），时任乌镇同知的全廷训出于对萧统才学的敬仰，在十景塘畔的白莲寺前建起一座石坊，题额“六朝遗胜”，并请里人沈士茂题书“梁昭明太子同沈尚书读书处”。此石坊今犹在，只是从原址搬移到了西栅新建的昭明书院门前。

读书人大概都知道萧统是南朝文学家，他组织编选的《昭明文选》是中国现存最早的一部诗文总集，收录自周代至六朝梁共七八百年间一百三十多位作者的诗文七百余篇，并把我国先秦两汉以来文史哲不分的现象做了梳理和区分。因为昭明太子“实开两镇文运之始”，所以乌镇人奉他为“伽蓝”，尊为文星，为之造庙祭祀，无比虔诚地将他视为古镇的殊荣。

密印寺建于梁天监年间。乌镇还有一座同期建造的寺庙在唐朝长庆年间形成了气势，发展成楼殿三十多间、僧人千余的大寺院，叫“普静寺”，后经明、清两朝不断修缮，成了香火旺盛的江南巨刹。

乌镇另一颗光芒四射的“文星”，就是自观前街沈家的沈德鸿，曾饶有兴致地描述过普静寺的“香市”，那真是一段很好的乌镇“文旅”广告：

> “清明”过后，我们镇上照例有所谓“香市”，首尾大约半月。
>
> 赶“香市”的群众，主要是农民。“香市”的地点，在社庙。从前农村还是“桃源”的时候，这“香市”就是农民的“狂欢节”。……
>
> 于是“香市”中主要的节目无非是“吃”和“玩”。临时的茶棚，戏法场，弄缸弄甏，走绳索，三上吊的武技班，老虎，矮子，提线戏，髦儿戏，西洋镜，——将社庙前五六十亩地的大广场挤得满满的。

在今日乌镇，香市活动依然很热闹。在春暖花开的日子里，可持续一月有余，不但保留了蚕仙巡游、蚕花庙会和踏白船等传统民俗文化活动，还推出了嘉年华演出、踏青游春、雅集打卡等一系列新节目。开幕式那天，四乡八里的乌镇蚕农会聚在西栅景区“蚕圣亭”，开启堂门，点烛上香，古镇庙会由此拉开序幕。

乌镇香市，其实就是指蚕花会期间的庙会活动。对于蚕农来说，祭祀蚕神、祈祷丰收是一年中的头等大事，必须喧闹欢腾方可，所以茅盾称香市为“农民的‘狂欢节’”。用现代眼光看，“香市”其实就是“文化搭台，经济唱戏”结出的成果。

乌镇地域文化的逐渐兴盛，主要在宋室南渡之后。由于地处浙北水运的交通枢纽，很多跟随宋皇室而来江南的士大夫慧眼识珠，选择在此构筑园林宅第。著名政治家与诗人陈与义就是落户乌镇的经典案例。他二十四岁便入仕途，随驾来临安之后，先是做兵部员外郎，又在绍兴三年（1133）改任吏部侍郎，随后就长期旅居在乌镇。官绅望族在乌镇扎根落户，大都聚族而居，而且纷纷建起读书楼，使乌镇逐渐成为远近闻名的文化中心。

如果说南朝时期的昭明书院是乌镇的一份重要的历史文化遗产，那么在清同治四年出现的立志书院，则象征着千年古镇终于开启了现代文明的旅程。

明末清初著名的理学家张杨园，是个以布衣之身从祀孔庙、尊享后世香火的乌镇人，他为人间留下了一句影响深远的治学格言：“大凡为学尤须立志。”立志书院之名正起源于这句格言。

书院的前身是名震嘉湖两府的分水书院，因院址在乌镇北栅分水墩西侧而得名，由镇绅沈启震、严大烈等捐建，咸丰年间毁于战乱。几年后，严辰向朝廷倡议重建书院，被允后在观前街上的那幢被查封的原太平军武官宅邸的基础上扩建而成。光绪二十八年，立志书院改名为“国民初等男学”，1904年至1907年，茅盾本人就在此校读书，接受启蒙教育。

乌镇名曰镇，实际上更像一座古城。这里的老街旧坊、幽深巷弄甚至民居商铺，都值得一探究竟。纵观乌镇的坊街巷弄，结构与布局相当完整。坊隶于镇，巷又隶于坊，格局早在明代就已成形。乌镇有五坊，有俗称“南社界”、自南栅西街的南新桥至安利桥的常春坊，俗称“北社界”的仁里坊和俗称“西社界”的通雪坊等。青镇有两坊，分别叫宁秀坊和熙和坊。据民国时期的《乌青镇志》记载，乌青二镇共有巷弄七十九条，而且不少小巷古弄被妥善地保留了下来，成了古镇的景观特色之一。比如桃花巷，每逢清明，乡人到普静寺烧香时都会泊舟于此，所以有“烧香港”之称。明万历三年（1575），同知刘治将其开辟为大街，所以当时的乌镇人都把它叫作“官弄”。南宋沈平写的《乌青记》中所说的“北瓦子巷、妓馆、戏剧上紧之处”，其地点就在官弄，可见南宋时期，乌镇巷弄之间的“瓦子”（也称“勾栏”和“瓦舍”）甚为繁荣，不愧近在京畿。瓦子里玩闹的项目大都与临安相差无几，有相扑、影戏、杂剧、傀儡、踢弄等表演在瓦子里轮番上演。有了这样的底子，到了明代中叶，昆曲一度在乌镇非常盛行。旧的庙台上唱“新流行”的昆曲，最合时宜，有的甚至搭“草台”演，以追随流行趋势。到了民国时期，镇里有国乐、大华两座戏院，还有万福园、益中和沧州等评弹书场，可见古镇上的文化积淀超越一般古县城。往深层次里看，也许正是因为乌镇拥有如此丰厚的人文积淀，才可能使这块风水宝地人才辈出，各领风骚。

茅盾写有一部小说《林家铺子》，就是以乌镇为背景的文学作品。现实生活里的林家铺子，在东栅观前街兴华桥堍，茅盾的故居就在它的对面，所以民国时期的乌镇社会的浮世绘，茅盾是亲眼所见；“大鱼吃小鱼，小鱼吃虾米”这种民国商业生态链，他耳闻目睹。

时至今日，位于东栅中市观前街17号的茅盾故居成了乌镇的旅行景观点，全国重点文物保护单位。那是一幢木质结构的晚清风格民居，青砖黛瓦，颇为雅致。茅盾自1896年7月4日出生，到1909年从植材小学毕业，整个童年都在此度过。

茅盾的祖上原本是乌镇近乡的农民，后来迁到镇上做小买卖。清光绪十一年（1885），茅盾的曾祖父沈焕创业有成，分两次购买了这所临街两进四开间的宅第。光绪二十三年（1897），沈焕告老还乡，茅盾作为沈家第四代正好呱呱坠地。

茅盾幼年时，老屋楼下临街的两街，东首是过道，为出入的正门所在，西边则是家塾，秀才出身的祖父沈恩培担任先生。楼下第二进是客堂和厨房，前后都有一个小石板天井，出身农家的祖母，就曾在客堂里养蚕，在厨房后面的小天井里喂猪，这些耳濡目染的童年经历，后来成了他创作《春蚕》等作品的素材。

3. 吃码头的滋味

当沈德鸿在上海埋首写小说时，他的故乡乌青二镇正以适者生存的能量与实力，赢得了一个既显江湖地位却又不失市井烟火味的封号——“吃码头”。

当时的青镇上有两家名馆子，叫“九江楼”和“裕牲馆”。前者的“当家花旦”是腐花汤，用极嫩的水豆腐加虾子烹制，味道非常鲜美；还有个“青衣名角”叫首肉，即蒸出来的猪头肉。传说绕梁三尺的肉香，能飘过车溪河，倾倒对岸的乌镇人。后来九江楼又得一宝，是个叫张宝宜的大厨，他因自由恋爱不被家族老人所容而逃婚到青镇，结果他的拿手绝活“荷叶粉蒸肉”打出了名声。说起这道异地他乡“移居”来的佳肴，当地老人无不哈喇子横流——往事如烟，唯有美食难忘。

裕牲馆是典型的徽菜馆，靠鳝丝、虾仁和各式小锅落汤面出名。尤其讲究汤，用鸡肉、猪肉、猪骨以及鳝骨吊。除了供应酒食，两家知名馆子都愿意放下身段兼卖各种浇头小面，专门针对那些出街的农民——若卖了货物，也喜欢一头扎进这等奢豪的地方，最不济也要来碗高汤面，抑或还可以添几两黄酒，吃到脸庞红扑扑，然后晃晃悠悠地坐船回乡。

街面上，每百步之内总有三四家正宗馆子。那些酱油店也临街摆出个酒柜台就把吃酒生意做了。酒柜上只提供土烧和黄酒，用挂在酒瓮上的竹提子打，一提四两左右，叫作“一开”。佐酒小碟有炒黄豆、油炸花生、开洋豆腐干等，高级点的酱油店，还供应首肉和酥鱼。

在酱油店里喝酒的，多半是来赶市集的农民汉子。家庭都不富裕，却经不住酒虫折腾，就想抿几口，小日子里积累的疲与乏，全靠几口杀劲的土烧消解。不过，乌镇人很不待见这等酒鬼，叫这种人“掼掉货”，意思与北京的骂人话“废物点心”差不多。所以，本地人一般不敢这么喝，被街坊邻里看见，那是很没有面子的事。但乌镇毕竟是“吃码头”，具有极大的包容性，少不了这等“掼掉货”。在量入为出的拘谨生活和花钱买醉的享乐之间，潜藏着一种纠缠不清的张力，乌镇“吃码头”的名声与魅力也正是在这种市井生活细节的推波助澜之下，与日俱增。

本地人不被“掼掉”，但早点铺总还是要光顾的。在民国期间，中市应家桥堍南北，和观前街、北花桥堍菜场附近，是早食最兴的地方。乌镇人最爱的是团子、软糕和肉饺，再搭一碗咸豆浆或者馄饨，这样的早点才显得很“乌镇”。

早食浪头一过，各种茶馆马上接着开铺“唱戏”。民国期间，镇上茶馆有几十家，且有“街庄”和“乡庄”之分。“街庄”者，集中在闹市，规模大，牌匾也典雅，比如应家桥堍的访卢阁、观前街的天韵楼和北花桥的三益楼。楼阁之内，宽敞舒适，高档气派。茶品也讲究，除了祁门、乌龙、龙井等，还有乌镇人在年节里的待客珍品，也是当地特色茶——熏豆茶。主料是熏青豆，辅料有桂花、炒芝麻、橙皮等，用上等的龙井沏，喝起来还夹杂着一股清爽的咸味。茶食都是嘉湖细点，其中的定胜糕是乌镇名点。

相形之下，“乡庄”只能称店。沿河而设，遍布在四栅之内。店内设施往往简陋，几张旧式八仙桌，配几张长条凳，即可上茶纳客。大开壶就放在火炉上，咝咝咝地冒热气，如此接地气的营生，自有不少拥趸。据说泡茶的水，是用吊桶汲取市河里的隔夜水。先七八缸储满，再加明矾净化。等到翌日清晨，车溪河水就会变得清冽可口，用来泡茶正当其时。

“乡庄”一般只做早、午二市。早市来得猛，远乡近村来赶集的农民一入栅头，有的先进茶馆，一边喝茶一边灵市面。也有习惯先赶完早集再来吃茶的。午市基本上属于“慢半拍”的本地老人，午餐过后，小寐片刻，然后再到“乡庄”喝茶打牌，或者说大头天话，扯扯《山海经》。乌镇人把这种慵懒的喝茶状态叫作“孵茶馆”，一“孵”一下午。

“街庄”的下午茶，属于地方士绅、商店老板和外地客商，也最能代表民国乌镇人的生活调性。茅盾描述他的祖父，每天上午，“或到本地绅士和富商常去的访卢阁饮茶，或到西园听拍曲”。

较之吃茶，乌镇的酒俗更为源远流长。唐朝起即设有酒正税官，宋室南渡使乌镇成了帝都后花园后，有大批士大夫选择居住于此，宴饮之风也随之弥漫开来。到了明代，乌镇出过一款很有名的三白酒，因深受明太祖朱元璋青睐而被选为朝廷贡酒。所谓“三白”，指用本地的白米、白面和白水酿制。另有一款用本地黑糯米酿造的乌酒，乌紫泛亮，甘醇诱人，也很有地方特色。据明清的史料统计，当时乌镇的经济地位已经大大超过了管辖它的乌程和桐乡两县的县治所在地，所以镇上出现二三十家酒坊很正常。

乌镇人在吃喝方面真有一套，所以叫它“辣乌镇”并不为过。所谓“辣乌镇，臭南浔”，两座几乎同等量级的江南古镇，就这样在民间俚语的传播中，串在了一起。其实乌镇菜系的特色是“鲜”，找不出以“辣”唱主角的菜，只是里人尤善借辣发挥，擅长用辣酱来调味，比如吃臭豆腐、吃馄饨或者下面条，都要用辣酱。与那些嗜辣如命的赣湘川地的居民相比，乌镇人只不过是知辣善用，并非无辣不欢。也正是因为他们既爱辣又爱酱，所以才会催生出一道独特的“网红”菜品——辣火酱，用肉丁、豆干丁和蔬菜丁（茭白丁或毛豆子）等三丁加酱炒，片刻即成。上海有道“八宝辣酱”是名菜，有人评论说那不过是乌镇“辣火酱”的升级版，仅因加了虾仁而争取到了上宴席的机会。管它哪种酱，按乌镇人的说法，只要“还吃得落饭，就呒拨事体”。在周而复始的岁月里，混在“吃码头”，只要能吃上用“辣火酱”提点的粗茶淡饭，那么再劳苦艰辛的日子，也都能过出自己的希望和从容。

“吃码头”的叫法，盛行于20世纪二三十年代。不过到了“万物互联”的21世纪，乌镇这座“吃码头”更是口大吃八方，尤其在乌镇成了世界互联网大会永久会址后，“吃码头”变得法力无边，一种名曰“乌镇饭局”的特殊宴席成了媒体聚焦点。

4. 乌镇启示录

乌镇曾因水路的兴起而日趋繁荣，成为江南水乡巨镇，又因公路建设的推进而走向衰退。虽然在20世纪90年代初，乌镇被评为“浙江省历史文化名城”，其古镇价值不容小觑，可是荣誉的背后却深藏隐忧，那时的乌镇实质上已经日渐凋敝与破败，常住人口还不到一万，满街是萧条颓废的景象。

1999年春节的大年初一，镇上意外地起了一场大火。正是这场大火成为乌镇命运的拐点，因为它将一个叫陈向宏的乌镇人引回了故乡。当时已是乌镇党委书记的陈向宏决定与另外七名同事成立旅游公司，筹备乌镇古镇保护与旅游开发。当时的创业资金仅仅两百万元。

面对乌镇的未来规划，陈向宏可谓百感交集。乌镇毕竟是一座拥有一千三百年历史的古镇，曾经何其辉煌，在鼎盛时期，镇上人口就有十万之众，相当于同时期的欧洲中等城市。然而，令人尴尬的现实却是，在古镇保护与开发方面，乌镇较之周庄晚规划了十年，比同属嘉兴的西塘古镇也晚了五年，默默无闻，濒临消亡。

为了破冰，陈向宏及其团队为乌镇规划开出了三服药。第一服是创新药。要将乌镇打造成一座能被市场认可的江南古镇，那就必须创新，要创新就要做透市场调研。在乌镇镇政府的大力支持下，陈向宏带着他的规划团队差不多用了五个月的时间，在仔细研究了中国几乎所有的江南古镇后，发现一个秘密或者说真相：在长达二十年的时间里，被陆续不断地打造出来的江南古镇几乎全都是文化工程，很少用商业思路去营造。然而，纵观中国近代史，这些江南古镇在萌生之初，几乎千篇一律的都是商业开埠，而后因商业发达而声名鹊起，造成今天的结果。究其根本，没有商业就没有江南古镇。正是在这样的调研结果和现实境况面前，在小心求证之后，陈向宏决定大胆实践，很快就提出了关于创新的四大要诀——战略创新、管理创新、

运河水上集市，金炳仁摄

雾起西栅，金炳仁摄

品牌创新、引领模式创新。

乌镇有东南西北四条街以及市中心，陈向宏团队决定先动两条街——东栅和西栅，并分步实施保护规划，探索自己的创新性保护方式。2000年10月，申报世界文化遗产联合国考察组四十人到乌镇考察，对乌镇提出的“修旧如故、以存其真”的保护方式给予高度评价，特评专家阿兰·马兰诺斯誉之为古镇保护的“乌镇模式”。2001年，一期东栅景区正式对外开放，并获得了成功。

第二服药叫作“出圈”，借影视赋能。2000年1月，台湾纵横影视公司拟出品一部描述诗人徐志摩情感纠葛为主线的言情剧《人间四月天》，乌镇东栅景区是最为重要的拍摄地。

乌镇东栅和西栅原本就各具特色。西栅以原汁原味的水乡风貌，及其千年积淀的文化底蕴而跃升为江南古镇的佼佼者，是个5A级景区。昭明书院、水阁和公埠石碑等诸多景点都位于西栅。东栅则生活气息浓郁，手工作坊和传统商铺各具特色，古朴而热闹。剧集的热播，第一次将乌镇做了一次全方位的传播，是乌镇历史上的第一个影视赋能文旅的案例。三年后，演员黄磊自编自导的《似水年华》又一次选择乌镇作为故事背景地，结果剧集火了。好风凭借力，送我步青云，跨界传播策略取得成功，乌镇顺利出圈。

第三服药，叫“故事化”。没有故事的江南古镇是空洞而乏味的，必然缺乏吸引力。于是陈向宏把酒作坊、蓝印花布作坊等搬到乌镇。故事化背后的理念是，旅行不只是为了看建筑，看古迹，在古镇上的古街古巷古桥，都要有自己的故事、传奇和场景。故事化推进的策略同样非常成功，很多古镇竞相效仿，开始内挖自身的人文故事，以吸引游客。

如果说做东栅还是迫于生存，到了西栅开发阶段，陈向宏及其团队就变得从容淡定、游刃有余起来。但又面临两个选择：一是克隆东栅，继续做“老街＋作坊”模式，这个方法最简单；第二条道路是，选择彻底颠覆性的创新。众所周知，乌镇选择了前者。而且，在跨界出圈的道路上狂飙突进，走得更远。这时候的乌镇，已经将“创新、出圈与故事化”这三大策略熔于一炉，试图“以拥有1300年历史的乌镇为舞台，共邀全球戏剧爱好者和生活梦想家来到美丽的乌镇体验心灵的狂欢”，即时地演绎乌镇新故事，乌镇国际戏剧节应运而生。

乌镇戏剧节，起手就是大开大阖的阵势。2013年5月9日，乌镇向全世界推出了第一届乌镇戏剧节。以乌镇大剧院为核心，汇集西栅历史街区的古戏台、沈家厅剧场、秀水廊东小剧场、秀水廊西小剧场、西大街户外剧场以及西栅水剧场在内的多家剧场，上演几十台不同剧目。此外，戏剧节前后还穿插举办了各类文化活动，作为戏剧节的内容延伸，增加戏剧节的丰富性。当时，美国戏剧家丽莎·泰勒这样评价“乌镇戏剧节”：“世界上没有任何一个戏剧节可以像乌镇戏剧节一样，结合自身独一无二的自然与人文环境，不遗余力地推动东、西方文化的交流。”

如果说乌镇戏剧节是乌镇文旅的一条经线，那么世界互联网大会恰似与之结网而连的纬线。经纬之间，牵动的是全球的IT产业和世界戏剧舞台。而正是两条经纬线，编织出了乌镇独具魅力的全球化格局，尤其是乌镇被政府确定为永久性世界互联网大会会址之后，乌镇就如同著名的法国小镇戛纳，因成了戛纳电影节的永久会址一样而因此具有了世界属性。这是乌镇尝到国际化戏剧文旅融合之后的再一次发力，也是出圈跨界、科技赋能的典型案例。

乌镇是中国古镇文化保护案例中的成功典范。乌镇成功之后，陈向宏及其团队开始运作“乌镇价值溢出”，并在北京密云的古北水镇再一次大刀阔斧。2017年底，陈向宏团队完成了章丘明水古城项目的策划，试图打造一座“江北乌镇”。同样在浙江嘉兴，盐官古镇已经开始全面的保护性开发改建，将成为乌镇文旅价值溢出的又一个经典案例，是“乌镇模式”在嘉兴古镇的迭代升级。

五、石门湾里缘缘情

离开南湖，沿着运河杭州塘，行船南下，过濮院镇，会有一个120度的拐角，——这个拐弯处所辐射出来的地域，便是春秋战国时期，吴越两国的分界之

乌镇大剧院，汉歌文化供图

古吴越界碑，徐建荣摄

地。公元前498年，在吴越边境上，因为两国交战不休，双方便在此垒石为门，筑起疆界。

清光绪年的《桐乡县志》记载："春秋时吴越争霸，两国以此接壤，越勾践垒石为门，以为屏蔽，吴亦筑城于其地，以拒越兵，洵险要之地，以称石门。"

当时的石门遗迹早已荡然无存，但运河西岸边竖起的那块"古吴越疆界"碑却在向今人提示，这里就是古战场，不远处至今尚存的那条"垒石弄"，便是吴越争霸所仅剩的历史遗存。

垒石弄就是吴越两国的分界线，地处运河边，目前的石门镇中央，南北走向且长不过百米，宽仅3尺。垒石弄的两旁，有房屋相对，居民们开门即见，可隔空对语，甚至促膝谈心，尽管分属水火不容的吴越两大军事阵营。

尽管石门镇是在冷兵器时代的军事对垒中发展求存，但是石门天赋条件却相当不错，土地肥沃，气候温润，孕育出了丰富的物产，古往今来商贾趋之若鹜，云集于此，市镇因此繁荣昌盛。但又因镇城扼浙北运河中段，地处要冲，历来为兵家必争之地，每遇战乱又必受其祸。所以历史上的石门镇可谓屡衰屡兴，兴而又败，败而又兴。

隋朝大业六年开凿大运河，贯通南北之后，运河流经石门时因为拐了个弯，故而石门又被称为"玉湾"或者"湾里"。

自唐代起，开始在石门境域设置水陆驿站，统称"石门驿"。据史籍介绍，当时的驿站有驿船三十条，船户三百个；驿马五十二匹，马户四百九十六个。单纯从驿站的船只与马匹的数量，大致也可推测出石门驿船来船往的繁荣，甚至还可能想象出快马加鞭的某种驿站节奏，到处是一派欣欣向荣的景象。然而到了唐肃宗上元元年（760），石门的命运再次显现出跌宕起伏的一面。河南商丘刺史刘展乘"安史之乱"谋反，引兵攻打江淮，战火一直烧到石门，使城镇遭到了一次前所未有的重创。北宋末年，金兵又来侵犯，热闹的沈店桥至通市桥一带再次惨遭破坏，在迫不得已的情况下，石门又一次走向衰落。

宋室南迁之后，石门恢复了元气。这得益于南宋建都临安，使石门镇因地缘优势成为京畿近地，部分扈驾官员在此建房定居，为古镇注进了勃勃生机。时任监石门酒务、朱熹的得意门生黄榦写过一首诗记录了当时的情形：“吴越天下富，京畿游侠乡。陇亩尽膏腴，第宅皆侯王。”

1. 石门是个好地方

石门地处京畿，不仅王侯迁来居住，连皇帝都会选择来此度假、歇脚。在绍兴年间，宋高宗赵构的车驾就经常往返于石门。为方便其住宿歇息，石门驿被改为行幄殿，即皇家行宫，作为高宗驻跸之所。

石门最繁华的地段是寺弄，这与接待寺有关。这个沿用至今的名称，来自一位封王的宋室宗亲。据说，此王爷眼睁睁看着大宋只剩半壁江山，既伤心又无可奈何，只好告别“今上”，弃绝尘世，在石门出家为僧，法号慧梵。王爷在普慈寺修佛，这是一所唐代的寺院，在石门以北七里路的地方。既然有九千岁王爷在此，那么不管上任官或者卸任官，无论品级，但凡往来路过，文官须落轿，武将要下马，要弃舟步行前往普慈寺晋见那位昔日的王爷、眼下的佛陀。但心若菩提的慧梵却非常讨厌这种早已被他弃如敝屣的官场法则。为了维护佛门清静，也为免除晋见官员步行七里之劳顿，慧梵法师就在石门湾建了座寺院，院内建头三门、哼吟二门、戏台和大佛殿，另建客房与会客厅，传命往来官员只要将自己名帖投于寺院即可离去。这座寺院实质上就成了慧梵设在石门湾专门接待各路官员的准官方机构，故名接待寺，后来也成了很有名望的寺院。

接待寺位于石门湾北岸市镇的中心，山门紧靠运河，进出门靠一条甬道，两边是广场。慧梵圆寂后，寺院接待往来官员的职能也随之消失，明清时改建为关帝庙，每当庙会节日，常有名伶登台，远近数十里乡民也都赶来烧香看戏。后来寺前甬道两侧开了很多商肆，最后演变成一条相当开阔的大街，也是石门湾最热闹的商贾云集之地，石门人就把这条街叫作“寺弄”。几经战乱，寺庙和戏台早已荡然无存，但接待寺和寺弄作为地名却一直沿用至今。

运河的那个120度大弯处，是石门湾的商贸中心聚集地。从空中俯瞰，就像一

鸟瞰石门湾，汉歌文化供图

只躺着的聚宝盆，所以大家叫它“元宝湾”，石门湾因此成了风水宝地。当时，大明开国皇帝朱元璋自认为，因为家乡风水好才使他登基当上皇帝。如果还有风水更好的地方，天上星宿下凡，就会抢走他的龙椅。所以当他得知石门的元宝湾后，立即派出那位上知天文、下识地理的军师刘伯温去破坏石门的风水。这与秦始皇南巡至嘉兴地域，改长水为由拳，让方士断当地龙气如出一辙。

皇帝的需求至高无上，刘伯温只有俯首听命。他发现元宝湾以北几十步，另有一条水清流急的小河，汇聚了西溪、北溪两路活水，穿越石门，经九曲港流入白马塘，可通太湖。于是就命人在运河拐弯处挖了一条小河，与北面的小河连通，使石门湾成了漏底元宝，聚宝盆也就无法聚财了。

聪明的石门人为了保住风水，巧妙地在小河出口处筑起一座桥，名曰“堰桥”。“堰”是挡水的堤坝，正好用它来补救风水。同时又在“大元宝”的两头建了“东皋桥”和“南皋桥”，控制住了风水的流失。那条小河浜，就是现在的堰桥浜。石门湾两头的桥，都是单孔石拱桥，高矗于运河之上。桥栏上立有石狮，气势恢宏。

双桥之间，停满大大小小的商船，运河边店铺林立，热闹非凡。历代文人写过很多诗词描述当时的盛况，清李西铭的《双桥晚泊》最为经典：“扁舟向晚泊，缆系柳月中。一棹春波绿，双桥夕照红。人家依断岸，商舶趁长风。遥睇鸳鸯水，苍茫烟树东。”

因石门地理位置优越，在明代，镇郊的蚕桑、油料、棉麻等经济作物发展迅猛，促进了当地商业和手工业的繁荣。明万历《崇德县志》卷七载：“镇饶米菽丝纩，商贾辐辏浮于邑，镇可数千家。”另据明贺灿然《石门镇彰宪亭碑记》载，镇域内仅油坊就有二十家，雇佣八百余人，俨然已成繁荣富庶、景物宜人的江南工商业重镇，一直延续到清代。古镇的繁华也得到了清朝皇帝青睐，于是将行宫大营建在了石门镇的洪济桥西侧，也就是现石门丝厂的旧址。这个占地54亩的大营帐内，既有起居宫，也有御书房和军机房，可供乾隆帝南巡驻跸之用。因此，乾隆六居石门。

清乾隆二十二年（1757），乾隆皇帝第二次下江南，再次夜宿石门行宫。当地的县官欲投乾隆雅好，特别邀请桐乡画家金廷标献上了一幅《白描罗汉图》。此图甚合皇上心意，龙颜大悦的结果是，当乾隆从杭州返回京城时，还专门来了一趟石门，把画家带上了龙船。金廷标从此成了桐乡历史上绝无仅有的宫廷画师。那幅至今珍藏于北京故宫博物院的《瞎子说唱图》是金廷标的代表画作之一，画的是瞽目先生在老树下说唱、村翁里妇扶携倾听的情形，生动地描绘了石门风情。

金廷标死后，乾隆心有不舍，每赏其画作都不免感慨，有诗这样写："足称世画无双画，可惜斯人作古人"。自命"古稀天子"的乾隆却对一名宫廷画师如此眷顾，极为难得，也算为桐乡石门留下一段佳话。

乾隆四十五年（1780），皇帝第五次下江南，仍驻跸石门。桐乡藏书家兼诗人金德舆进献了一份艺术作品，那是他搜集了一系列关于石门的风土人情以及风俗故事之后，请毗邻石门的崇德县画家方兰坻（方薰）绘制了一百幅风情画，并请专人题诗，汇编成一部比较应景的《太平欢乐图》进献，皇上龙心大悦，御赐"文绮"二字给金德舆，赐补刑部奉天司主事。这本《太平欢乐图》后来成了记载江南民俗的宝贵史料而备受专家学者的重视。

在乾隆皇帝下江南的传说里，不但充满了风雅故事，也有不少接地气的逸事。民间传说乾隆皇帝单迷路就有二百多次，当然每次都迷途知返，并都要御赐邂逅的美酒美食，凡经乾隆钦点，那款美酒或者美食从此扬名立万。当这位经常"被迷路"的乾隆皇帝乘坐龙船经过石门湾时，迎面飘来一股扑鼻幽香，船越往南开，香味越浓。乾隆即令停船靠岸，独自循香而去，终于在桂花树下找到了幽香之源——原来是一坛刚开封的桂花酒，干脆坐下开怀畅饮，结果又醉而忘归——他老人家又迷路了。皇帝饮酒的地方，就叫"桂花村"。显然这是一段乡野稗史，不像与文人之间的互动那般有据可查，但是桂花村却是有"出典"的。传说中的桂花村，其实就是现在石门镇天星村的姚家埭，村里还植有一株年逾百年的桂花树，那是村民姚春元的曾祖父在清光绪年间所栽。而今的桂花树已高过10米，覆盖面积已达100多平方米，盛时可年产桂花300多斤。在姚家埭，目前树龄在二十年以上的桂花树有八十多棵，其他桂树和桂苗近万棵，种植桂花的历史和规模在全国实属罕见，是名驰江南，名副其实的桂花村。面对如此扑鼻的花香，令人神清气爽的古村落，难怪漫画家丰子恺要在1939年写成的散文《辞缘缘堂》里留下这样的感慨："走了五省，经过大小百数十个码头，才知道我的故乡石门湾，真是一个好地方。"

2. 情系缘缘堂

石门人习惯用四个"一"来形容与概括自己的故乡：一粒千年、一步吴越、一舟京杭、一笔人生。四个"一"，实际上就是石门镇的四大IP。其中，"一笔人生"里的"人生"，正是漫画家丰子恺的精彩人生。他是中国现代漫画的鼻祖，被赞誉为"现代中国最像艺术家的艺术家"。石门镇是丰子恺的故乡，生于斯，长于斯，最终，他的艺术成就也与这座"垒石为门"的先秦故地水乳交融，成为一体，而今已是石门最为重要的文化标识。

尽管历代有很多文人在石门镇留下过一些笔墨，但对石门镇着墨最多的、用心最深的，还是要数丰子恺。他的童年，他的情感，以及他的艺术与灵魂，几乎全部凝聚在了这座运河古镇里。"我的故乡石门湾，是运河打弯的地方，又是春秋时候越国造石门的地方，故名石门湾。运河里面还有条支流，叫作'后河'。我家就在后河旁边。沿着运河都是商店，整天骚闹……"说起故乡与童年，丰子恺如此娓娓道来。京杭大运河在石门形成120度的大弯折向东北，有一条棉纱弄（即梅纱弄），棉纱弄里的那幢坐北朝南的宅院，便是丰子恺的故居"缘缘堂"。对于这个最早的家，他怀有一份特殊的感情。

丰子恺的祖上在镇上开染坊为生，可是在丰子恺九岁那年，他父亲因病逝世，只留下那间染坊店及薄田数亩，还抛下了一大群嗷嗷待哺的子女。顿时，家庭的生活重担全都压在丰子恺母亲身上。丰子恺有六个姐姐，一个妹妹，在家排行第七。一个大家庭住在祖传老屋里，风雨飘摇，难以为继，一家之主的母亲十分希望能建一座新房子，好让一家人有个平和顺遂的日常生活。可是这个希望一直难以实现，这让家里唯一的男丁，又孝心十足的丰子恺十分自责。而等他有能力建造缘缘堂时，慈母已经仙逝。若干年后丰子恺造的缘缘堂落成，为了表示对母亲的思念与歉意，他将母亲大人的遗像端端正正地悬挂在厅堂中间，仿佛她依然活在人间，可以享受缘缘堂里的天伦之乐。

缘缘堂不豪华，但雅洁幽静。三开间门面，上下分层，高大宽敞，一家子人居住绰绰有余。画家丰子恺就在这里创作，在这里体验岁月轮回。对于这幢构筑于故乡，以“缘”的叠字来命名的家居，他曾充满自豪地说：“倘秦始皇拿阿房宫同我交换，石季伦愿把金谷园来和我对调，我绝不同意。”

“缘缘堂”名称的由来，与他的恩师李叔同有关。民国十五年，已出家成为弘一法师的李叔同到上海参加立达学园的揭牌仪式，他的得意门生丰子恺正是这所新办学校的创始人之一。

丰子恺在《告缘缘堂在天之灵》中回忆道：“我同弘一法师住在江湾永义里的租房子里，有一天我在小方纸上写许多我所喜欢而可以互相搭配的文字，团成许多小纸球，撒在释迦牟尼画像前的供桌上，拿两次阄，拿起来的都是‘缘’字，就给你命名曰‘缘缘堂’……到了中华民国廿二年春，我方才给你赋形，在我的故乡石门湾的梅纱弄里，吾家老屋的后面，建造高楼三楹，于是你就堕地。弘一法师所写的横额太小，我另请马一浮先生为你题名。”

他之所以对缘缘堂如此告白，那是因为这所房子已于1937年1月，被侵华日军的飞机和炮火摧毁。2月，流亡在江西萍乡的丰子恺获此噩耗后，愤而提笔，写下了一系列以“缘缘堂”命名的文章，以告慰缘缘堂“在天之灵”，同时怒斥日本鬼子惨无人道的侵略行径。缘缘堂不仅是丰子恺的现实家园，更是他的精神领地。他不仅几次撰文描述缘缘堂，还将自己的文章一再以“缘缘堂”的名义结集出版，一切尽在缘和缘，显然余缘未了。

抗日战争胜利后，丰子恺还曾回故乡凭吊缘缘堂遗址。三十多年后的1975年清明，他重游故乡石门镇时，再一次专程去故地凭吊一个漫画艺术家曾经的心灵栖息地。桐乡县人民政府同样十分重视丰子恺的缘缘堂，最终在1984年，在原址按原貌重新修建了丰子恺故居缘缘堂。

虽然丰子恺本人已经无缘亲眼看见缘缘堂的凤凰涅槃，但是足可告慰他在天之灵，让他得以欣慰的是，他本人所留下的那些宝贵的文化艺术遗产，也如拔地而起的缘缘堂一样，血浓于水一般永恒地融进了石门古镇，成了一份尤为难得的艺术瑰宝而永续长存。

在丰子恺的作品中，无论是散文或是漫画，随处可见石门的身影和踪迹。在他的散文《阿庆》中，石门的形象是这样的："我的故乡石门湾虽然是一个人口不满一万的小镇，但是附近村落甚多，每日上午，农民出街做买卖，非常热闹，两条大街上肩摩踵接，推一步走一步，真是一个商贾辐辏的市场。"到了散文《癞六伯》里，出现了一个"孑然一身、自耕自食、自得其乐的"癞六伯。六伯先到街上做"生意"，也就是卖东西，到9点多钟，就坐在对河的汤裕和酒店门前的饭桌上吃酒。接着，这个吃了酒的漫画人物就站在后河边的木场桥顶上骂人，"皇帝万万岁，小人日日醉"之类的骂人话，他能反复地骂到十来分钟……丰子恺用形象生动的笔触，细致入微地描绘了石门镇当时的市井风貌，不仅具有丰富的艺术价值，而且还具有深厚的史料价值。

丰子恺不仅在文学上很有建树，在绘画艺术和书法等诸多方面均有突出成就，先后出版的文学著作、画集、书法、美术和音乐理论著作等共达一百六十部以上。他的漫画作品大多以儿童为题材，通常反映社会现象，幽默风趣，自成风格，被录入民国时期的小学课本，以"曲高和众"的艺术主张和"小中能见大，弦外有余音"的艺术特色备受世人青睐。

丰子恺主张艺术要大众化、现实化，呼吁中国画的画家们走出古代社会。林语堂先生向丰子恺约稿时曾说："你的画可名为人生漫画。"于是，林语堂创办的《宇宙风》从第一期开始连载丰子恺的"人生漫画"，每期一题，由四幅构成，从新婚夫妇、旅客，到商人、医生，画笔触及人生的方方面面，既幽默又发人深思。丰子恺把艺术注意力转向周围的日常事务和寻常百姓，这使他的漫画真正受到了大众的喜爱。有位读者对他的作品解读得非常到位："人生若如丰子恺，生活处处皆可爱"。 那些鸡毛蒜皮、琐碎烦事，在他眼里都成了可爱的趣事。在他的笔下，凳脚怕脏，要给它穿鞋；孩子的涂鸦，猫咪也会来欣赏。凡此种种，妙趣横生。难怪巴金、朱光潜、泰戈尔等大师，甚至是街边卖馄饨的摊贩，都非常喜欢这位慈祥

丰子恺缘缘堂，徐建荣摄

老人。

丰子恺以真诚平易的热情将艺术融入寻常生活中，情趣丰盈，内蕴精粹。他在遵循传统诗画观以水墨线条为本质的前提下，融会西方的速写与中国的诗意化，涉笔成趣，形成了既有写实性又有抒情性的绘画风格。他早年多取材现实生活见闻，带有“温情的讽刺”，后期常作古诗新画，尤其喜爱取材儿童题材，勾画出人情世态，意境隽永含蓄而耐人寻味。丰子恺的作品兼有温馨敦厚之中和精神与宁静致远之诗意境界，体现了他深厚的文化修养和独特的人格魅力。

漫步丰子恺笔下的石门，沿老街且走且停，还没到缘缘堂，就感到妙趣横生。这儿的街道不宽，河水缓缓地流着，屋檐下坐着晒太阳的老人，一只花猫趴在门槛上打盹。

经过一座桥，桥上画着漫画。经过一扇窗，窗里竟也种满了鲜花。经过一棵树，树影婆娑，令人遐想。

在堰桥路靠河边的石栏杆上，刻有许多丰子恺的漫画。其中有一幅《香稻》，画面上是茅屋的一角，屋后有一棵大树，茅屋的窗口内，一张天真的小脸，眼睛正盯着一张斜放在那儿的无孔竹编簸箕，簸箕上一根细绳一头引到屋内，簸箕下面洒满了稻谷，几只贪食的小鸟正在簸箕底下觅食。一幅多么生动的儿童捕鸟图，栩栩如生，充满了童趣，引人驻足观赏。

沿运河边，一路走去，全是丰子恺的漫画:《春江水暖鸭先知》《鹬蚌相亲》《和气致祥》，比比皆是，使人目不暇接。

只有慢慢地体验，才能悟出千年古镇石门的味道。

3. 杭白菊不姓杭

2018年的秋天，那是个丰收的季节。在石门镇白马塘村的万里菊海中，锣鼓喧天，四方菊农、市民齐聚在一起庆丰收。临时搭建的舞台背景板上，“爱农业，享丰收——石门湾里把菊采”几个大字显眼夺目，这里正在举办石门镇首届“中国农民丰收节”。可以说是稻谷满仓、瓜果飘香，为什么石门会选择以“杭白菊”作为庆祝首届“中国农民丰收节”活动的主题呢？

杭白菊，又名甘菊、白菊花等，是甘菊中的佳品，有很高的药用价值，还有延年益寿的功效。李时珍《本草纲目》记载：“菊能利五脉，调四肢，治头风热补。”还记载一段神话：“神仙传言，康风子、朱孺之皆以服菊成仙。”可见杭白菊的功效。杭白菊还可代茶饮用，其色香味不亚于龙井茶。经常饮用，能增强毛细血管抵抗力，起到抗炎强身的作用。

杭白菊在桐乡地区人工栽培和商品生产，已有四百年左右历史，确切记载始见于明末清初桐乡籍农学家张履祥所著《补农书》，书中记载：“甘菊性甘温，久服最有益。古人春食苗，夏食叶，秋食英，冬食根，有以也。”

桐乡在1999年被命名为“中国杭白菊之乡”，杭白菊的主要产地就在石门镇，目前已具有“缘缘”“三百年留香”等诸多优质品牌，不光打响了石门杭白菊产业的名声，也帮助周边菊农增收，逐渐形成一条较为完整的产业链。

可是，明明产自桐乡石门镇的白菊花为什么会套上“杭白菊”的大名呢？而且在李时珍《本草纲目》“菊”的条目中，有“节华、日精、更生、傅延年、金蕊”等各种别称，就是没有“杭白菊”这项称谓。

“杭白菊，冬苗、春叶、夏蕊、秋花，倍受日月之精华，四时之灵气。常饮菊花茶，能散风清热，平肝明目，解毒消炎，耐老延年。”——这是杭白菊早期出口南洋时包装上的介绍文字，一直以来杭白菊都受到了广泛的赞誉。杭白菊由多年生草本植物鲜白菊蒸煮晾干而成，一向与龙井茶齐名。它经沸水冲泡后，水呈浅绿色，清香四溢，古时曾作贡品。

杭白菊具有花瓣洁白如玉、花蕊黄如纯金的特色，人们还给了它一个美丽称谓——“千叶玉玲珑”。杭白菊一直是浙江桐乡的特产，却非产自杭州，那为什么叫“杭白菊”呢？原来“杭白菊”称谓的来历，竟与一则徽帮茶商与南洋老板斗智的传说有关。

早在20世纪20年代，桐乡的白菊花就以其色、香、味、形“四绝”，成为饮用

菊农蒸菊忙，徐建荣摄

菊花之佳品，被当时的一位安徽茶商汪裕泰转手销往新加坡等南洋国家。而负责从农民手中收购白菊花并进行加工包装的是桐乡本地的菊花经销商朱金伦。菊花是一种极易霉变和虫蛀的物品，在当时的技术条件下，包装储存是个难题。朱金伦把菊花用牛皮纸手工封包，每一市斤一包，并按茶商汪裕泰的吩咐，贴上商标和使用说明。然后，拿来一只只肚子大，口子小的甏，先放在炭火上烤一烤，驱赶掉甏里的潮气，再把一包包菊花一层一层地放进甏里，每层之间放上一些包裹好的生石灰，用于吸潮，最后密封甏口。

于是桐乡产的白菊花，千里迢迢，漂洋过海。南洋商人梁老板收到了徽帮茶商汪裕泰发出的第一批桐乡菊花，仔细验收。一打开甏的封口，菊花的阵阵清香飘逸而出。一看包装，方方正正，干干燥燥。只见每个封包上都贴着一张绿色的招贴纸，“蝴蝶牌杭白菊”几个字跃然纸上，下面是一段介绍产品的文字，商家落款是“杭州西湖金伦茶菊庄”。有趣的是在落款下面还有一段引人注目的文字：“本庄不惜巨大工本，在西子湖畔购地数千亩，聘请工匠，精心栽培，所产茶菊，非同一般，欲买正宗杭白菊，请认准蝴蝶牌商标。”梁老板一脸惊喜，忙打开封包，撮了几朵菊花，放进茶杯，沏上开水。只见朵朵菊花在水中竞相开放，花瓣层层叠叠，花色洁白晶莹，花香清馨扑鼻。梁老板不禁拍手叫绝：“怪不得被称为‘千叶玉玲珑’。”

有这么好的货，还怕打不开销路？杭白菊在南洋的需求量日增，精明的梁老板心里打起了小算盘。既然知道杭白菊产于西子湖畔，何不甩掉汪裕泰这个中间商，直接去杭州找金伦茶菊庄，这样一来，获利不是更丰厚了吗？于是，他带了几个伙计，来到杭州，四处打听金伦茶菊庄。可寻遍了西子湖畔，竟然丝毫不见杭白菊踪影。无奈之下，只得悻悻而归。

原来，徽帮茶商汪裕泰熟谙商界竞争之道，与南洋梁老板在茶叶生意上曾打过数年交道，知道梁老板是个贪心十足的人，与其交往，必须处处设防。于是就虚晃一枪，把白菊花的产地说成是“杭州西子湖畔”。在当时交通不便、信息不灵的环境下，汪裕泰的“张冠李戴”之计，还确实起了很好的自我保护作用，使梁老板“过河拆桥”的念头化为泡影。然而，桐乡特产白菊花，却从此冠以“杭”字而扬名海内外。

2002年6月12日，原国家质检总局批准对“杭白菊”实施原产地域产品保护。2012年，桐乡的杭白菊传统加工技艺被列入第四批浙江省非物质文化遗产名录，作为中国国家地理标志产品，杭白菊自然也就成了桐乡传统特色的优势农产品之一而广受欢迎。

4. 丝路画语

在石门镇东北两公里处的运河畔，有一处更为久远的历史遗存，它就是新石器时代遗迹——罗家角。经碳十四测定，此遗址已距今七千余年。考古工作者在发掘中，发现了石器、陶器、木器、骨器等生活器物外，还发现了稻谷和建筑木结构等日常生活痕迹，说明这里的先民曾在此种植水稻，营建房屋，繁衍生息，从而开创了光辉灿烂的古代文明。

“一粒千年”，指的就是水稻种植历史。走近罗家角遗址，原始风貌依旧，两块稻田至今还在种植水稻。可见石门地区种植水稻的历史源远流长。

石门镇位于桐乡市中部，为长江三角洲冲积平原，处在古代沼泽地的边缘，土壤母质为江、海、湖沉积物，土地肥沃，加上气候温和、日照充足、雨量充沛，无霜期较长。自古以来，这里出产的水稻品质优良。

在马家浜文化早中期的罗家角遗址中，首次发现有籼稻、粳稻两个品种。而大量与稻谷相关的痕迹，更证明了当时就已经确立了以栽培水稻为大宗的农业经济。以种植为主的农耕文化也延续至今。

石门除了水稻种植外，栽桑养蚕的历史也非常悠久。据史料记载，早在四千七百多年前的新石器时代就有原始的缫丝织绸技术。到了唐代，石门的丝绸产品已经作为进京的贡品，南宋时期，栽桑养蚕缫丝织绸已非常盛行。明万历《崇德县志》载：“语溪无间塘上下，地必植桑，富者等侯封，培壅茂美，不必以亩计；贫者数弓之宅地小隙必栽，沃若连属，蚕月无不育之家”，“民间纺绸花绸绫罗纱帛，织者轮困，贸者辐凑（辏），机杼可谓勤矣”。可见当时本地栽桑养蚕缫丝织绸已十分兴盛。石

罗家角遗址，王仪摄

门也因桑苗、桑叶、丝绸产品的交易及缫丝织绸手工业的发展而成为大镇。清乾隆南巡时，船过石门时也曾感叹道："夹岸桑树数十里，果然蚕事此邦多"。

清朝咸丰年间，战事蔓延至石门，蚕桑业遭到了严重的破坏。直至同治、光绪年间，因国际市场需丝量激增，茧价上涨，石门的蚕桑生产又得以发展。到了清末，石门的细丝已进入国际市场。民国十四年至十八年（1925—1929）蚕桑生产进入了短暂的鼎盛时期。后因日寇侵犯，蚕桑业再一次走入低谷。直至新中国成立，栽桑养蚕、缫丝织绸才得以顺利发展，作为世界级非遗的蚕桑丝织技艺才得以传承。

如何延续农耕文化，发展新时代中国特色社会主义新农业，对石门来说，是挑战，也是机遇。

2022年3月10日，石门镇东池村养蚕人家小蚕共育基地上，热闹非凡，头戴蓝印花布的巧手蚕娘，从四面八方赶来，参加石门镇举办的首届蚕桑丝织技艺大赛，赛场上设置的比赛项目非常接地气，全是平时养蚕人必须掌握的生产技能。开场是剥丝绵比赛，参赛蚕娘个个精神抖擞，纷纷拿出看家绝活。大赛则通过剥丝绵用时、丝绵形态、蚕蛹残上留程度等多项标准，进行综合评比。大赛还设置了江南茧画体验区和打蚕笼体验区。江南茧画是带着浓郁的江南风情与水乡韵味的工艺美术品，很受市场欢迎。"打蚕笼"是一项蚕桑农事中的传统技艺，用麦秸和稻草手工编织而成，制作过程需要几人分工合作，制成后放进地铺，用作蚕宝宝上山结茧的地方。大家在体验过程中，感受着传统蚕桑文化的魅力。

大赛传承蚕桑丝织技艺，促进了桑蚕业的持续发展。为打造生态农业，走共同富裕之路，石门镇借桐乡农业经济开发区落户石门的东风，建成了一条美丽乡村精品线——"子恺路"，也叫"果菊飘香子恺路"，北接"水乡寻梦研学路"，西连"蚕花胜境河山路"，是"拾梦江南"精品线的"田园绿心"。该线路以"农文旅"融合为打造思路，农业上突出"一村一品""七村七色"，文化上突显丰子恺笔下的乡愁。

如何让乡村文化活起来，将文化建设与乡村的建设巧妙地结合在一起，有着两千五百年历史的石门墅丰村沈家墩，做了大胆有益的尝试，他们将丰子恺艺术元素植入村庄的生态建设。

走近沈家墩，首先映入眼帘的一座徽式门楼，上面“子恺漫画村”几个大字非常醒目。步入村内，沿着整洁的乡间小径，绿树、池塘、风车相得益彰。粉墙黛瓦的民居，错落有致。墙上、路边，随处可见充满趣味的子恺漫画。蓝印花布和用杭白菊染的满地黄花布迎风飘动。此情此景，让人陶醉。

沈家墩因文化变得灵动，也悄然变身一个充满诗意的栖居地。子恺漫画村主打子恺文化IP，处处显现子恺文化元素。同时，配套建起了子恺染坊、振华书院、子恺画校等文化场馆，并结合当地原住民的生活生产，建起子恺餐厅、子恺漫屋、甜品店等生活业态，将一个活态的创意文化村落呈现在世人面前。

工作、生活、文化设施的齐全，也吸引了一批文化工作者来此创业。丰子恺先生的外孙宋雪君将丰艺工作室从石门镇中心小学搬到这里，定期来这里创作，还办起了美术培训班，教学生作画；国家级工艺美术大师单秀梅也在漫画村设立了工作室，在她的展厅内，丰子恺漫画中的人物通过绣塑布偶精彩重现，配上江南特色的蓝印花布，一针一线被勾勒得惟妙惟肖；一些年轻创客也回归故里，在村里成立了的“吾辈拾艺”工作室，创作了不少精彩的文创产品。

春丽桥、陆家庄、殷家漾、民丰、白马塘等村落，通过一条七彩慢行线串联起千亩菊海和万亩果园。七彩线路呈“C”形，重点打造了墅丰村（子恺漫画村）和周墅塘村（国际蘑菇村），建设稻香春丽桥村、果香殷家漾、菊香白马塘三大节点，运用开放、数字、运营的理念，突出石门湾的精品农业、科技农业，积极打造美丽农业和美丽乡村产村融合的聚集区，让其成为乡村文化和乡村旅游美美与共的示范带。

六、崇文尚武古麻溪

跻身于嘉兴运河古镇群，大麻镇绝对是特立独行者。在大部分历史阶段，大麻隶属湖州，在德清县境内。直到1949年5月，浙江解放，大麻才迎来了一次颠覆性的身份突变。新成立的浙江省人民政府对下辖的相关行政区域进行调整，将湖州的海卸、湘漾、大麻三个乡划归崇德县。大麻从此进入了嘉兴的地理版图。1956年，保持了五年的三乡建制再一次变化，三乡合一，大麻乡“吞并”了比邻而居的两个乡镇。1985年，大麻撤乡建镇，直至今日。

1.《麻姑仙坛记》

大麻建镇很晚，但得名甚早，最早可推至四千多年前，在浙北广袤的大地上就曾出现过的防风王国，遗址就在德清县下渚湖的二都村，那里是大麻的“老家”。

从各种史料里，能查找到大麻的成长历程，“大麻”这个名称与麻姑炼丹台有关。镇南有清池漾，漾之中，有麻姑者在此筑台炼丹，所以那条横贯镇南北的主要河流被叫作“麻溪”。

可“大”字来源于何处？与麻溪的发源及其流向有关。麻溪是苕溪的余脉，苕溪又是从天目山发源而来，其支脉流至镇北的海卸，再经百富村小麻里，流向镇区，穿越南星桥，往南流出近十里，直至海宁境内，这就是麻溪的生命线。运河贯通以后，麻溪便被运河一切两段。塘北的麻溪，因河道窄小而称“小麻溪”，而今已废。塘南的麻溪，河道宽阔，从运河口至海宁这段就叫“大麻溪”，溪边有大麻村。可见“大麻”最后的定名，是大运河催生的结果。

那个俗称“麻姑墩”的地方，位于镇北清池漾，实则是个土墩。在传说中，这块貌不惊人的土墩却氤氲着一股仙气。因为麻姑仙子曾翩然飞来采撷灵芝，筑台炼丹，最后就在这仙雾缭绕的土墩上得道成仙。旧时曾有块石碑，上书“麻姑炼丹台”，以纪念这方圣地。神奇的传说终使“麻姑炼丹台”成了引以为傲的人文景观。据民国时期的地方志记载，麻姑墩面积很大，终年浮出水面两米左右。土墩之上，草木丰茂，只是后来逐渐萎缩，并沉到了水底，只留下“大麻”之名传承了下来。

这个镇名因与“罂粟”系同义，在许多正规场合乃至官方文件上常被列为敏感词。比如用镇名“大麻”申请公众号就无法通过注册，不过办法总比问题多，用“大美麻溪”取而代之，效果反而更好。

在古时，大麻还有个更雅致的美称，叫“麻墩初雪”。麻墩初雪，雪雨霏霏。面对如此雅境，江南文人纷纷题之咏之，为之倾倒。

唐代书法家颜真卿曾写过《麻姑仙坛记》，可惜那是他游历江西麻姑山的结果。比此文更为风行后世的，是风格端庄雄伟、具有庙堂气的书法《麻姑仙坛记》，这是古往今来学习唐楷的临帖圭臬。

尽管麻姑山是东南道教圣地，名气比“麻姑墩”大得多，但是两者间仍有共通之处，都是麻姑得道的地方。麻姑，实际上是个道教人物，又称“寿仙娘娘”，是中国民间信仰的女神。道教神仙里的长寿之神中，男性神是鼎鼎大名的彭祖，而女性神就是麻姑。也许故事是这样的，麻姑在抚州山上设仙坛，得道后上天向王母娘娘献寿，这就是民间传说中的“麻姑献寿”。下凡后，麻姑便到麻溪畔的土墩上设台炼丹，撒米成丹，赐福人间。一手献桃，一手撒米，这就是麻姑的经典形象。

2. 崇文之地

宋室南迁，搅动了当时的整个中国大地，成了大宋王朝的一条历史分水岭。南北分野，南宋临安宫殿成了国之“行在”，在原有州治的基础上扩建而成，位置在临安城南端，范围从凤凰山东麓至万松岭以南，东至中河南段，南至梵天寺以北。从此，皇族贵胄聚集到了临安凤凰山脚这片皇城根下，嘉兴府和湖州府则成了京畿重地。而隶属于湖州府德清县的一座古镇，也迎来了自己的一条分水岭——从此之后，它开始拥有可流传百世的文字资料——这座古镇就是今日桐乡县的大麻镇。

宋韵桐乡，无处不在，长话短说，这里只说一个文化奇迹。宋元时期，作为征税凭证，各地政府都编有户籍册，但这些纸质资料能够流传至今，简直不可思议。桐乡地区的宋元户籍，至今存世的，只有一份，那就是大麻的户籍册，这份档案今藏上海图书馆，这是桐乡乃至整个嘉兴地区反映宋代户籍的唯一的原始文件。

南宋时期的大麻，尚未开通运河，却反倒成了世外桃源，有很多士大夫移居于此，其中最著名的人物叫王琮。王琮本是钱塘人，北宋末年的进士。南宋时期迁居永丰（今大麻镇永丰、黎明、吉字浜），官至两浙转运副使，相当于省府的第二号人物。其子王允功，也是进士出身。父子同为进士，开大麻文运之先。

大麻镇在历史上是个文人辈出之地，单单明朝，就出了六个进士，“大麻”这两个字就是明清时期的科举高频词，一代大儒王阳明幼时都随父在此读过书。那个年代的两大“高速公路”——大运河和驿道，为往来苏州、杭州这两大江南名胜地的必经之路。

王阳明跟随他父亲王华到大麻的时候，还是个十几岁的孩子。那是明成化十二年（1476），父子两人从杭州运河码头乘船而来。王华被徐庄的徐家聘去，教家族公子读书，而他自己的儿子王阳明随后也留在大麻湘漾读书。

徐庄系明代地名，范围在今湘漾村、西南村一带。徐氏为当地原住民。南宋末，徐俊为国子监太学生，因愤于权相贾似道误国，联合同窗好友接连三次上书朝廷，乞斩贾似道，震惊朝野，宋亡后退隐大麻故里，以遗民自居，元世祖屡召而不起。死后，门人称其为“安节先生”。

徐家是湖州望族，赫赫有名。据载曾造了一次房子，结果“居室土木之盛甲郡”。徐家多金多官，尤其在明朝，文运昌盛，人才辈出，家族出现了大量的兄弟进士、叔侄翰林和父子举人，地方志上记载有四五十人之多。所以在大麻的坊间都说徐家是“三斗三升之芝麻官”。

聘请王华来徐庄施教的是徐九龄，成化二十三年（1487）进士，曾修《明实录宪宗实录》，他不仅聘了王华，还聘了黄玺、王纶等名家来教授大麻子弟。时人赞他是“于赫有徐，著于江东”。徐九思在成化元年（1465）乡试夺魁，次年中进士，官拜工部郎中，做到通政使，归故里后曾组织“归田乐会”，诗酒唱还，极盛一时。徐养浩是万历十七年（1589）进士，性耿介，善诗文，在江西袁州任职时，曾重修清源书院，造福一方。

清代中期后，徐氏衰微，郁氏兴起。郁氏系南宋时由萧山湘湖一带的郁家山迁入的，因怀念故里而将新居旁的大漾称作“湘漾”，郁氏聚居之地渐称“湘漾里”。清末至民国，郁氏子弟或从政，或从商，或从事地方文教，长期左右地方政治，炙手可热，称雄一时，代表性人物有郁怀英、郁宏泉、郁敬翔等。

3. 谁人不识金子久

在大麻镇的历史上，与徐家同样声名显赫的还有金家，其中的佼佼者便是金子久，清末民国时期的名中医，杭嘉湖一带家喻户晓的人物。

民国四年（1915）春天，大麻名医金子久将自己的“问松堂”诊所开到了上海。同年冬天，北洋政府突然电召金子久进京，求诊者是那位想复辟帝制的袁世凯。金子久得知消息后，不愿前去，就想方设法拖延时间，直到对方患尿毒症不治而亡。

不过五年以后，金子久为袁世凯幕僚、安徽督军倪嗣冲治过病，为他前后开出二十九张方子，这些方子全部被保留下来。这源于当时的《上海新闻报》专门为金子久开了个专栏，每天连载他在皖督府内为倪嗣冲诊断的脉案，这种形式既像小说连载，又像后世流行的“现场直播”，当然更考验了他的医术，这也足以说明作为清末十大名医之一的金子久名气很大。

金子久生于1870年，名有恒，以字“子久”行世。自南宋以来，金家世代行医。他祖籍杭州，世代居清河坊，后迁居大麻镇。父亲金芝石，精通儿科，也兼治内科。金子久继承家学，很小就背诵《医学三字经》——“医之始，本岐黄，灵枢作，素问详……”也很早就随父应诊，1915年在沪南慈善会施诊时，已医名大噪。

在清末民初的嘉兴府，金子久是声名远播的一块金字招牌。他的问松堂，无论是在大麻，还是开在大上海，都大受欢迎，经常人满为患。古人曾说“有井水处，皆能歌柳词”，于金子久所处的时代来看，似乎可说是“江南水乡，皆知金子久”。

无论是治病救人还是积德行善，金子久秉承的是中国医家悬壶济世的传统。当年问松堂刚开到上海，浙江督军朱瑞就想聘他为督军署一等军医顾问，主要为自己看病方便，却被金子久婉拒，而他更愿意到沪南慈善会去义诊，为慈善事业服务。传说金子久对待达官贵人非常“斤斤计较”。凡请他出诊，需先付定金，而且诊费须按日付清。不过对待寻常百姓，他反而表现出医者仁心的一面，不带半点苛刻。他可以不收贫困乡民的诊费，甚至甘愿为其承担药费。他出生在临平，成长于大麻，故而此两地的贫民前来问诊，更是关爱有加，还经常主动上门为其诊病。他病重卧床时，乃令弟子代劳，出门为乡亲问诊。

毕竟是在中医史上开门派的人物，他开创了中医史上知名的“金氏医派”，他的弟子遍及数省，一生所收的弟子，据记载，有一二百人之多，如民国裘庆元所言：“大麻金子久先辈，名驰江浙，门子弟百数十辈，治病如折狱，断诊老练，用药轻灵，所谓合江浙时宜之法也。”

4. 尚武之镇

在元代末年，浙江路临海诗人陈基在畅游梅里后，写了一首诗，就叫《大麻》。其中“地利本宜农，民风乃尚武”两句显得很特别，因为它揭示了当时在大麻相当炽烈的尚武之风。地处鱼米之乡，土地肥沃，本宜农桑，可乡民们却尤尚武术。究其内在原因，应该与大麻独特的地理环境有关。

大麻镇素有“三府四县之交”的说法。南宋时期，大麻属湖州德清县，西南为临安府（杭州）的仁和县、盐官县，东面毗邻嘉兴府的崇德县，是唯一的地接杭嘉湖三府，又处四县之交的古镇，被叫成杭嘉湖的“肚脐眼”。而且又因地处大运河沿岸直通苏杭，所以历史上屡遭兵燹。元末苗兵入境，明末倭寇骚扰，清咸丰年间被太平军占据，抗战期间遭日寇暴虐。再则，因为地处卑湿，湖荡密布，易于藏污纳垢。周围的水乡芦荡，是明末的海盗最喜欢盘踞的地方，即使官兵前来剿杀也屡屡受挫，最终因扫荡乏力而无所收获。尤其当年抵御蒙古人的入侵，是造就大麻镇民风尚武的客观外因。

大麻镇是一座傍水而筑的城镇，元军曾经从运河乘船南下，以骁勇善战著称的杨完哲亲率上万苗兵前来攻打。杨完哲是个苗人，也是元朝末年杭嘉一带非常重要的政治人物。元至正十六年（1356）七月，起义军领袖张士诚的弟弟张士德攻陷杭州。杨完哲闻讯，直接从嘉兴兵分三路，直扑杭州。此役元军大获全胜，收复了杭州。第二年正月，杨完哲以苗兵万人进攻大麻。当时大麻人尚在过春节，一场猝不及防的、镇史上最大的战争突然爆发。此事在《海宁州安民碑》上有记载：“正月，总戎完哲杨公以苗兵万余克大麻”。

用一万人的部队攻克大麻，照当时的形势，大麻应该是张士诚的一个重要军事据点。进入湖州地区的苗兵极为凶残，对来不及逃亡的百姓割鼻去耳，很难见到一个完整的人。有个复姓宇文的诗人路过战火中的大麻，曾写下一首诗，可惜此诗失传。有个叫鲁渊的，按照宇文的诗韵又写了一首，记载了当时大麻被侵的惨状，其中有两句叫“鼓角城边农尚战，干戈村落妇还嗟”。惨遭此劫后，大麻流传起一个习俗，就是清明节门前要插柳，据传说当年就是插柳为号，暗中串联共同抗元。大麻人在清明节要吃螺蛳，吃完螺蛳要将螺蛳壳抛到屋顶，这也是一种防卫手段，以螺蛳壳砸击房顶发出的声响，作为元兵入侵的信号。虽然说起来有几分天方夜谭，但这正说明崇文尚武的大麻人时刻警惕敌人来犯、保卫乡土的意识。

明天启七年（1627），尚武之风甚炽的大麻终于出了个人物，武举人徐梦郭，这似乎也标志着大麻发展到了文昌武盛的阶段。大明数百年，纵观整个德清县，有史记载的武举人唯有大麻徐梦郭。后来，徐梦郭在易州做守备，明代在总兵之下设守备，驻守城哨，地位次于游击将军。易州在北方，境内有条河叫易水，荆轲正是在易水边吟唱着“风萧萧兮易水寒，壮士一去兮不复还”，然后去咸阳刺秦。徐梦郭在易州也成了壮士，从此再也没有重回千里之外的故乡大麻。

在武举人前后，大麻还出过三名武贡生，一个是千户，另外两个百户。还有个非常有名的武师凌毛头，是百富村人，精于拳术。咸丰九年（1859），太平军进驻大麻，他带领乡人办团练自卫，只是最终惜败。

太平军被曾国藩的湘军平定后，大麻又恢复了平静。只是运河两岸田园荒芜，迁移进来了大量的外籍客，本地人与外来客之间经常产生矛盾，引发了此起彼伏的械斗，导致大麻习武之风更盛。为了自卫，镇上富户的做法是，不惜重金聘请拳师传授武艺，蛇拳就是在这样背景下传入了大麻的百富村和湘漾村，并迅速发扬光大。蛇拳是胡姓德清人在嘉庆年间模仿蛇形而创立，传入大麻后，习蛇拳者数以千计。

大麻民众习武自卫之风延续到后来，演变成了清明迎会之俗，称“吴王庙会”。庙会上举行习武大演习，主要有举大纛旗、舞方天戟和舞大刀三种。这些武术活动作为“大麻武术”的一部分，已经被浙江省和嘉兴市列入非物质文化遗产保护名录，使大麻这座尚武之镇拥有了非常优质的非遗文化传承内容，而尚武之风作为大麻人的一种独特的生活方式，也势必被发扬光大。

5. 花家漾口，十里海卸

大麻海卸村，位于大运河与苕溪的交汇处。由于水系不同，两大水流交融合流时，就在水面形成一个太极图样，当地人就把这里称为“花家漾口”。

花家漾口水质好，比重大，是办缫丝厂的理想场所。民国十四年，湖州弘生昌绸庄的老板钮少连看中了这个漾口，准备在这里办厂。钮老板与他的两个兄弟在湖州的丝绸庄，生意兴旺，而且在上海也有批发业务，并在苏杭两地都设有办事处。为了收购到质地优良的蚕丝并降低丝绸厂成本，钮老板专门来大麻、永秀一带寻找开丝厂的地址。一路寻来，当他来到花家漾口时，发现自己梦寐以求的优质水源找到了。这一带桑园、村庄星罗棋布，是购进白厂丝蚕茧原材料和招收工人的理想地。

由于资金不足，钮家兄弟又找来了三个股东，六人合伙在海卸村花港漾购置了30亩土地，并于1927年建成苕溪丝厂，他们先从意大利购进缫丝车一百六十八台，四年后再增九十六台；1933年，又从日本进口缫丝车一百二十台。此时苕溪丝厂有男女工上千人，年产量五百担。1935年，再添最新式的日本回转式坐缫丝车一百六十部，并在嘉兴和湖州等地分设了十多个收茧站，而且打出了自己的招牌，除了供应自己的绸厂外，产品还远销美、英、法、印度，以及东南亚诸国。

湖州商人钮少连在大麻投资兴办苕溪丝厂，是浙北地区最早的现代化缫丝企业之一，这可以看作是大麻家纺的产业肇始。

大麻人不仅崇文尚武，而且还很会做生意。从宋元以来，大麻的经济就已迅猛发展，它的底蕴很厚实。运河穿镇而过，促成它逐步发展成为富庶湖州的一个重要集镇。而今，大麻人充分利用了与杭州接壤的地理优势，以及京杭运河与320国道的交通优势，又将大麻变成了商贸繁华之地。

因“布”而名，因“布”而兴，大麻人的致富焦点就在“家纺”。大麻镇的现代家纺产业，兴起于20世纪80年代初，而且一直以来就是镇上的支柱产业。经过四十余年的发展，已经形成了织造、印染、半成品、成品等门类齐全的全产业链布局，门市遍布河北、成都、广东等地区。完全可以说，大麻的家纺产品，已经走出去了，而且是销往世界各地，这也使大麻成了国内著名的“家纺三角地带”。

大麻人运用家坊产业开疆拓土，在财富激增的同时，美丽乡村建设也在同步实施。以前大麻镇几乎没有多少乡村景致可供外来游人欣赏。大麻镇政府在余杭、海宁、德清三地接壤处着力打造的海华村，成为大麻镇美丽乡村建设的代表。海华村的成功揭示了一条真理，当今的美丽乡村建设，不仅要抓好产业升级，也要让乡民走上共同富裕之路，奏响了生态发展之歌，绿水青山就是金山银山。

海华村这个地域，古称“海泻”，后又称“海卸”，因海水倒灌而得名，也就是钮老板及其兄弟合资办莒溪丝厂的花家漾口所在村落。有当地文人戏仿南宋爱国将领岳飞在《满江红》里的诗句，曾经这样总结海华村多姿多彩的样貌：“三千亩水域秀和美，八百年乡村云和海”。

大麻号称是桐乡的锅底，地势低，漾荡多。换个视角看，这里也是个“美食的锅底”，丰富的海鲜水产使大麻的美食因鲜活而精彩，且自成体系，它的名菜鱼宴球最能传达大麻美食的滋味。

同样叫宴球，同为嘉兴的地方名菜，可大麻镇的做法与长安镇的做法却有不同之处，大麻的宴球不滚肉皮屑，它的独到之处就是先将鲢鱼去骨去皮，加火腿和冬笋，放入大罐内腌制一日后，再捏出的宴球更白嫩，吃起来更滑口。大麻宴球在各类宴席上都是主角，无它不成标配。

此外，大麻还有两款各具特色的美食。其一是腌白菜，用当地产的长梗白菜加上腌料腌制而成，汁多味鲜，有通利五脏、舒脾和开胃之功效，跻身大麻传统名菜行列，也是《周礼》中所说的“菁菹”。其二是雪糕。大麻的雪糕跟冷饮一点关系都没有，而是一种糕点，用糯米粉和肉馅制成，是大麻镇随处可见的早点，也是大麻镇宴席上最后一道特色点心。

大麻人还有清明夜吃螺蛳的风俗。吃完螺蛳抛屋顶，还说是发出抗击元兵的“信号弹”。更多当地人认为，此习俗的沿袭，是因为螺蛳壳能除“瓦蛆”。江南暖湿，每到农历五月都要出“黄梅”，那时空气特别潮湿，屋顶瓦片下的苇草中会孳生一种叫瓦蛆的毛虫。螺蛳壳抛上去，等于给那些无家可归的“毛虫们”送去了“蜗居”。搬进新家，还能吸食其中油腻的美食，不亦乐乎。可惜，这是智慧的大麻人布设下的温柔的陷阱，一旦钻进去，就再也出不来了，直到一命呜呼。

倘若有机会来大麻走走，可以先赶个早市，吃一碗有汤有水的大麻宴球，然后再点块雪糕。中餐时分，别忘了，一定要品尝一下长梗白菜炒肉片，大个子菜有大个子菜的腌滋味。糯米圆子或者芽麦圆子可选其一，这也是大麻特色。爆炒螺蛳留到夜宵去吃。螺蛳壳千万要小心收好，这样就可以到大麻老街上，学着崇文尚武的大麻古代人——咚，咚，咚，给屋顶上的那些瓦蛆族新生代，送去一套又一套“蜗居”，送出一片形同“非遗”般的温暖。

第五章

长水玉映珠

古嘉兴，曾叫“长水”。那是战国末年，秦王嬴政灭楚，平定江南之后，在古老的嘉兴地域设置了海盐和长水二县，因此诞生了“长水”这个地名，也为日后环绕嘉兴的那条运河支流——长水塘定了性。

长水塘是嘉兴城通往海宁的主要航道，从嘉兴南湖流出，经王店抵达海宁，沿途放鹤洲、真如寺、澄海门、曝书亭、智标塔等人文古迹层出不穷。在历史古迹所反射出的时光水道里，蜿蜒静美的长水塘就像一条玉带，衬托着缀于玉带上的千年古镇，从梅香四溢的梅会里，到斜风斜雨老斜桥，从诗意的硖石再到赤忱的袁花，最后至气势磅礴的盐官古城，与壮阔的钱塘潮水融为一体。

一、梅花香自王店来

长水塘自嘉兴南湖流出后到达的第一站叫梅里，是一个种满梅花的地方，也就是今天的王店镇。

五代十国时期，吴越国国王钱镠在嘉兴设置开元府，这是嘉兴首次设立州府级政权。随后又在开元府境内置嘉兴镇，并设镇遏使一名。钱镠派出心腹大员王逵出任镇遏使。据说王逵喜好种梅，任职期间在市河两岸广植梅树，市河也就变成“梅溪”。又在南岸开辟了百亩梅园，称之为“南梅”。

王逵辞官后，就在“南梅”筑屋定居，又在梅溪边设摊经商。乡人被其吸引，也步其后尘，纷纷效仿，汇聚在梅溪边设摊贸易，遂成草市。这便是“梅里”的起源。王逵离世后，当地百姓为了纪念他，赋予梅里一个新地名，称为“王店”。

1. 梅里往事

当年武肃王钱镠设置的嘉兴镇其实就是今天的王店镇，嘉兴地方志《至元·嘉禾志》也将这点表述得非常明确：

> 梅会里在大彭、嘉会二乡间，石晋时镇遏使王逵之居也。植梅百亩，聚货市易，今称梅溪，亦曰王店。

宋室南迁后，不少宋朝官员不知是嫌都城临安的房价高，还是对梅里情有独钟，纷纷选择在此筑屋定居，乃至后来“萧规曹随”，元朝官员也学习前朝榜样，迁居在梅会里，虽然当时这里依然只是个无名草市。参看镇志上的“梅里全图”，可以发现在明朝以前，镇上的卖鱼桥、菜蔬桥、猪行街等水陆孔道已逐渐形成，并有人口集聚，但是尚未真正形成市镇。大约要到明朝中叶，王店镇才蓬勃兴旺起来。

据《梅里志》记载：“镇民之居，夹河成聚，为里者三。”那时，沿梅溪两岸而居的小桥流水人家已不下千户。至明末清初，海盐士绅李东岩、海昌举人朱一是、兰溪学者范路，以及名医、诗人等一批当时的文化名人选择迁居梅里古镇，在社会上产生了积极影响，引来了不少跟风者。经过世代传承，加之此地纺织业兴旺发达，使手工劳动者日益增多，最终使梅会里脱颖而出，成为嘉兴四大名镇之一。《梅里志》上这么评述：“后簪缨相继，日渐殷庶，遂成巨镇。”

梅里风光怡人，而且交通便利，商业发达。清代诗人缪绥武写过一首诗，专门描写了故乡的梅溪，也就是王店镇的市河，揭示了梅里风光不同凡响：

到处藤萝花叶飘，溪南溪北尽逍遥。湾坳篱落青旗拂，比似芜城多十桥。

在古代市镇造桥数量的多少往往是衡量当地经济是否发达的一个重要指标。其实诗人的记录有误，仅三里地的梅溪哪有这么多桥，有句王店的民谚这么说——“横十一、竖十一”，横竖加起来有二十二座桥。横跨梅溪的有庙桥（永宁桥）、西木桥、东木桥等十一座，这是“横十一”；“竖十一”包括庆丰桥、独龙桥、钥匙桥等。总之，横竖都是石桥和木桥，其中以横跨梅溪的卖鱼桥历史最为悠久，连同另外两座横跨市河的大桥和菜蔬桥，共同构成为梅里古镇史上年代最早的前三名。

梅里的长桥多，是因为市河太有特色。从长水塘分流出来的梅溪，与长水塘形成一个“丁”字结构，西接长水塘，东通练浦塘，全程3里有余，由此贯通全镇。流出镇域后，接余新塘，南入横港，然后汇聚到海盐塘。而且沿梅溪河还有不少支流，较大的有长生河、船厂浜、雅吉桥港等。面对如此繁复的河流走向，在此岸与彼岸多架几座桥梁自然就不难理解了。

当陆地交通成为商业经济主动脉的时候，各种石桥的作用日渐式微。再加上新中国成立初期文保意识不足，最终导致了梅溪“横十一、竖十一”大多被拆除。目前留下的包括铁路桥在内的桥仅剩九座，而且均为钢筋水泥混凝土结构，说明都不是古桥。唯一的古桥遗存，是雅吉桥港上蚕种场东边的那座独龙桥，桥名也是一语成谶，唯有它在孤寂地守望着日臻淡泊的梅里古韵。那么，沿市河两岸而筑的古街又如何呢？梅里人有个习惯，喜欢率性而偷懒地用沿街房屋数来为街路命名，比如早在五代十国的石晋时期就存在的“十间楼”“廿间”“四十二间”等。到了明万历年间，街路被逐段筑成条石路，然后以自然区域划分出街坊，此时的街坊名才被冠以吉祥和睦之意。在《梅里志》上记录在册的古镇坊名有三十五个，巷弄三十七条。明清以来历经战争硝烟，街坊与巷弄是屡毁屡建，那些曾经似有生命的街巷名，也大多湮没于历史的尘埃里。有的巷弄生而有幸，但名称却早已改变，仿佛被随手送掉的孩子，新名字里已经找不到原生踪迹。1981年，国家地名办经过普查，发现王店镇具有标准名称的巷弄只剩下区区十二条。

战火不仅摧毁了静默的街巷，也使梅里古镇上的人口不断锐减。清咸丰、同治年间，官府为恢复梅里活力，便想方设法广纳全国各地农户来此垦荒。真是个一石二鸟的创意，既可为小镇添丁，又可利用外力来开荒拓土，发展梅里。起初仅有浙江省内有所回应，农户从宁波、绍兴、温州和台州四府汇聚而来，后来河南和湖南等省也有人响应，举家迁居过来。这群外来定居的农户在镇东开垦了上千亩荒地，并建造了很多用于居住的楼房。他们的子孙后代，也大都在梅里“生根发芽”，开药店、办袜厂、建小学等等。除了开荒者外，各种“技术移民”也纷至沓来——萧山人到镇上开设“椿作坊”，专门打制农具和生活用品；无锡毛皮商人在镇上开设“许顺泰”皮毛行；南京人则在此经营糕饼业……商业的复兴又推动了水上运输业的发展。经营航运快船的绍兴人也来了，叫作“绍兴快班”；最能吃苦的苏北人则从事搬运、货运和撑船等重活累活，成了航运业的辅助生产力……不久，周边的农户又先后迁入镇区，他们大都在镇上从事棉布业和酱酒业。还有一些大户也随之迁入，比如在斜港汇开设船厂、从事农船出租的姚姓大族，经营药店、开设怀新女子小学的海盐徐家等。总而言之，梅里古镇又繁荣兴旺起来了。辛亥革命成功以后，民国政府将此辟为货物集散地，并正式设王店镇。

2. 天下粮仓镇王店

古语有云“民以食为天”。中国人口基数庞大，自古又以农耕文化起家，所以粮食存储一直是关乎国家命脉的大事。而在嘉兴鱼米之乡，历来又是江南重要的粮食产区，有着“第一粮仓”的称号。

唐朝玄宗时期的史官和诗人李翰曾写过一本《苏州嘉兴屯田纪绩颂》，对秀水之地给予客观而公允的褒奖：“嘉禾在全吴之壤最腴，故嘉禾一穰，江淮为之康；嘉禾一歉，江淮为之俭。”大致意思是，在整个吴地，嘉兴的土壤最为肥沃。如果此地丰年，那么江淮等地都有小康安逸的日子过；反之，大家挨饿，节俭度日。由此可见，嘉兴的粮食收成会严重影响到整个江南地区，黎民百姓是否能吃饱肚子，是国家大事。

嘉兴粮食仓储形式繁多，功能不一，有储粮备荒以供应官需民食而设置的常平仓，还有军仓、种子仓等等。嘉兴的粮仓建造史，在清光绪年间就有记载。据说当时嘉兴县共有五座常平仓，王店镇拥有其中一座，而且规模很大。在此基础上，1951年，农业部决定引进苏联的粮食储存技术，在嘉兴的王店镇建造粮食储备库。于是，一座由十四座粮仓组成，占地面积5700平方米的粮食储备库就拔地而起了。这个储备库南北向分三排平行排布，仓与仓之间等距离为7.8米，错落有致，十分具备数学美感。另外还有一座七个大型圆筒组成的连体烘房，与粮仓群形成蔚为壮观的建筑群。

由于整座粮仓群是模仿苏联模式建造的，因此建筑形制与江浙其他地区常见的长方形传统粮仓不同，乃圆筒粮仓。每个圆筒直径12米，层高8.15米，可储备粮食总容量为三百五十万斤。这种粮仓在当地也叫作“矮胖仓”，特点就是占地少，容量大，而且卸料通畅，具有烘干功能，减缓粮食受潮，还能有效防止鼠患鸟害，这些特点得益于“苏联智慧”。粮仓群在建设过程中，苏联专家杜马列夫曾亲自到王店参与指导，还因“标准严苛”与当地的总工程师发生了不少有趣的故事。但也正是由于高标准、严要求，使得王店粮仓群历经几十年的风雨依然坚实如初，并将其中蕴含的历史与科学价值完好保留到了今天。

作为国内罕见的粮食加工、储存的建筑遗存，王店粮仓群坐落于镇塘东街，依傍着蜿蜒古老的长水塘，沿河而建的粮仓群与庆丰码头隔岸对望，形成了一个景观视野带。在长水塘这条“水”纽带的连接下，成了王店周边地区粮食集中储存和运输中转的重要基地。

此后几年，王店镇又在其他地段增建了好几座粮仓。到了1989年，改革开放十一年后，王店全镇共拥有六十九座粮仓，可储粮食一千七百二十五万斤。一个镇级粮仓能有如此规模，哪怕在嘉兴地区的同类建筑中也极为罕见，体现了嘉兴鱼米之乡的重要农业地位。

2017年，王店镇开始对整个粮仓进行了系统改造，在不破坏原有风格的基础上，利用粮仓群周边的废旧房屋，改建了一座嘉兴图书馆王店分馆，增添了几分书香之

王店粮仓群，潘骐摄

曝书亭风光，潘骐摄

气，还将王店镇的党群服务中心也落在此地。

2019年10月，王店粮仓群被列入第八批全国重点文物保护单位，并且成为文旅圈里的“网红打卡地”。到王店旅行，首先要探秘的时尚景观地，竟然是粮仓群。

3. 朱彝尊与曝书亭

曾储备粮食的粮仓群如今成了“城市客厅”而带来精神财富，但在王店，其实还有一座更早的“精神粮仓”，已凭借它所储存的精神食粮影响了当地三百多年，它就是古镇的第一藏书楼——曝书亭。

要说透“曝书亭”及其主人的来龙去脉，从万历十一年（1583）说起似乎最为恰当。

秀水朱氏在当地是名门望族，宅第在嘉兴府秀水县南门内的毛家坊，叫作“咸春堂”。朱儒是明神宗太医院的院使，其子叫朱国祚，时年二十五岁，已通过顺天府（今北京）的乡试，位列第九，于是有幸参加该年癸未科的殿试。结果相当美满，蟾宫折桂，状元及第。

嘉兴知府曹代萧得此消息，极为高兴，专门派人在秀水县西丽坊为朱国祚建了个“状元及第”牌坊。坊间也随之萌生出一则故事，说那场殿试，状元其实叫盛万年，朱国祚只是榜眼。可是万历皇帝认定第一甲前两名如果互换位置，两人的名字串起来读能寓示朱家王朝的兴盛，所以重新钦点，朱国祚成了第一甲第一名进士及第，盛万年降至第二。

民间的戏谑之言，折射出了黎民百姓的智慧，但不必当真。因为在殿试金榜名录上，明白无误地写着状元朱国祚，榜眼叫李廷机，探花叫刘应秋。第二甲进士出身六十七名，名录中也无从寻找所谓的“盛万年”。

秀水县的状元朱国祚，后来官至户部尚书、武英殿大学士。离世后，朱家王朝的御祭文称赞他是“忠著三朝，清风百世”。正是这位名字气象阔大的朱国祚，使秀水朱氏家族在仕途上达到了鼎盛。而他的曾孙朱彝尊，则博通经史，诗文风流，为家族创造了文化上的巅峰。

顺治二年（1645），朱彝尊入赘到归安县（今湖州市）儒学教谕冯镇鼎家。随之避兵练浦五儿子桥，今在海盐县百步镇五丰村。后又携家眷移民居梅里，最后在顺治十五年（1658），定居梅里荷花池之北。顺治末年，他参与过反清活动，险被牵累。二十八岁以后，开始漫游中国，同时广交天下名士，学问和创作更加精进。

到了康熙八年（1669），年已不惑的朱彝尊从山东游历归来，从邻居家购了宅地，并开始修建“竹垞”。他的意愿是“院落有竹千竿，宁可食无肉”，还用残砖断瓦筑墙，植枸橘为篱笆，与竹林相映成趣。

江浙称院落为垞，垞是指平地凸起的土丘。这所种满竹子的院落后来因朱彝尊所著的《曝书亭集》而闻名于世。因此，现在的竹垞就是今天位于王店镇百乐路1号的著名景点——始建于清康熙三十五年（1696）的曝书亭。

关于朱彝尊和曝书亭，民间也编排了一个与皇帝有关的故事。这次的帝王是康熙皇帝。话说某年六月初六，竹垞里新落成一个亭子，朱彝尊正袒胸露肚地躺在亭外晒太阳，恰好被到王店镇微服私访的康熙皇帝撞见，大为惊诧，问何故。答曰：“肚中书多久闷，恐霉而曝。”康熙听后哈哈大笑，于是召他进京，封其为翰林院检讨，负责撰写《明史》。

康熙对《明史》确实相当重视，它也是二十四史中水平较高的一部史书，历来为史家所称道。但康熙微服私访，巧遇朱彝尊晒太阳，完全是民间戏说，与杜甫在《饮中八仙歌》中写李白“天子呼来不上船，自称臣是酒中仙”有异曲同工之妙。唐玄宗曾泛舟白莲池，高兴之余，召李白前往写序。李白也许说过几句狂放的酒话，最后遵旨写序去，否则就没有“云想衣裳花想容”这样的命题诗句传世。朱彝尊也是诗人，性情同样豪放潇洒，不过诙谐对答圣上，应该源自民间臆想，可当野史逸传来读。

其中，唯有晒书之事恐怕当真是朱家常态。朱彝尊藏书太多，有八万多卷。所以就不难想象，每到夏天，他老人家都要从娱老轩穿过池塘，走过四曲桥，然后分批次地把藏书搬到曝书亭上去晒，过程辛苦却又其乐陶陶。

朱彝尊后来进京举博学鸿词科时，已至知天命之年。最后他是以布衣身份被授予翰林院检讨，参与修《明史》，那是康熙十八年（1679）的事。

朱彝尊是受天子赏识的。康熙二十年（1681），由皇帝亲点他充当日讲官，召入南书房供奉。日讲官虽官职不大，但却是个随侍康熙左右、记录皇帝言行的官衔，声望和地位极高。朱彝尊自然风光，自己也比较看重这个日讲官，曾在诗文中有所记述。

然而，朱彝尊的性格里，确实有“天子呼来不上船”的清高秉性。在康熙二十三年（1684），他主导编辑《瀛洲道古录》，因私带弟子入内廷抄录经书，结果被人弹劾，降了一级，最后连住所也搬到了宣武门外的海柏寺街，也算是爱书如命的结果。那年他将居所取名“古藤书屋”，并建造了一座有柱无壁的亭子专门用来晒书，这就是北京的曝书亭，是王店镇曝书亭的前身。

朱彝尊后来又搬到潞州（今北京通州区），其间拜会了著名词人纳兰性德，遂引发思乡之情，接着他就先后创作了一百首关于嘉兴风物的七言绝句诗，取名《鸳鸯湖棹歌》。这本描绘嘉兴水乡风貌的书相当有名，一直流传至今。长桨为棹，短桨叫楫。所谓棹歌，就是一边划船一边唱的歌。

康熙三十一年（1692），朱彝尊携眷回嘉禾，专事学问著述，并开创浙西词派，终成一代大家。一生创作词五百多首，与陈维崧、纳兰性德并称“清初三大词人”。

康熙皇帝在1705年第五次下江南时，衣冠齐整的朱彝尊到无锡去迎了驾。当时他向皇帝呈上了《经义考》，这是他满腹才华的结晶，以目录的形式通考历代经义，是经学目录的集大成之作。康熙读后很欣赏，特赐朱彝尊“研经博物”匾额。

在当时，曝书亭就是王店最有名的藏书楼。有此匾额镇宅院，自然不同凡响。“不乡不市村落，半耕半读人家”，这是朱彝尊当年对竹垞的定位。他陆续建起了曝书亭、潜采堂、娱老轩、茶烟阁、春酒库、拥书楼等十多处建筑，还悉心营造了南泂、北泂、橙子冈等二十景，可惜如今全都消散在岁月的云烟里。现在对外开放的曝书亭，不过是南垞的一小部分，只占原有曝书亭的十分之一。

曝书亭是整个竹垞最负盛名之景点，领诸景之冠，提挈全园，1963年就被列为省级文物保护单位。

朱彝尊故居风格质朴淡雅，结构疏密有致，不仅体现了文人学者的文化修养与生活雅趣，又为当代园林专家提供了一份江南园林研究样本的嘉兴个案，因此也是王店镇人文景观中的经典代表。

4. 长水风荷羡庆丰

在《鸳鸯湖棹歌》第三十一首，朱彝尊又一次写到了他的故里王店："长水风荷叶叶香，斜塘惯宿野鸳鸯。郎舟爱向斜塘去，妾意终怜长水长。"

这首棹歌不再是登高望远的视野，而在长水塘里行舟，或是站在庆丰桥上望西塘，一眼望去，能看到一艘艘船只络绎不绝地从庆丰码头驶出，沿着长水塘奔流而去。

庆丰码头就在王店粮仓群的对岸，始建于清代，坐西朝东，并在东西向和南北向均有七级台阶，码头有三层，共有五个已严重磨损的揽船石，俗称"牛鼻石"，是供河道间来往船只泊船系缆的石钉。

梅里古镇是典型的江南水乡，河埠和揽船石四处可见，两者往往紧密地结合在一起。长水塘边及梅溪两岸，古镇人家尽枕河，多数房屋的后部会延伸到河面上，俗称"吊脚楼"。庆丰码头就在吊脚楼下，从楼的洞口拾级而下便可临水面。以前古镇人家的淘洗，甚至洗衣服都在长水塘边，时而有小商船开来，不仅带来生产和生活用品，还带来了外面世界的讯息。此情此景，颇有几分沈从文小说《边城》里那种河塘流水和吊脚楼的况味。

昔日的庆丰码头，可以说是王店人梦想起航的地方。踌躇满志的本镇人若想外出闯世界、跑码头，必然要从庆丰码头出发，坐船奔向心目中的大城市。历代粮食仓储与漕运进京的目的地与出发点，也都是在这个古码头。它是嘉兴市为数不多的河运码头之一，见证过长水塘边河运的繁华，如今也成了嘉兴市文保单位。站立在庆丰街上，或许可以很好地想象当年船楫进出的繁华景象。

庆丰街是值得一去的。街上有一座著名的张氏老宅，当年建宅院时立下的界墙至今依然嵌在墙体里，那些廊柱木雕散发出一股浓郁的光阴的气息，零星地透露出主体建筑的华美，以及各种建筑构件雕功的精湛，浮雕内容寓意深远。张宅有自家的河埠头，是用大块的条石，一层层地往下铺陈，直到宽阔的石板台阶与市河接交，浸入到河水之下，仿佛所有的旧式故事都随之氤氲水中。张家老宅的侧面，还有一个外凸式的窗框，顶部也雕有精美花卉浮雕，完全是一种中西合璧式外立面窗体布局，体现了当年张家人的新潮，以及这幢历史建筑的工艺水平和审美品位。

梅里古镇其实是一座颇有体量的小城，在它的人民街、西喜街以及解放街上，都有老宅旧居。现今解放街上许氏老宅，光绪年间是有名的“许大茂布庄”。今日的老宅内仍可见两座砖雕门楼，西面的砖墙上刻四个字——“克昌厥后”，祝福子孙后代之意；东面则刻“芝兰永吉”，寓意在美好的环境里永远吉祥吉利。这八个字，与梅溪街上那家海鸥电扇厂门口的“祖国万岁”四个大字莫名形成一种历史时空的延续，彰显了古镇的生命力。

果不其然，旧建筑的活化保护，使昔日的工厂里诞生出了梅里有为图书馆，隔壁则是竹垞智慧书房——又遇书香，又是王店镇上最富创造性的“精神食粮储存地”之一。关于书籍，王店镇自有它的王者之风和独特的储存与呈现方式。在朱彝尊的眼里，是“长水风荷叶叶香”，而今站在梅溪老街落日斜照的余晖里，则是“梅溪书香阵阵飘”。

书香之中又夹杂着梅香。王店向来以梅花著称，与种梅、赏梅有着一千多年的渊源。梅花以及梅的意象，是王店镇历史文化系统中的核心要素，更是古镇形象的源泉和瑰宝。为了弘扬梅文化，王店镇政府在建林村一个叫聚宝湾的自然村落开辟了占地26700平方米的梅园，遥相呼应了一千多年前王逵的梅园。建林梅园的梅树品种，有长兴梅、骨里红和美人梅等二十四个品种，共计六千株梅树，这使聚宝湾的农家乐更具乡土古韵和王店特色。

在梅园之后，聚宝湾又发展出了桑园、菜园、桃园、田园和农耕文化园，俗称“六园”，然后依托村庄内的七个自然湾口，农户依水而居，种上那些经过世代沧桑、生息繁衍而保存下来的榉、椿、竹等生态群落，进一步强化了文旅内容，使农户们的庭院真正做到“春有花、夏有荫、秋有果、冬有绿”，变成真正的生态村和聚宝湾，使这座千年古镇释放出难能可贵的王者气概。

二、江南有数人家

唐长庆三年（823）八月，时任杭州刺史的白居易登西山眺望硖石湖，看见了不远处的景点“书台叠翠”，不免思念起读书台的主人——曾经在京都长安拜谒过的嘉兴籍文坛前辈顾况。传说顾况的读书台有两处，一处在海盐横山，那是顾况的故乡；另一处就在硖石东山。

硖石，古称“夹谷”，以两山相夹而得名。秦始皇三十七年（前210），始皇帝东游，发囚开夹谷，将它更名为“峡石”，后更名为“硖石”，并形成“两山夹一水”的自然景观。此一水，便是硖石湖。唐开元十一年置硖石市，会昌二年（842）置硖石镇。1986年11月，海宁撤县设市，硖石为市政府所在地，是全市的核心地域。

硖石镇东南十四公里处，有一座袁花镇。袁花旧称“园花”，又名“龙山”，亦叫“花溪”，是一座历史悠久的千年古镇。据《海昌旧志》记载：“袁花旧有崇教寺，原是南北朝梁江州长史戚衮的宅基。宅后皆山，相传为戚夫人莳花处，袁花（园花）之名源于此。”

民国三年腊月的某一天，袁花镇上的查氏赫山房张灯结彩，结婚大喜。新郎查枢卿将迎娶硖石镇的新娘徐禄。查、徐两家皆为海宁的名门望族，袁花查家在清代已是“一门七进士，叔侄五翰林”，被康熙誉为“唐宋以来巨族，江南有数人家”。硖石徐家则是本地大富之家，祖代相沿经营着酱园、绸庄和钱庄。

查枢卿和徐禄成亲后，感情笃深，先后生下五子二女。老二查良镛便是日后享誉华人圈的“金大侠”——金庸。徐禄即硖石首富徐申如最小的堂妹，而徐申如则是诗人徐志摩的父亲。所以尽管徐禄只比徐志摩大了一岁，按辈分说，徐志摩得叫她一声“姑妈”，徐志摩也因此成了金庸的大表哥。在冥冥之中，似乎有一条红线，将硖石镇与袁花镇这两座古镇牵在了一起。

1. 硖石徐氏

徐申如是清末民初的实业家，最初继承祖业，经营徐裕丰酱园。清光绪二十三

硖石镇南关厢夜景，张庆中摄

年，与人合股创办了硖石第一家钱庄——裕通钱庄。随后又开出人和绸布号，在海宁商界是屈指可数的人物。

生活在江浙一带的徐氏，有很大一部分是靖康之难后，从汴梁南迁而来，硖石徐家是其中一支。南迁之初居住在海盐县花巷里，到明朝正德年间，族人徐松亭来到硖石经商，看中了硖石这块风水宝地，于是决定举家迁居于此，这才有了硖石徐氏的开枝散叶。到新中国成立前后，硖石徐氏已经繁衍到十六世左右，徐志摩为十三世，隶属“章”字辈，按族谱排列取名徐章垿。

海宁地处东南沿海，自古经贸就非常发达，文化也很昌盛，因此崇拜与向往文化精英在海宁蔚然成风。在这样的地域文化氛围之下，硖石徐家虽经数代人成功经营，积累下了殷实的家底，但一直以“没有读书人”（徐志摩语）为憾。徐申如一心想改变这种家族境况，于是慷而慨之地广交天下名士，与当时政界学商界的名流张謇、汤寿潜、缪荃孙等人过从甚密，对光绪状元张謇的学问和功名更是心向往之，羡慕不已，最后连他自己也被当地人称为“硖石张謇”。但他实在不甘心家族里没有一个真正的读书人，所以会竭尽全力帮助儿子走“学而优则仕”的人生道路。据说，“志摩”二字便是1918年诗人去美国留学前夕，徐申如给儿子另取的名字，说是小时候有个叫志恢的和尚替他摸过诗人的头，预言“此人将来必成大器”。徐申如望子成龙心切，当即替他改了名。

种瓜得瓜，种豆得豆，多年后，徐申如立志耕读传家的梦想最终实现了。当然，徐志摩本人天资聪颖也是家族“改道”的重要内因。1908年在家塾读书后，小章垿进入硖石开智学堂，从师张树森，从而打下了古文根底，而且成绩总是全班第一。

1910年，十四岁的徐章垿离开家乡来到杭州，经表叔沈钧儒介绍，考入杭州府中学堂（杭四中前身），与郁达夫同班。然而，成名之后的徐志摩并没有完全顺遂父亲的心愿，尤其在他那“百折不挠”的婚姻上，完全不顺父意。尽管如此，徐申如还是为自己那个离了又娶的宝贝儿子，在硖石镇的干河街上造了一幢新宅，好让他能娶新妇陆小曼，还每月给予两人三百块大洋的生活补贴，哪怕在儿子去世后也没有停止，持续了十三年。

位于干河街上那幢新宅建于1926年，这是一幢中西合璧的小洋楼，徐志摩曾对这里的生活有过描述：“径行来硖石，新庐尽可下榻。饭米稍粗，然后圃有蔬。汲水有井，听雨看山，便过一日。尘世喧烦，无有相通。”可见徐陆夫妇在此短居时的生活甜蜜。而今，曾经的新房已成“徐志摩旧居”，是硖石镇干河街上的历史性建筑和一大文化标识。

干河街是海宁老城的缩影，据说是在河道上填筑而成。它曾经是一条河，而后变成一条街，一条极为重要的大街——在徐志摩生活的民国时期，中国银行硖石办事处、联友书场、良友照相馆，还有那家内设楼座包厢的硖石大戏院俱在此街。到了20世纪80年代末，500多米长的干河街云集了银行、书店、医院、电影院、邮电局、饭店、旅馆、百货商店等各种文化单位与各行业态，是海宁市的文化商业金融中心，也一直是硖石的心脏和灵魂。

2. 硖石IP

徐志摩对故乡的情感是丰沛而又真挚的。当年他陪印度诗人泰戈尔从上海到杭州，专门说服他在沪杭铁路线上的硖石站逗留片刻，为的是与当地学校的师生进行短暂交流。结果此事马上被《申报》记者捕捉，上了头版新闻，引起不小的反响。随后他又力邀各路名人来海宁观潮，从本质上看也起到了宣传故乡的良好效果。

海宁在旧时被叫作“潮城”，因为观潮的名声太甚，所以遮蔽了海宁其他方面的旅游价值。当年徐志摩从北京或者沪上回硖石，经常徜徉在故乡的山水之间。硖石的名胜古迹众多，无论是唐代经幢和智标塔旁，还是惠力寺里，紫微桥畔或者南关厢街巷，都曾留下过诗人的足迹和身影。当然，最让他念念不忘的，还是锦霞馆。

这家馆子前身叫蒋泰兴菜馆，建于清光绪六年。名曰菜馆，实质上主营面条。店面狭小局促，声名却很响亮。大约在民国二年（1913），菜馆转手，新老板陈松山就因店址在锦绣坊彩霞桥堍，于是取“路名之首”——锦，接“桥名之尾”——霞，改店名“锦霞菜馆”。馆如其名，改名后的生意一飞冲天。

民国十三年（1924），陈松山将锦霞菜馆传给儿子，此时锦霞馆的早面已经形成

徐志摩旧居，张庆中摄

走读硖石镇，张庆中摄

特色，还专门推出了徐志摩心心念念、津津乐道的“酥羊大面”，以至于每次回到硖石，他都要到锦霞馆点个卯，吃碗早面，而且“锦霞”这个颇有诗意的店号也很合他的心意。

倘若要到硖石镇旅行，可以先去看徐志摩故居，然后再到锦霞馆吃面。其实未必只吃面，因为早在20世纪80年代，这家百年老店就已被评为嘉兴市的三大名店之一，甚至还跻进了浙江十大名店之列。单纯地效仿志摩先生吃酥羊大面的做法已不再是流行风尚，单纯就面食而言，锦霞馆而今的“当家花旦”也不再是酥羊大面，雪菜虾仁锅面成了后起之秀。至于如何点菜，可看店家菜谱，或者通过阅读徐志摩的日记来寻食觅味。

对硖石的美食美景，徐志摩总是那么门儿清，而且还不惜笔墨，极有情致地将它们写进日记。除了回硖石必吃的锦霞馆羊肉面，还有宜园茶馆的嘉湖细点值得品尝；夏天到了，就去吃潘园的李子和一种叫作“雪团”的甜瓜；秋天来了，就到东山钵盂峰下的菱塘里去吃鲜甜的红菱……

徐家本身就是做酒酱业这种“进口”生意的，对食事自然敏感。古老的酒酱业在硖石非常兴旺，影响最大的几家全都是百年老店。东南河街的“亦达仁”酿酒坊，创立于光绪十七年（1891）；南大街上的“震丰恒”酱园开办于同治七年（1868）；志摩家的“徐裕丰”酱园则出现最早，道光十六年（1836）就在诗人祖父徐星匏手上创办了。

经过苦心孤诣地经营，“徐裕丰”后来成了海宁最大的酱园。民国时期，有很长一段时间，“徐裕丰”出品的酱油被海宁当地人亲切地唤作“志摩酱油”。在民国时期，徐志摩就已经成了海宁的文化IP。虽然斯人早已挥挥手，不带一片云彩地走了，但是他的IP效应，一直萦绕在干河街、故居里、各大风景名胜，甚至锦霞馆的美食菜谱上，它的火温依旧，而且已经内化为硖石镇的一个历史文化标识，而被长久记忆。

3. 紫荆花下的“双查”

比起诗人表哥，表弟金庸的名声更甚。他是“飞雪连天射白鹿，笑书神侠倚碧鸳”的金大侠，拥有无数的华人圈读者。所谓“金庸”，是由本名查良镛的“镛”字拆分而来。

民国十三年，查良镛出生于海宁县龙山里（今袁花镇新伟村）的赫山房。从小好学善文，成年后民国期间，在杭州《东南日报》、上海《大公报》和香港《大公报》好几家媒体工作过，甚至还在长城电影公司任过职，最后自创香港《明报》等系列媒体，成为卓有成就的报人。

然而，他最为世人称道且痴迷难忘的，还是他所虚构的武侠世界。从1955年在《明报》副刊当编辑开始，查良镛便在报纸上写武侠小说连载。他以笔为剑，为中国的武侠小说开启了一个新时代，他创作的大大小小总共十五部武侠作品，串联起了一部磅礴浩荡的中国大历史。无论是虚实结合、将历史与传奇融为一体的《书剑恩仇录》《鹿鼎记》，还是快意江湖、描写英雄儿女爱恨情仇的《射雕英雄传》《神雕侠侣》，抑或是反讽现实、深刻揭露人性丑恶的《连城诀》，都曾在中国大陆乃至全球风靡一时，丰富了几代中国人的精神生活，于中华文学史上留下了浓墨重彩的一笔。

“雅俗共赏，文以载道”，八个字道尽了金庸作品的深邃内涵。金庸作品之所以能够有如此高的传阅度和美誉度，是因为他的武学大门从不因人与人之间的差别而打开或关闭。他的文字中，既有平铺直叙的描述，也有引经据典的妙用；他的故事里，既有风云诡谲、波澜壮阔的政史变迁，也有细致入微、朴实温馨的民间观察。他写豪情壮志，写家国兴亡，也写人心莫测与儿女情长。他缔造的武学体系精妙绝伦又结构严谨，每个武侠人物，无不昭示着金庸对现实社会中人情百态的洞察琢磨；每一道招式，也无不透露出金庸对琴棋书画、医相巫卜，乃至古今文学、中西思想的探索研究。

用笔墨刻画了无数侠骨柔情的金庸，其本身又何尝不是一位从袁花小镇走出来的侠客。20世纪40年代末，金庸移居香港，一直积极从法从政，为香港与内地之间的“重修旧好”不懈努力。1985年，香港特别行政区基本法起草委员会成立，金庸受邀担任基本法政治体制起草小组港方负责人兼经济体制起草组成员，和另一委员、袁花老乡查济民共同负责商界的调查走访工作，收集商界人士关于基本法的意见。

金庸故居外景，孙立东摄

彼时，基本法中最为核心且争议最大的问题便是香港的政治体制方案，为了将其顺利落定，两人都在尽力奔走，尤其是年近七十的查济民。

早在1982年9月，邓小平总理提出要收回香港后，查济民就开始为此事费心，希望能以微薄之力推动香港回归进程。他写信给好友、民族实业家卢作孚表达自己的主张。信中写道："回归以后，工会组织的活动最好能与企业的经营管理互相配合、协调发展……驻港的陆海军规模不必太大，在象征国家主权的同时，也尽量减轻香港纳税人的负担……"这些主张在与好友的一次次信件往来和会面中逐渐成熟，再结合金庸等人的真知灼见，查济民最终将它们形成一份报告，并委托卢作孚连同他们交流的信件一起交给中央统战部。

中央政府很重视这份香港来的报告，对报告中的意见和建议也表示认可。1988年，金庸与查济民一起提出了"政制协调方案"（即"双查方案"），主张对现行体制不做过多改变，而是在循序渐进中改良。可以说是"一石激起了千层浪"，当初这份"双查方案"被认为有碍民主进程而引起了一些争议。最终，这份保守的主流方案还获得了官方认可，被纳入《基本法》使用至今。

作为提案人之一，查济民的内心是激动的，以至于在1997年7月1日的香港回归夜，通过电视亲眼看见华人所期盼的历史大事件正在进行的时候，他感慨万千，忍不住提笔写下一句诗："待到春风两岸绿，直通谈笑过罗湖。"

香港回归后，金、查两位提案人因对香港回归所做出的重大贡献，而同时被香港特区政府授予"大紫荆勋章"。

查济民也是个土生土长的袁花人，祖宅与金庸家不过几步路。只是查济民出生时已家道中落，和家境优渥的金庸家不可比。十五岁时，他考入浙江省立高级工业学校染织科（浙江大学代办）深造，毕业后投身到爱国实业家刘国钧麾下，成为其爱徒。刘国钧是现代纺织业的奠基人之一，对聪明而又刻苦的查济民非常器重，曾三次派他去日本交流学习。日本的织造印染产业很发达，使查济民萌生出了超越之心。

后来查济民确实达成了心愿，他将自己经营的大成二厂发展成了江苏印染企业里的龙头老大，自己也成为国内知名的一流印染专家。不久，抗日战争全面爆发，查济民为了保护自家的民族工业，冒着生命危险把工厂迁到重庆，并顶着战争的压力坚持生产运营，在大后方闯出一片民族企业的天地。

抗战胜利后，查济民举家迁居香港，又在香港开辟起了新的“战场”，在荃湾和新界创办了工厂和公司，并一步步发展成为亚洲最大的纺织企业，本人也被业界尊称为“纺织大王”。

1980年的春天，查济民回故乡祭祖扫墓，终于再一次行走在袁花镇熟悉的街道上，凝望那些充满回忆的一草一木，他生出了回报故乡的念头。

袁花镇距钱塘江仅四五里路程。在这段距离内，有六十里塘河、新塘河、袁花塘河分别从镇中穿插而过，汇入东海。拥有四千年历史的袁花地理优越、民风开放、商运发达，早在唐宣宗时期就已形成集市，沿着主河道花溪遍览全镇，从河岸周边的古迹遗存中也可窥见昔日繁华。因此，查济民是迫不及待地想走出投资家乡、建设家园的第一步。

1985年，他投向家乡的第一笔钱是创办海宁海新纺织有限公司，用于振兴当地纺织业。袁花人自古擅长桑蚕纺织，养蚕历史悠久，有许多与此相关的技艺和习俗，这笔投资踩在了袁花镇的经济命脉上，给当时的袁花吹去一股发展新风。

查济民随后又陆续投资创办了几家纺织企业，并带动了港人对内地的投资热潮。在与金庸研讨“双查提案”的时候，他预料到，香港和内地的紧密合作是历史发展的必然趋势，只有经济上的深度融合，才能促使双方真正走向一体。

除了在经济上向内地投资，他还发起和组织修订家谱。2005年，散落在各地的查氏后人组织采风团前往江西婺源探访查氏古祠。归来后，就有人向查济民提议重修《海宁查氏族谱》，查济民马上拍板，决定做成此事。家谱是记述家族传承脉络与族人发展的历史，也是对中华传统文化的认同，更是海内外同胞寻根问祖、明辨祖宗世系传承的情感需要。一部完整的家谱，记载着姓氏渊源、始祖源流、支派迁徙、世系繁衍、人口变迁等最基本的内容。

他先找到金庸，同时邀请了海宁市博物馆的多位文史专家共同参与。也许受各种因素的影响，金庸起初没有同意，但在查济民坚持不懈地说服下，最终也参与了修订。2006年5月，由查济民资助的《海宁查氏家谱》完成，总共5册，120万字，海宁查氏终于有了一个可资溯源的有效文献。

家谱修订完成的一年后，查济民先生走完了他辉煌而又精彩的一生。按他个人意愿，骨灰分作两份，香港和故里袁花各一份。正所谓落叶归根，魂息故土。

4. 仁义巨族

康熙皇帝曾经开金口，说袁花查氏是“唐宋以来巨族，江南有数人家”。就此十二个字，赐予这个卧虎藏龙、人才辈出的名门望族一个帝王级的官家注脚。

单论“文曲星”式的查家才子，除了因写新武侠小说而风生水起的查良镛，还出了一位充满悲情色彩的诗人查良铮。

查良铮这个名字可能不为人知，但若说及他的笔名穆旦，想必文学界鲜有人不知。查家人似乎有拆字取笔名的约法，金庸是由“镛”字左右拆分而得，穆旦则是查姓上下拆分，“木”与“慕”同音，先得笔名“慕旦”，后大约因同音字“穆”作为姓氏更为常见，便改名“穆旦”。

穆旦是金庸的堂哥，兄弟俩都是能够进入中国文学史版图的人物，若论作品的覆盖面和影响力，“镛”显然比“铮”大得多；但若就两人作品的文学价值而论，或许穆旦更具文学含金量。

穆旦出生于天津，但祖籍也是海宁袁花。据考证，这个庞大的名门望族的先祖来源于周公长子伯禽，其后裔姬延因以子爵身份封于查地（今山东泰安、曲阜一带），成为华夏查氏的始祖。查氏族人先后在山东、安徽等地官至要职，并成就南北两地查氏之肇始。海宁查氏在元代末年由安徽婺源迁至浙江，在明代中期即得发家，逐渐成为江南望族。到了清代，更是鼎盛一时。

经过百年的耕读不息、潜心治学，查氏家族的人才如雨后春笋。明一代，有查秉彝、查志立、查允元祖孙三代连中进士，传为一时盛事；康熙年间，查慎行、查嗣瑮、查嗣庭兄弟三人相继授翰林院编修，更有“一朝十进士，兄弟三翰林”的佳话。至于总体考中的进士与举人数目更是不胜枚举。在袁花查氏的宗祠内，还保留着那副康熙亲笔所题的对联——“唐宋以来巨族，江南有数人家”。这副对联气势磅礴，将江南世家望族的查家点评得非常到位。在封建王朝，能得皇帝御题对联者，寥若晨星，必定是要有功于朝廷社稷、声名在外的家族。袁花查家的声望，在清朝康乾之际可谓盛极一时，极为显赫。

世人皆知查家科举功名兴盛，殊不知在经商方面也不遑多让。早在明中叶，查家就已经取得了官营盐商的资格，到明末查家子弟便以盐商身份进入海宁县学并参加科举，而且获不俗成绩。此外查家还经营当铺、商铺、丝绸，宗族发展最鼎盛的时期，年收入或超过十万两白银。金庸的祖父查文清及父亲查枢卿就是当年海宁查氏最具名望的富豪，“义田制”也是在这样的背景下应运而生。

据悉，查文清曾在袁花镇设了一座“义庄”，买了几千亩田地收租。去世后，义庄一度毁于炮火，直至查枢卿晚年才重新经营起来。他将自有的一千亩水田充当本族义田，请地方官将其另立户名，登记注册。因查家义田都是上乘良田，旱涝保收，扣除赋税及损耗，一般每年可收租谷三千五百石，将其变卖成银圆，再由管理人员买米，按月发给族人，便可起到周济宗亲的作用。因为重视教育，查枢卿还从义庄拿出一笔钱兴办了龙头阁小学，作为龙山学堂的分部，当地的孩子均可免费入学，接受基础教育。

在查氏家族中，若有哪一族在日常生活中出现困难或遭遇厄运，那么家族将予以帮助与补偿，其资金来源便是查家义田。倘若遇到荒年，则开仓放粮，赈灾救难，其粮食同样来自查家义田……

由此可见，查氏的才学深厚与大爱仁义，应当是流淌在家族血脉里的深刻基因。正是这股基因，使得这个家族自初建起便源源不断地在向国家输送栋梁之材，且在几百年的岁月磨炼里也经久不衰。

三、夕阳皮影下斜桥

悠悠的长水塘向西而行，一旦出了海宁市区，就摇身一变成了洛塘。洛塘上有座石板“斜桥”，看似不起眼，却透着一股岁月洗礼过后的沉静威严，它便是这座古镇的名字由来和灵魂所在。

“曲人曲橹摇曲港，斜风斜雨过斜桥”，一首家喻户晓的乡野童谣，道出了“斜桥”的品性与风情，古镇名号也由此奠定。

走进斜桥镇，无论是探寻楼间曲折窄暗的弄堂，还是遥望河边清冷废弃的码头，每一处地方，都可以听到它们在缓缓诉说着斜桥的故事。这些故事，是古老运河哺育杰出人物、铸就人文印记的历史；是中原文化因水路贯通而南下，与江南风土人情发生多元碰撞的妙缘；更是一座城市，追随时代顽强生长、寻求蝶变的传奇。

1. 百年时光里的回声

住在洛塘河上的那位老农夫一定没想到，有一天他偶然摇船经过岸边的私塾，随口接下的一句诗文会成为他所在这座小镇沿用至今的地名。

很久很久以前，京杭大运河自北向南顺流而下，经杭嘉湖平原时被丘陵沟壑分割成诸多支流。其中一支流经潮城，当地人民傍水而居，务农为生，河水滋润了乡邑的同时孕育出一条溪流，当地人便用“洛溪”（现称洛塘）命名他们的居住地。

在洛溪蜿蜒曲折的某个岔路口，有座小镇。镇上原本没有桥，由于渡河不便，当地乡人便商量着要请石匠在河上造座石桥。石匠请来后，他选择以河东大路岔口的河岸为桥基，却不料对面有株大香樟树拦住了去路，打不了桥桩。香樟树是镇上私塾先生王攸之的，他不愿砍树，石匠只好把桥桩打在树的旁边，造了一座“蹩脚歪桥”。

一日雨天，王先生从私塾下学出来，望着细雨蒙蒙的“洛溪”，心生诗意，于是就信口吟诵：“曲人曲橹摇曲港。”可他念了上句，却想不出下句，只好一直这么颠来倒去地念着。恰逢这时一位船夫摆渡经过，就快要靠近那座“歪桥”边时，随口接了一句“斜风斜雨过斜桥”。王老先生一听，如同醍醐灌顶，茅塞顿开，等的不正是此句！

“雨中对”之后，这句对联就作为民谣流传了下来，这座桥也因此收获了一个正名——“斜桥”。大概是出于对这座桥和对子的喜爱，后来当地人就干脆把整座镇都叫作“斜桥”，而那两句七言诗句，也成了“斜桥”镇名的诗学诠释和文化意象。

尽管名为“斜桥”，这里的桥却不止斜桥一座。倘若撑着船沿洛塘河向各处岔流行驶，那些古桥便会一一出现在眼前——既可见万缘桥、永庆桥、东斜桥等高过头顶的大石桥，又可见铁攀桥、牛桥、紫气桥等弯架河道的小桥。而这些石桥中最为年长者，当数郭家石桥。

郭家石桥位于斜桥镇永合村，桥的东侧有一处新石器时代马家浜文化遗址。那个时期的居民主要从事稻作农业，秋收春种，精耕细作，既有石锛、骨耜等农用工具，也掌握了陶釜、陶盆等制作之法；与此同时渔猎经济也十分发达，每到渔季，一艘艘渔船迎着日升而出，踩着晚霞归巢，富足而充实。站在这座石桥上遍览遗址全貌，便仿佛握住了连接古今时空的厚重纽带，一幅六千年农耕文明缓缓流淌的灿烂画卷浮于眼前。

从郭家石桥的原始文明抽离，时光齿轮转动到一百多年前，我们又会遇见另一位满目沟壑的“斜桥老人”，它就是斜桥火车站。

清宣统元年8月，随着沪杭铁路的建成启用，斜桥火车站正式投入运营，成了中国第一批火车站点之一。

作为连接上海与杭州的重要交通枢纽，斜桥站一直肩负着沪杭线上部分的客运和货运重任。一张车票，一趟旅程，一座家城，一缕乡情。这个小小的四等站，每天有一百五十趟左右的列车经过，每天都目送着无数怀抱不同理想的小镇青年拎着行李登上列车，各自乘往不同方向的城市，伴随着熙来攘往，大批的、各色各样的货物也被装载进车厢，带着斜桥人辛勤耕耘的汗水与对生活的美好期望，被一同运送往天南地北、五湖四海。

每到钱塘江大潮来临之际，斜桥站还专门开辟观潮专列，让钱塘之水的自然奇观也跟着这一趟趟旅程，在人们口口相传的交谈中，传为一段有关斜桥、有关运河的千古佳话。

2004年，为中国铁路上海局服役了近百年的斜桥站正式宣布退出历史舞台。从晚清到新中国，从故步自封到改革开放，它在这百年岁月中见证了历史的巨变与斜桥的繁荣，并用它沧桑的身躯讲述了那些荣耀与伤痛并存的峥嵘年代。

斜桥站的老站房为红砖青砖搭建的欧式站房，面积大约100平方米。站房的东侧是两座灰色的碉堡，那是侵华日军炮楼。1937年，上海、杭州等地相继沦陷，日军侵占沪杭铁路，为防止他们占据的铁路设施和各种物资被破坏，就在沿线的多个车站建设了炮楼和碉堡。炮楼分为三层，第一层和第二层布满了密密麻麻的机枪眼和观察口，分别对准站内的铁路线和站外的公路，最上层则是瞭望台。炮楼内部结构保存完好，沿着木质的梯子登上最顶层的瞭望平台，下方的斜桥站和沪昆铁路一览无遗。据说由于修楼材料匮乏，日军曾奴役当地的百姓为他们搬运砖头，不搬就关进地下水牢，现今的车站水牢遗址内还留有当时被关押的百姓挣扎存活的痕迹。可以说这两座炮楼的一砖一瓦，都是由无数中国人民的血汗筑成的。2014年12月，斜桥站以及侵华日军炮楼入选“海宁市市级文物保护单位”。它是中西文化融合的载体，更是过去每一段历史的见证。

而就在土地沦陷的同一年，一位曾经从斜桥站“出走”的青年，却义无反顾地踏上了回乡救国的路。他就是我国著名漫画家米谷。

米谷原名朱禄庆，出生于斜桥镇上一个殷实的工商家庭。不过他自幼对绘画十分感兴趣，而且很有天赋。读到初中时，日寇侵华，民族危亡，他开始在老师的带领下参加学校的抗日宣传活动。也正是在这个过程中，他逐渐意识到“绘画”的传播与宣传的力量，于是决心用画笔来唤醒民众，救国于危难。带着这份决心，米谷从商科转学绘画，并相继在杭州和上海求学。1936年，他在《时代漫画》上发表了自己的第一篇讽刺作品《夜上海》，以极具冲击力的构图和色调揭露了英法等国在旧上海的残暴行径，那年，他才虚岁十九。

第二年抗日战争全面爆发，中国民众的爱国情绪和反战情绪高涨，他毅然辍学

斜桥站的老站房，陆正明摄

回到斜桥开展抗日救亡活动。为了更加深入地参与抗战，他还于1938年徒步奔赴延安。经过将近二十个日夜的披星戴月，800多公里的长途跋涉，他带着一颗滚烫的爱国心来到了革命圣地延安。在整个抗战和解放战争时期，他不仅为多位中共和苏共领导人绘制过画像，还创作了大量讽刺饥饿、战争、帝国主义及法西斯的漫画，作品主要发表在《文汇报》《新民晚报》《时代日报》等各大媒体上，其构思之巧妙，笔触之尖锐，受到了当时群众的热烈欢迎，成为打击敌人的重要舆论窗口。

“正因为真实，所以也有力。”文学家鲁迅如此贴切地评述了米谷作品的特点，也映射出了那个年代许多像米谷这样敢于逆流而上的青年身影。抗战女医务工作者袁湘君也是那个时代的青年佼佼者。袁湘君的身世跟米谷类似，父母一方去世得早，所以比同龄人懂事也早，读小学时就暗下决心长大后要以一技之长报效祖国。

她的一技之长是医术。由于从小跟着父亲耳濡目染，再加上本身勤快好学，钻研刻苦，她很快通过学习成为嘉兴福音医院一名合格的护士。

“七七事变”之后——也就是米谷回到斜桥那年，袁湘君因抗战需要被派往绍兴。彼时日军侵犯浙西，海宁县从第二署改隶第三区行政督察专员公署，设于绍兴。不久，公署创建了战地政工大队，鼓励失业青年参加，已经参加工作的袁湘君得此讯息，毅然决然地放弃医院工作，和十多名女青年一起参加了政工队女子区队。

战时条件艰苦，女子区队的她们接受着和男战士一样严格冷酷的军事训练，袁湘君却从未退缩，一直以精湛的医术和坚忍的意志奋战在救国一线。不幸的是，没等她这份救国理想完全实现，她便在一次渡江行动中牺牲了，殉国时年仅二十岁。

战争结束后，米谷和袁湘君的事迹均被列入了斜桥抗战英雄名录，和另外五十多位斜桥名人一起，陈列在西街15号米谷故居二楼的斜桥名人文化馆内。如今，抗战英雄们的传奇虽已被封存，郭家石桥和斜桥火车站也已退隐到历史静谧处，不再需要如从前般昂首面对现实，但不可否认的是，历史传奇仍在以它们自己的方式，给予今人乃至后来者谆谆教诲。此处无声胜有声。

米谷故居，沈浩鸣摄

米谷漫画，选自《米谷画集》

2. 皮影逸事

曾经每到夕阳西斜、晚风拂面之际，总有一架由马车改造而来的大木台子停在村前老槐树下的灰土地边，那些身着短褂的手艺人，围着木台支起一方白丝布，又从后头的匣子里取出两只涂着油彩、缀着珠饰的纸片人偶，随着人偶轻巧灵动的身影跃然于荧光斑驳的幕布，一曲跌宕起伏的《闹龙宫》便顺着时而高亢时而婉转的吟唱流淌进模糊的暮色，也流淌进四里八乡男女老少情怀深种的心中……这就是老一辈斜桥人有关皮影戏记忆的吉光片羽。

皮影戏，又称“影子戏”或“灯影戏”，通常以兽皮或纸板做成的人物剪影进行故事表演，并配以曲目演唱和乐器演奏，是集演艺、咏唱、绘画等多种表现形式于一体的传统艺能。表演时，艺人们在白色幕布后面一边操纵影人，一边用当地流行的曲调讲述故事，同时配以打击乐器和弦乐。

皮影戏的发展距今已有两千多年历史，其源头最早可以追溯到西汉。传说汉武帝因爱妃李夫人染病故去而思念成疾，不理朝政。大臣李少翁有一日出门，偶遇街上一孩童手持布娃娃玩耍，娃娃的影子倒映在地，栩栩如生。李少翁福至心灵，也用棉帛裁成李夫人影像，涂上色彩，并在手脚处装上木杆。入夜围方帷，张灯烛，恭请皇帝端坐帐中观看。武帝看罢龙颜大悦，此后爱不释手。

一首汉代民谣中的四句——“一口道尽千古事，双手挥舞百万兵。三尺生绢做戏台，全凭十指逞诙谐”，就生动形象地描述了皮影戏如何唱尽人间百态，演遍悲欢离合，将一张小小幕幔，铺展成千变万化、百味杂陈的人生戏台。

从汉唐至元清，皮影戏不仅在国内广泛流行，并因各地文化特色而演变成了唱腔、剧目、绘作各有风韵的不同流派，还随着军事远征和海陆商贸远传中亚、南亚、地中海及欧洲等国，一度达到鼎盛。

海宁皮影戏就是这些流派中的一种。宋室南迁后，皮影戏跟随政治中心的转移和京杭大运河的流通从中原传入江南，在与当地的“海塘盐工曲”和“海宁小调”相融合，并吸收了“弋阳腔”等古典声腔后，改北曲为南腔，形成了以“弋阳腔”“海盐腔”（海宁方言也称“阿拉腔”）两大声腔为基调的古风音乐。其曲调激扬、节奏明快，既保留了板胡、中阮等北方乐器，也加入了笛子、二胡等江南丝竹及唢呐，将南北音律完美融合。与北方展示全脸的皮影不同，海宁皮影戏的人偶是五分脸，单手并足，且少雕镂、重彩绘，更注重写实，人物形象鲜明饱满、栩栩如生。同时，由于海宁盛产蚕丝，民间有祈求蚕神风俗，当时的蚕户们为请愿丰收，会在养蚕前请皮影戏团进行演出。演毕，由戏班揭银幕（桃花纸）贴于蚕匾，以示吉庆，再由蚕户给戏班桃花纸换上银幕，因此海宁皮影戏也称作“蚕花戏”。

最兴旺的时期，勾栏瓦舍，座无虚席；繁弦急管，腔圆字正；日日可见小人儿银幕交缠。彼时，海宁的皮影戏班也曾多达数十个，艺人近百，分布在斜桥、盐官、郭店、石井、庆云、长安、辛江、周王庙等地，并慢慢发展成皮影戏的主要流派之一以及中国南方皮影戏的代表。

只可惜到了清光绪年间，因朝廷下谕“禁在阀门演出”，皮影戏一度凋零，艺人大多转务农业，只在乡村节庆和民间红白喜事中演出。随后又因连年不断的战乱和社会动荡，皮影戏更是大受打击，从此一蹶不振。

“那个时候，很多地方都不允许再演皮影戏，老艺人们是把皮影人偶偷偷藏在屋顶的瓦片下面，才逃过一劫。”海宁皮影戏浙江省级代表性传承人平柏荣如是回忆。

20世纪50年代，浙江省文化厅为组建剧团赴京演出，经调查才发现唯有海宁尚存技艺精湛的皮影艺人，其中就包括清末民初便成立的斜桥镇郎家班。

郎家班由一位叫杨叙珍的老艺人创立，起初只有郎阿六和郎阿春两名学徒。后杨叙珍班子解散，郎阿六和郎阿春便分别建立班子在斜桥演出，一直到1949年初。

20世纪90年代左右，为了振兴家族手艺，将这项文化宝藏传承下去，七十多岁的郎家班第四代传人郎自立找到了当时剪纸出身的同乡王钱松，又联合了几位福建的皮影戏老艺人，重新组建了演出班子。“因为早些年皮影都毁得差不多了，所以爷爷他们连箱子和道具都是一点一点亲手做起来的。那时候的演出票价一场才几毛钱，爷爷他们就自己拉着道具去各个乡镇演出，有时是在宋城，有时是在乌镇，表演的次数多了，就为皮影戏带来了不少观众。”郎自立先生的孙媳妇张英谈起爷爷当年的事迹，仍感慨良多。

海宁皮影戏，张庆中摄

观戏，张庆中摄

可这样的好日子并没有持续多久，由于郎家当时没有其他人在系统地学习皮影戏，郎家班的家族传承很快在郎先生去世后陷入了瓶颈，面临着文化脉络的中断。得知这一情况后，海宁江南皮影剧团的创始人沈圣标上门拜访了郎家，希望说服郎家的年轻人继承郎先生的衣钵。

经过一番深思熟虑，郎先生的孙子郎章铭成了这一人选。2009年年初，郎章铭真正拿起签子棒，开始学习皮影，并不断向海宁的皮影老艺人求教，力图吸收传统皮影戏最原汁原味的精髓。“有的老艺人肚子一藏就是上百本大戏，只有拼命学，才能让更多宝贝留下来。”他边学边演，有时候一天就要连演四十多场，一个月只能休息四天。在这个过程中，他跟妻子张英也因皮影戏结缘。张英喜好绘画，恰巧拜了王钱松先生为师，学习影偶制作。在她的印象里，尽管当时每天都要起早贪黑地坐公交去上课，月收入也只有微薄的七百五十元，但在老师的指导下慢慢为人偶描摹上精致的眉眼，涂染上纷呈的油彩，看着它们被画笔变成一个个或嬉笑或怒骂的鲜活人物，却是一件既充实又富有成就感的事。

然而，越是深入接触皮影戏，那些潜藏在光影幕布之后的传承难题也越是无所遁形。

在当今社会，许多人沉迷快节奏的快餐文化，只顾追求热点与爆款，早已丢失了沉淀下来钻研事物的精神与心性。那些精细微妙的影偶绘制技艺、道尽了整片江南水乡多元民风的靡靡之腔，以及需要经年累月打磨才能自如操纵于荧幕的“一颦一笑”，试问谁能承袭而下？那些经典流传，为人所耳熟能详的传统剧目，随着老艺人们相继步入风烛残年后，又将为谁而唱？

带着这些疑问，郎家人、王家人，联合一批志同道合的皮影戏爱好者，开始走上了艰难但坚定的传承革新之路。

2000年，斜桥镇首创“童话皮影剧”，结合时下流行的新风尚，针对垃圾分类、反腐倡廉等时代主题和一系列社会热议事件，重新创编剧本，进行演艺。在影偶制作上，张英等人还利用自身擅长的绘画技巧对角色形象进行卡通化处理，使其更具亲和力与趣味性，拥有了更加广泛的接受度。通过新颖的编排与演出，诸如《最美女司机》《贪得无厌的下场》等剧目已成为斜桥出品的童话皮影戏的代表作，在今天的舞台生动上演。

除此之外，斜桥镇还专门设立皮影戏文化馆，里面既有影像文字资料展示，也有皮影戏制作表演体验，同时联合传承人创新性地开发衍生文创产品，将原生态皮影融入千家万户，让这项非物质文化遗产真正活起来。

“郎”声漫漫传薪火，夕阳皮影下斜桥。记忆里的无限夕阳，似乎既为我们开启了皮影戏包罗万象的光影之门，也预示着这项承载重要文学和艺术价值的文化遗产正在日薄西山。尽管道阻且长，但我们仍可以相信，这座满怀热忱与决心、立在时代风口播下非遗之种的城镇，或将带领皮影戏走向新生的曙光。

3. 洛溪风物志

世界上有三大酱菜，一是日本酱菜，二是欧洲酸菜，三是中国榨菜。在中国榨菜中，又以海宁“斜桥”牌为代表的浙式榨菜，与以涪陵“乌江”牌为代表的川式榨菜齐头并进，共同列为中国知名榨菜。

斜桥榨菜在斜桥镇已有七十多年的种植历史，是一道家喻户晓的本地美食，而且还相当有知名度，甚至与盐官涌潮并驾齐驱，成为海宁的地方文化类型之一，所谓“海宁涌潮天下奇观，斜桥榨菜名扬四海”。但事实上，榨菜并非斜桥土生土长的“本地货”。

众所周知，榨菜的起源乃四川涪陵（涪陵，原属四川，现属重庆）。相传清光绪年间，一个叫邓炳成的人在一家涪陵商人经营的酱园中做事。偶然有一天，他与其他工人商量如何加工腌菜，试着仿照大头菜的全形腌制法，将青菜头进行腌制。这样腌制而成的菜受到了老板及其亲友的好评，老板觉得有利可图，便将其投入市场，并为其取名“榨菜”。若干年后，涪陵榨菜打入上海市场，并获得成功。

民国二十年（1931），斜桥仲乐村莲花庵一位修行的老太太接待从四川前来探亲的侄女。侄女带了一些榨菜供她品尝，并留下了榨菜的腌制方法。随后，老太太尝试在自家种植、腌制，并将此法分享给村里人，榨菜从此就在斜桥“生根落地”。

民国二十三年夏季大旱，粮食大减产，多亏了斜桥人以榨菜充饥，才度过了粮荒。此后，种植榨菜的斜桥人越来越多，种植面积也逐步扩大，且农民们大多习惯自种自腌自食，少量销往外地。不久，抗日战争全面爆发，交通受阻，涪陵榨菜难以运到上海销售，所以菜价暴涨。斜桥籍沪商陈春荣趁“斤菜斗米”之机，筹资两千五百元于1938年4月在斜桥创办了“斜桥榨菜行”，令“斜桥榨菜”由自给经济转为商品生产。翌年4月，“斜桥榨菜行”更名为“味美榨菜公司”，并定商标为“万年青”。

虽然同源而生，但由于气候生长环境不同，斜桥榨菜的制作工艺经过一系列演变改进，已经与涪陵榨菜有所区别——涪陵榨菜是冬季收获加工，采用风干脱水法；斜桥榨菜是秋种春收，采用食盐脱水法，因此斜桥榨菜色泽偏绿，质地脆嫩，具有“手捏柔软性，辣粉裹菜身，表面起皱纹，撕有丝缕形”的特点。

斜桥榨菜的制作工艺在海宁远近闻名，目前已被列入第三批浙江省非物质文化遗产名录。经过几十年的发展，斜桥榨菜脱颖而出，具备了“青出于蓝而胜于蓝”的气势，与涪陵榨菜难分高下，共同成为中国榨菜的代表。

此外，庆云村的千张皮、路仲村的羊肉面、光明村的八宝菜以及农家特色土酱等，都是斜桥镇美食大家庭里的重要成员，是上百年来家庭手工作坊里细工慢活的产物，凝聚了不同村落劳动人民的精湛手艺。

拥有六千年农耕渔猎文化底蕴的斜桥镇，原本就是运河体系孕育下的村落集群，水系发达，物产丰富，拥有特色乡村的天然优势。借助这一优势，目前斜桥分别打造了两条镇级美丽乡村精品线，开展了二十个精品点、五十个美丽田园建设，借以突出“一村一品”“一村一景”“一村一韵”的主题。

这些村落中，当以路仲古村最值得一探。路仲，原名“埭上”，又称“渟溪”，最早形成于三国时期，乃东吴名将陆逊屯兵之地，后商贸繁荣，逐渐聚集成市。1928年，路仲为海宁县四大镇之一。

路仲不大，却是典型的水乡布局，若乘船出发，可见水道弯曲，四通八达，十步便是一景，景后又别有洞天。各式各样的古桥静静搭连河上，构筑起整个村庄的脊脉。村上住户往往枕河而居，有的临河备有河埠，河畔还有古驳岸。清代学者陆嘉淑曾有诗云："泛舟过渟溪，人家两岸齐。到门才咫尺，水涨板桥低。"就生动描绘了路仲原汁原味的水乡景貌。站在路仲街头，放眼望去，才当真称得起一个"古"字！

出了路仲村，船桨别停，转头驶进永合村，可寻郭家石桥遗址，领略新石器时代马家浜文化的古老韵味；在万星村，随处可见竹编制品点缀其间，仿若走进幽美静谧的江南竹林；去斜西村，还能游渔晚斜西主题公园，体验一回地地道道的"日落天边霞似锦，钓翁归棹鲤盈舱"……

村落与村落之间水道相连，若玩累了，直接摇船回路仲的"三兴馆"来一碗鲜香扑鼻的"酥羊大面"，或随意找一户农家坐下品一品榨菜小炒，最后路过庆云捎一些软嫩可口的千张回去，最悠闲圆满的旅程也不过如此。

斜桥，是一座由特色美食与主题乡村共同打造的城镇。"曲人曲橹摇曲港，斜风斜雨过斜桥"——正是在斜桥人一声又一声的吆喝中，斜桥古镇血脉里古老而蓬勃的基因逐渐被唤醒，并开始走向欣欣向荣。

四、盐官古城，灯火阑珊

春秋时期，海宁分属越、吴、楚三国。秦始皇统一中国以后，海宁地域被划归为海盐县和由拳县。东汉建安八年（203），东吴大都督陆逊在此地任海昌屯田都尉，都尉府就设在盐官。陆逊是个学识与远见兼具的政治家，在屯田都尉任上所做的政绩非同凡响，在盐官老城内至今还保留着他的点将台，实质上是后世子孙对他的纪念。三国吴黄武二年（223），析海盐、由拳的部分地域，置盐官县，此为海宁建县之始。唐永徽六年（655），濒临钱塘江的盐官开始筑城。从盐官建城到1949年中华人民共和国成立，在将近一千年时间里，盐官一直作为县（州）治所在地而存在，所以完全可以说，盐官其实是一座县级古镇。

路仲古村一角，沈浩鸣摄

1. 观潮之约

诗人徐志摩在日记里写道："我原定请他们看夜潮，看过即开船到硖石，一早吃锦霞馆的羊肉面，再去俞桥看枫叶……"

这场闲适而又惬意的旅行，发生在民国十二年（1923）农历八月十八。日记里的"他们"，指的是被徐志摩邀至盐官观潮的社会名流，有从杭州过来的胡适和曹诚英，以及从上海奔来的陶行知、陈衡哲等九人。后来他们是否到硖石镇吃上了著名锦霞馆羊肉面不得而知，无据可考，不过在诗人的日记里，大家坐着荡悠悠的木船划向盐官古城的途中，倒是吃到了一顿丰盛可口的船菜："饭菜是大白肉，粉皮包头鱼，豆腐小白菜，芋艿，大家吃得快活……"

文人好风雅，那桌美酒佳馔甚合他们的口味。船菜的荤肴还有清炒虾仁、水晶蹄髈，另有鲜菱豆腐、雪菜豆瓣泥、芙蓉蛋汤等。诗人还专门为曹诚英蒸了个大芋头，结果惹得大家都笑。胡适当时正与这位Miss曹在杭州烟霞洞幽居，春风得意，心情非常好，对船家美食是赞不绝口。

船到了盐官，大家先在占鳌塔下摄影留念，旋即登塔望远。始建于明代万历三十五年（1607）的占鳌塔，距这批社会名流登塔之日，已有三百多年历史，对他们颇有吸引力。当年建塔的目的并非为了供佛，而是为了镇海安澜，所以本名叫"镇海塔"。自宋元以来，海潮不断地北冲，导致潮灾不断。为了将海宁潮彻底稳住，寄托着当地人强烈愿望的占鳌塔便立了起来。

占鳌塔直插云天，塔外装有回廊护栏，都说此乃观潮最佳点，正是"一线潮"奇观完美呈现的地方。当天晚上，徐志摩被胡适等人拉着去了杭州，日记里留下"楼外楼吃蟹，精卫大外行"之句，诗人还记下了他们泛舟西湖的片言只语："湖心亭畔荡舟看月，三潭印月闻桂花香。"

倘若真能摇曳着时间之舟逆流而上，兴许可以窥见"观潮之约"发生前的那年春天，另一个海宁人王国维急促促走进紫禁城的情形。较之于弄潮儿徐志摩，王国维应该算是个旧式人物。经亦师亦友的儿女亲家罗振玉的推荐，他做了逊帝溥仪的"南书房行走"，相当于皇帝的机要秘书。当时，以陈独秀、胡适、鲁迅以及徐志摩等为代表发起的新文化运动正如火如荼，浪潮汹涌，而始终保留着辫子的王国维却要逆水行舟……

王国维，字静安，晚年号观堂。这位海宁盐官镇人士，是中国近、现代相交时期享有国际声誉的著名学者。其父王乃誉，宋安化郡王三十二世裔孙，家族因抗金名将王禀及袭封前爵、赐第盐官的王沆而在海宁很受敬仰。到了王国维这一代，家族声誉达到鼎盛。王国维从攻读西方哲学，构筑新美学体系，至宋元戏曲考，在文艺批评、诗词与戏曲史之研究，以及后期在经史小学，尤其在甲骨文、金文学、汉晋简牍、汉魏石经、敦煌卷子等方面的整理与考释，皆有成就。他的治学生涯，虽短暂却辉煌，也自证了他的——古今之成大事业、大学问者，必经过三种境界。究其本质，他的“境界说”其实也是人生的三种境界。

作为“新史学的开山”（郭沫若语），王国维为中华民族文化宝库留下了广博精深的学术遗产，他本人也因此成了盐官古镇标志性的人文符号——盐官之美，恰好可借用王国维“境界说”中的第三境界来诠释——众里寻他千百度，蓦然回首，那人却在灯火阑珊处。

站立在海塘边，仿佛能看见徐志摩和王国维这两个著名的江南人物，在民国时期不同的历史空间里穿梭行走，倜傥风流。目光的尽头，是诗人徐志摩为了赶赴北京听林徽因的演讲而匆匆登上一架邮政客机，最后像鸟一样消逝在无尽的天空：“悄悄的我走了，正如我悄悄的来；我挥一挥衣袖，不带走一片云彩。”转瞬又可见观堂先生在颐和园昆明湖畔的鱼藻轩内，吸完人生最后一支烟，随即自沉昆明湖底。盐官古城历史上的两大文化名流，都如此决绝地穿透了生死的壁垒——一个把自己羽化在诗意的天空，另一个将自己沉寂于静默的大地。如果说徐志摩这位新月派诗人恰似盐官古城奔涌而来的夜潮，那么王国维则更像潮水之下那深远无边的海塘。潮浪与海塘之下的流深静水，共构了盐官古城极为精彩、而又百世流芳的国学文脉。

王国维故居就坐落在盐官镇西门内的周家兜，是他少年时代的住宅。整个庭院坐北朝南，前厅正中置放了一尊王国维半身铜像，意味着他将永远成为盐官镇的一个重要组成部分。故居不远处就是金庸书院，参照的是安澜书院曾经的建筑布局与

占鳌塔夜景，沈益亮摄

观潮之约，沈益亮摄

设计风格。安澜书院由清朝久负盛名的经学家阮元在盐官创办，现经海宁市政府整体筹划后，投资千余万元重新建造，并于2010年9月22日落成后正式对外开放。在金庸书院，除了可以系统阅读金庸小说、相关著述以及研究资料外，还具有讲学、展示和藏书等多种功能，所以也就成了研究金庸文学的重要场所之一。

2. 盐官的家底

1948年的春天，海宁人查良镛被上海《大公报》派往香港分社，担任国际电讯翻译。两年后他又转做子报的副刊编辑，与一个叫陈文统的人共用一张办公桌。此后，中国的武侠江湖便有了新传说，新武侠小说横空出世。

查良镛即金庸，与他比肩的就是梁羽生。金大侠的开山之作是《书剑恩仇录》，一则儿时听来的关于"乾隆身世之谜"的蜚语，竟被他用作小说驱动，演绎出一个反清复明的故事，真是妙笔一挥，马上可以荡回江南故里的那座阔大而又神秘的宰相府邸……海宁陈家，世代簪缨，非同凡响。三百年来，累出进士二百余人，位居宰辅者有三。官至尚书、侍郎、巡抚、布政使者，有十一人之多，典型的名门望族。

海宁陈阁老宰相府俗称"陈阁老宅"，位于盐官镇古邑路1号，现在是盐官镇的一个重要景点，也是整个盐官古城的重要组成部分。这座老宅东西两侧分布着大小不等的众多传统居民院落，尽显"前有园林，后有花园"的望族贵胄的府邸风范。

杭州的胡雪岩故居也有超一流的江南园林布局，可是陈阁老府所呈现的，完全是一派中国传统士大夫府第的格局与气象。两大豪宅，气质迥然不同。比如胡府也有气派阔绰的轿厅，但却没有或不敢拥有"肃静""回避"之类的虎头牌。

胡雪岩曾授江西候补道，赐穿黄马褂，亦官亦商，可是朝廷一品大员的日常仪仗，红顶商人难以望其项背。轿厅是老宅的大门，北向临河，气势森严。较之这等释放官威的气场，他的书房更惹游人爱，那里才是盐官陈氏家族的精神内核与文化气孔。纯粹的中式书房，非常适合红袖添香夜读书。书柜与几案所构成的空间，足够阁老在此运筹帷幄，决胜于千里之外。推开书房大门，回廊环绕，曲径通幽，抬头即可见院落内的三株古树。有一株是银杏，落英满地，让人恍然产生今夕是何年的感慨，仿佛看见那位清代雍正朝的太子太傅、文渊阁大学士，正在灯火阑珊之下望月赏树，闲看厅前花开花落。在双清草堂西侧有株古罗汉松，树龄有六百多年，依然青春不老，这是陈府的“三宝”之一。

这座拥有“一门三阁老，六部五尚书”的陈阁老宅，始建于明代晚期。陈元龙拜相后，将大门改为竹扉——宁可食无肉，不可居无竹，又增建双清草堂和筠香馆，颇显皇宫内院气派。据说，宰相府里的另两宝是——雍正帝御赐的“躬劳著训”九龙匾，和享誉书法界的明代陈氏法帖碑刻。

在盐官古城，由于陈府铺陈得实在太大，所以当时人称“陈半城”。而且，即使陈元龙告老还乡，也实乃“盐官之官”。只是大清阁老的钟鸣鼎食之家早已随风飘逝，也许被文物部门悉心保存的残瓦断垣，尚存些许旧时光里莫须有的烟火气，而陈家祠堂里供奉着的一块块层层递进的祖宗牌位，似乎还在将昔日海宁陈家的光泽，勉为其难地传给后世子孙，权且当作回溯历史的指向路标，继续叙说着半座盐官皆陈家的辉煌史。

较之其他江南古镇，盐官镇自有它的独特面。在嘉兴运河沿线的古镇里，唯有桐乡的崇福镇和海宁的盐官镇，是县城演变而来，而且都具有一千多年的建县史。

在盐官古城，曾经流传着这样一首民谣，唱出了这座县城的形貌与结构，甚至连它往昔的繁盛与传奇，以及几分家底，都精辟地概括了进去：

> 一座古塔十所庙，五大城门四吊桥。七十二弄三大街，亭院寺阁九曲桥。古迹要数海神庙，左右石坊白玉雕。唐代经幢明代松，清出文渊陈阁老。更有天下闻名事，今古奇观海宁潮。

一座古塔，就是指铜雕作品《那一天》旁的占鳌塔，它是盐官镇的标志性建筑。在塔顶鸟瞰，古城风貌尽收眼底。远处的杭州玉皇山和海宁硖石镇的东山，也隐约可见。

十所庙的说法，比喻盐官庙宇之兴盛。东晋孝武帝时期，尚书张延光将硖石一带规模宏大的府第“养拙园”的一部分捐作寺院，名叫“志愿寺”，这是海宁历史上记载最早的庙宇，它就是如今位于硖石镇西山南麓的惠力寺。盐官有过不少名寺古刹，大多湮没在历史长河里，唯有这座经历了一千六百多年风雨，古时隶属盐官县的惠力寺，香火兴旺如初。

海神庙最宏阔，它是海塘的重要组成部分，也是江南地区现存规模最大的敕建官式建筑遗存。海神庙建于清雍正八年（1730），专祀“浙海之神”，以及列祀海神及有功于海塘者。从目前尚存的石坊、石狮、石筑广场、庆成桥和御碑亭等遗址的规制与布局，能看出皇家督造的气度，这是官式建筑结构与地方文化高度融合的典范。

盐官镇名源自西汉，因吴王刘濞煮海为盐，在此设司盐官而得名，距今已有两千两百多年的历史。所以司盐之官即盐官，镇名即官名。盐官地处钱塘江入海口的咽喉，在钱塘江大桥通车前，此间一直是连接杭州湾两岸的交通孔道，是重要的物资集散地，确实是块风水宝地，自古以来经济繁荣、文风鼎盛、人才辈出。而今，盐官古城已经被很好地保存了下来，只要走进这座围合完好的古城，就能领略到民谣中所唱及的“五大城门四吊桥”。

五大城门，是指古城内分别位于东南西北四个方位的春熙门、镇海门、安戍门和拱辰门，以及东北面的宣德门。乾隆六下江南，四次驻跸海宁盐官镇陈阁老府，有三次从宣德门下过。乾隆到盐官，主要是来巡视海塘。由于一路上舟车劳顿，乾隆抵达宣德门后，一般都要爬上城楼去看一看——普天之下莫非王土，关键是眼下的这条千年老街确实值得鸟瞰。

经过将历史与民俗糅为一体的创新改造，这条老街目前叫作“宰相府第风情街”。全长600米，宣德门正是它的起点。“宣德”二字有“宣扬德化”的意思，由盐官宋朝状元张九成题写。除了宣德门，其他四个方位的四座城门都有吊桥，以便掌控进城的要道。吊桥下是护城河。城墙、城楼、城门以及吊桥和护城河，构成了盐官最显著的古建筑特色。

民谣里的“七十二弄”应是虚数，形容盐官城里古弄之多。“三大街”倒是实指，分别是北大街、南大街和南门直街。宰相府第风情街只是现在开发的“文旅街”。虽说是新街，但确实在走仿古路，举目尽是古商铺，以呈现古盐官的“百工技艺”。海宁人喜欢说“学得一身好手艺，走遍天下有饭吃”，表达的正是对手工技艺的认知和敬重，这也是“百工技艺”在盐官世代传承、兴旺发达的原因。时至今日，虽然有的行业因被新技术所替代而湮灭，但仍有部分传统技艺作为非物质文化项目而被传承了来，比如“海宁三把刀”制作技艺。

在盐官，最能展示古城迷人风光的是九曲桥。位于盐官镇北寺弄，距唐代经幢约600米处，朝向南北，是10多亩池塘上那座古代石板桥，因用石板一块块弯成九曲，因此得名。九曲桥始建于明代，现为安澜园仅存之建筑，是海宁境内最古老的桥。在嘉兴尚存的古塔与经幢中，有五座唐代经幢最为珍贵。惠力寺有两座经幢，始建于唐咸通十五年（874），2013年被国务院公布为第七批全国重点文物保护单位。民谣里的“唐代经幢明代松”，是指位于盐官镇安国寺遗址内的那三座唐代石构经幢，分别始建于唐会昌二年、会昌四年（844）和咸通六年（865），2006年被国务院公布为第六批全国重点文物保护单位，是嘉兴现存的寺院古建中最为珍贵的部分。至于“明代松”，所指就是至今伫立在陈阁老宅内的那株罗汉松，它是宰相府里的一道独特风景。

这条以“陈阁老宅”为主体的盐官古街，由东向西全长600米，分布着杨兵部宅、郑晓沧故居、城隍庙等人文景观，还有不少旧时民居和商铺，其中有一座民俗风情馆是用清末孙姓县令的老宅改建而成。孙某是盐官人，在嘉善做县令。在今天的孙府里，较为完整地展示了海宁皮影戏。不单斜桥镇的皮影戏已成气候，盐官镇的皮影戏班也很兴旺。这是宋室南迁后，随之而来的“文化迁徙与落户”，凝结了海宁古典文化的精华。

3. 猛进如潮

比起皮影戏，盐官潮更为天下知。它在大自然的舞台上展示自身独特而魁伟的魅力，被世人称作“天下奇观”。

海宁潮又称钱塘潮，因为潮起钱塘江。钱塘江是浙江省第一大江，江口阔大而

盐官古镇，沈益亮摄

江身狭窄，入海口呈喇叭形。起潮时，海水从宽大的上百公里的“喇叭口”涌入，由于受两旁渐狭的江岸约束而形成涌潮。当千里波涛从江面上奔涌而来之际，正是观赏奇观美景的好时机，万千气象因“水到潮成”。

观潮之风始于汉而盛于宋。自南宋起，就把每年农历的八月十八日定为观潮节。南宋周密在《武林旧事·观潮》这么记载：“浙江之潮，天下之伟观也。自既望以至十八日为最盛。”既然观潮是一大盛事，文人墨客对观潮自然心向往之，所以古往今来的观潮诗俯拾皆是。比如李白写了《横江词》，后两句“浙江八月何如此，涛如连山喷雪来”，与刘禹锡的《浪淘沙》中的“须臾却入海门去，卷起沙堆似雪堆”一样，也是用“雪”的意象极尽描摹潮的瑰丽与恢宏。孟浩然、白居易、杜甫等家喻户晓的唐代诗人也都写过海宁潮，写潮好像是他们这等唐朝文士的必修课。宋代的苏轼在《催试官考较戏作》里，更是将海宁潮评为“八月十八潮，壮观天下无”。就连充满革命精神、独领风骚的诗人毛泽东，在1957年9月11日，从杭州来到盐官镇郊七里庙观潮之后，也写了一首观潮诗。大约在中午12时20分，潮水奔涌而来，借着风势，发出沉闷的隆隆巨响。毛泽东凝视大潮，拍手赞叹，随后写下一首气势磅礴、独树一帜的《七绝·观潮》：

千里波涛滚滚来，雪花飞向钓鱼台。人山纷赞阵容阔，铁马从容杀敌回。

自清宣统元年，沪杭铁路建成通车后不久，作为管理机构的沪杭路局专门开设了一条“观潮专线”，以吸引上海及周边游人赴盐官观潮。在1916年9月16日的《民国日报》上，还专门报道了前一天，即9月15日，孙中山先生坐观潮专列到盐官观潮的情形。上午6点40分从上海首发，目的地是海宁长安镇。每张车票需六块大洋，包含午餐和晚餐。火车抵达长安后，另备有民船前来接送观光客，大约行驶24里的水道，就可抵达盐官的观潮点。下午3点左右，观潮结束，仍用民船将观潮客送回长安车站。游客在车上用过晚餐后，大约在晚上7点发车，9点一刻到上海火车站。为了提防顾客失窃，沪杭路局派出烈姓洋总管和一位叫作沈淑玉的人随车照料，由车站派来两名侦察，大概也就是便衣往来保护。文章还说，孙中山先生偕友七人前往，谢绝一切招待。

据浙江省议员、海宁人许行彬写的回忆随笔《观潮盛事话当年》里介绍，农历八月十八日这天，孙总理与随行的宋庆龄、蒋介石、朱执信等若干人，先在周王庙站下车，然后由他安排的专车送到海宁。海宁县知事刘蔚仁先率军警在丁家桥迎接，随后进马公祠休息并用餐，随后大家一起上三到亭（今天风海涛亭）观潮。潮水恰似万马奔腾，来如雪山，孙总理见后称此为奇观。潮退后，大家在亭上留影，许议员趁机向孙总理请赐题词，他笑而应允，回沪后不久便让蒋介石将题词寄到海宁，写了四个字——猛进如潮。蒋介石在给许行彬的信里说："奉孙先生命悬于观潮之新亭，以勖勉国人。"

遗憾的是，总理的墨宝虽是被许行彬求到了，但因没有悉心保存而遗失。好在"猛进如潮"四个字所蕴含的进取精神，却深深地融进了这座潮城。1995年，海宁市委、市政府广泛征求各方意见，从二十四条海宁代表性的表述语中，经总结和提炼，最后确定将"敬业奉献，猛进如潮"作为海宁精神的表述语。这八个字，紧扣"潮"文化的鲜明特征，以1916年孙中山先生到海宁观潮的自勉题词为基础，体现当代海宁人在新时期改革潮、经济潮和发展潮中不畏艰险的"弄潮儿"气概和无私奉献的精神。

4. 音乐文旅项目

时光荏苒，如白驹过隙。当年大清雍正朝的文渊阁大学士陈元龙，告老还乡后，俨然是"盐官之官"，家族坐拥几近半座盐官城，故而世人称其为"陈半城"，享尽钟鸣鼎食的富贵生活。现如今，盐官城里又出现一位至关重要的"耳东陈"，他正试图以其独特的创意与激情，构建一座崭新却归属于普罗大众的盐官古城。他就是著名的古镇策划与实践家陈向宏，新时代的"陈半城"。

这个低调肃静的梦想家，曾以其与众不同的行事风格，个性斐然的创作态度，将自己的故乡，那座日趋衰败的乌镇重新定位与布局，不仅将其升格为世界互联网

一线潮景天下闻，沈益亮摄

今日之盐官古城，沈益亮摄

大会永久会址，还将旅美文人木心请回故乡，由此把美术、戏剧等原本与乌镇并无关联的不同的文艺形式，与乌镇同乡茅盾所代表的文学艺术融会贯通，一并注进乌镇，形成它的灵魂，进而演变成一种极具吸引力的文化生活方式。如此一来，就算只是个看热闹的外行也能发现，普通的古镇已经名扬天下。

陈向宏为盐官带来了“乌镇模式”，这回要注入的文化基因是音乐——盐官古城将迭代升级，演变成2.0版的乌镇，中国独有的音乐小镇。

以观潮闻名于世的盐官，似乎在潮水的此起彼伏的回声里捕获了音乐灵感，抑或发掘出了古镇的音乐固有的“音乐天赋”，2018年，盐官音乐小镇项目进入了施工建设阶段。世界上最大的木质剧院之一的“万国歌剧院”，经过分拆打包，历经八个月的远渡重洋，终于在2022年6月15日这天全部运抵盐官镇，完成了近六十个集装箱加上近6000海运立方米云杉木等原材料的收储工作。

盐官音乐小镇项目由海宁市政府与陈向宏团队共同合作开发，总用地面积约2.1平方千米，投资约一百零五亿元，已列入省重大产业项目。剧院落户盐官以后，将配合周边功能和小镇环境再次扩建，这也是2022年盐官音乐文旅项目的重点之一。

未来的盐官古城，不仅是一座历史悠久的古城度假地，还将是一座专业而又舒适浪漫的旅游度假地。当各种音乐产业潮水般倾泻到盐官古镇之后，这里的生活将变得丰富多彩，而又精彩迭出。除了老电影院可以怀旧追古，还有新建音乐主题民宿、音乐酒吧街、八音盒博物馆、古城特色音乐厅、户外音乐演出场所等一系列音乐项目，最终将在盐官古镇形成“老城的音乐生活氛围”“小镇的音乐节庆品牌”“区域的音乐产业培育”等比较纯粹的音乐生活。潮水之声是大自然赐予的天籁，在此大基调之下，盐官古城的音乐生活非常值得期待。

第六章

四徙六析话海盐

古海盐，地处百越族群的聚居地。虽属越地，但因在吴越交壤的边缘地带，风俗更近吴地，因此亦有“吴根越角”之称。海盐又是中国最早建县的古城之一。

大秦帝国一统天下前夕，“海滨广斥，盐田相望”的海盐便得以设立县制。海盐先置县，秦王后称帝。从此，嬴政二十五年（前222）成为海盐县的一个重要时间标识，也是海盐县的“生命”起点。更远古的海盐疆域，曾经是新石器时期的马家浜、崧泽、良渚文化的发祥地之一，在中国历史文化版图上占据极其重要的地位。

走过秦皇汉武、唐宗宋祖，曾经地大物博的海盐县历经数度分割与变迁，最终的地理位置从东北向西南逐渐减缩成了今天的模样。古海盐的地域至少是现海盐的五倍，完整的全貌包括今嘉兴市的平湖、嘉善等县城，还涵盖了今上海的松江、奉贤、南汇等地。当年隶属海盐的金山，正是上海最早的溯源地。

汉昭帝始元七年（前80），海盐县令上官宇亲率百余人测绘县境，这大概是海盐有史以来规模最大的一次县域勘测。那次官方丈量的结果是，海盐县境东临大海，西抵长水关，东西共有353里；南至王盘山西海岸，北达淞江（今苏州河）两岸，以缪县为界，南北361里。海盐县的平坦耕种地有1500余万亩；丛林、山地、道路计1200余万亩；河湖水泊2000万亩以上……在一系列地理尺度与具体数据解读中，海盐县的辽阔与富庶，顿时展露无遗。

嘉兴至海盐运河河段，古称“官塘”，现叫“海盐塘”，为历代漕运之通道。在海盐塘的两岸，有许多大小集镇和村落，其中规模较大、人口较多的是于城、沈荡、余新三个集镇。当年，这些集镇街道狭小，街上大多是破败陈旧的木结构房屋。在海盐塘上还有几座较大的石桥，在海盐轮船码头西侧有同安桥、于城大桥、沈荡大桥等，都是有着悠久历史的石拱桥。

轮船经过嘉兴南湖后，要穿过一座铁路桥，等过了公园西侧的城区大桥时，嘉兴轮船码头就近在眼前了。而今，海盐塘两岸的景观发生了天翻地覆的变化，汽车交通变得十分便捷，而那种“摇啊摇，摇到外婆桥”慢悠悠的渡轮和木船，几乎都成了往昔岁月里的集体记忆……

一、武原史话

1. 海盐的“四徙六析”

海盐县天生丽质，底蕴深厚，却命运多舛。在中国大历史的朝代更替中，走过了一条曲折而又复杂的迁徙之路。尽管在长达两千多年的历史跨度里，也曾高潮迭起——三度成为京畿重地，享受过历史机遇期带来的繁荣与财富，但是，从“四徙县治”的地理行政变迁，再到县城版图的离析与收缩，长期在跌宕起伏中，海盐经受了一座古老县城“六析其境”的嬗变。只有深入勘探海盐县的变迁史，才能领略它的县域面积是如何由大变小，政治重心又如何从东北退缩到西南，最终以原始县域面积五分之一的体量，固守在古海盐县的西南境。要读懂海盐，必须重溯“四徙六析”的来时路。

“四徙”与“六析”可以算作海盐县的专属名称。所谓“四徙”，指的是在海盐置县至今长达两千多年间，曾经东挪西移，总共搬迁过四次。

还是要从嬴政二十五年这个历史节点说起。秦灭楚后，率先将原本属楚的海盐置县，县城就在今上海市金山县（今金山区）的东南境，先前叫“华亭乡”。华亭境内有座柘山，因满山遍野长满柘树而被叫作“柘林”。柘树是优良的绿篱树种——柘

古老的海盐，郭秋敏摄

的茎皮纤维可造纸，根皮可入药，柘果可生食或酿酒，柘木可制良弓，嫩叶可养蚕，总之柘树一身是宝——培养出来的蚕叫柘蚕，缫出来的丝就叫柘丝。靠山吃山，当时海盐的农桑之利是上天的恩赐。

然而，好景不长。秦朝末年，受地壳运动等诸多因素的影响，柘山突然塌陷为湖，柘山成了柘湖。大约一千三百年后，北宋政治家王安石曾用一首五言律诗《柘湖》描述了当时他视野里的湖泊：

柘林著湖山，菱叶漫湖滨。秦女亦何事，能为此湖神。

王安石总共写了十首咏颂华亭的诗，诗题为《次韵唐彦猷华亭十咏》，唱和华亭县令唐彦猷十年前的诗作《华亭十咏》。唐县令的“十咏”，描摹的是华亭的历史古迹和风景名胜，同时王安石的唱和诗也跟着写了“吴王猎场”“始皇驰道”“华亭谷”等当时的遗址和景观，甚至还写到了昆山，相当于用宋诗的形式，记载了宋代的海盐风光，为后世留下了一份不可多得的“文化考古指南”。

柘山塌陷成湖，迫使海盐县城从华亭乡搬到了190里以外的武原乡。此时武原的实际位置，在今天平湖市的当湖镇以东一带，而非今作为海盐县治所在的武原镇。据清初的《读史方舆纪要》记载，武原乡西南至杭州府和海宁县城百十里，东北至平湖县城36里，位于华亭乡西南面。这是海盐的政治中心向西南方向迈出的第一步，是海盐县城的“首徙”。

搬到武原乡后，海盐县城安静了三百多年。但是，看不见的命运之手最终还是在东汉永建二年（127），用一场深夜暴雨再次奏响迁徙的序曲。三月初的某个夜晚，武原乡迎来一场暴风骤雨。在凌晨时分，风雨将息未息之际，伴随着一阵巨响，乡里120余顷土地轰然下陷一丈多深。四面八方的大水顿时滚滚而来，将县令王仁芳、县丞何昭亮以及县尉、主簿若干人等，连同他们的家眷、公人、兵丁，还有县城内外的大量百姓，全部冲进了深渊。

由于海盐县的主要官吏均已殉职，海盐康城镇将、钊山侯马庭赛担起了抢险救灾的职责，康城屯兵都尉府同时代行海盐县官府之职，都尉府典卯堂暂充县衙大堂。由于康城是军事重地，不宜长期充当县治所在地，所以朝廷不久就将海盐县治迁到36里外的齐景乡，即今平湖市乍浦附近。由于乡境内有座山，古称“故邑山”，因此新徙之地也叫“故邑城”。

海盐的“二徙”，比起柘山变柘湖的“首徙”更为严重，整个县府机构以及主要官吏全部葬身湖底。这座由天灾造就的大湖，如今平湖境内的东湖是其中一小部分，历史上也称它为“当湖”。永建三年（128），海盐再筑新城。又一年，新县令白沃走马上任，从此海盐又度过了相对平稳的二百一十二年。

东晋咸康七年（341），海盐再次选择“出走”，从故邑城迁徙到它东南面的马嗥城。此次迁城，志书上没有提供显而易见的原因，大概县城因岸线内坍，被潮水吞噬是迁徙的主要动因。马嗥城在先秦时就是兵家必争之地，城名也因吴越战争而得名，是典型的历史文化名城。据说史册记载，当年吴军伐越刚开拔至此，突然就遭遇狂风大作，引得战马嗥啸不止，导致不少将士坠马而亡。吴军大败，马嗥城也由此而生。在马嗥城置县六百多年后，海盐又一次迎来了唯独属于它的“县城三迁”——那场没有任何预兆，突如其来的威猛狂风，有学者推测就是今天所说的“台风”，可能正是它引起马嗥不止，而且吹跑了整个海盐县。

唐开元五年（717）五月，唐玄宗李隆基下令在马嗥城西北部新筑一城。这一年，李白才十六七岁，还尚未开始游历江南。唐明皇与杨玉环的爱情大戏也未开场。这座昔日之新城，就是现在海盐县政府所在地——武原镇。等整座县城搬到武原镇，海盐才真正有了自己的立足之地，拥有了一个相对固定的县治，从此落地生根，直至今朝。

然而，在漫长的历史征程中，海盐不仅在“四徙”中居无定所、辗转流变，而且在不同时代的行政管理与节制下，原始地盘被划出、整合与离析，整个城市样貌发生一系列变化。经过“六析其境”，海盐地域面积由大变小，映射出了朝代更迭对海盐的影响，以及不同历史阶段的统治阶层对城市管理的不同思路，也清晰地反映了海盐乃至整个嘉兴城的历史变迁脉络和现实走向。

“六析其境”的过程是相当漫长的。在海盐置县的四百多年后，占据江东的孙权趁曹操与袁绍以及刘备三方进行军阀混战之际，开始着手规划东吴的地盘。他将由拳的南境和海盐的西南境一并割出，新置一个县城，叫“海昌县”。二十多年后，又改“海昌”为“盐官”，县治就在今天的海宁市境内，海昌县实质上就是海宁的雏形。古海盐则以割出西南境的代价，拉开了“六析其境”的序幕。

南朝梁天监六年（507），梁武帝萧衍割出海盐县的东北境，置前京县，此为海盐的“二析”。二十七年后，在梁中大通六年至大同元年（534—535），南梁简文帝萧纲再次对海盐动刀，再次将县城的东北境割出，设置胥浦县，此为“三析”。当时的南梁朝廷虽然只拥有偏安于江南的半壁河山，但是为了撑起整个帝国的骨架，朝廷还是采用了“以大化小，以少变多”的策略，其实也是南梁朝廷为了稳定政权，安置皇族、士族及其子弟而推出的无奈之举，通过这样的拆分方式来妥善安排官员，以免激化社会矛盾。

唐朝天宝十年（751），李隆基在将海盐搬到武原镇的三十五年后，又一次动了海盐的“奶酪”，分割出海盐北境，与嘉兴东境和昆山南境组成华亭县，这是海盐县的“四析”。这次分割的结果是，上海有了自己的前世“根据地”。到了明宣德五年，海盐境内的武原、齐景、华亭、大易四乡又被分割，五析其境，置平湖县。以当今的行政区域划分来看，今天上海市的部分、海宁市的部分和平湖市全境都是由古海盐分割而来。

最后一次变迁发生在1958年。当时，海盐县被撤销，整个并入了海宁县。可能这样的行政体制结构并不理想，两年之后，海盐又恢复了县制。这次调整的结果是，海盐县境内的狮岭公社被分割了出去，永远留在了海宁境内。

在长达两千一百八十多年的时间跨度里，海盐最终以“六析其境”的走势，完成了地域面积锐减至原始面积五分之一的历史过程。

除了特立独行的“四徙六析”，在漫长的历史进程中，海盐还有过三个阶段跃升为“京畿重地”，被荣幸地囊括在京都文化圈内，在命运多舛的阴霾天里也出现了阳光普照。第一次成为京畿之地，是在三国时期，东吴孙权建都建邺（今南京）之际。

这个历史阶段从公元221年至公元280年，长达六十年。当时扬州吴郡辖下的由拳县和海盐县都属于京畿重地。东吴覆灭后，海盐又回归原位。直到公元316年，东晋南迁，南京再次成为都城，即建康。随后南朝的宋、齐、梁、陈等各种政权据守南京，直到隋开皇九年正月，杨广率领大军攻入南陈国都建康，南陈灭亡，隋朝统一全国。在南京作为国都长达三百三十二年的这个时期，海盐也是京畿之地，所谓“一度京畿”。由于北魏永嘉之乱的移民潮，带来了大量的中原文化，加上南迁王朝持续不断的文化建设，使海盐初步完成了汉化的过程，成为中原主体文化的普及区。

“二度京畿”，起始于宋高宗赵构迁都临安（今杭州）之际。在南宋王朝的一百五十二年间，海盐地区再次成为京畿重地，并逐渐成为南宋帝国的政治、经济和文化中心，以及对外贸易的天然良港和首都临安的海舶门户。

周而复始的历史循环，使明太祖朱元璋再次聚焦金陵宝地，定都应天府（今南京），直至永乐皇帝迁都北京前，南京都是首善之地，前后长达五十三年。这个时期，海盐又一次变成京畿要地，并且在未来岁月里逐步成为大明王朝的军事重镇，这是“三度京畿”。

唐开元五年五月，海盐将县治迁到了马嗥城西北的新筑之城“武原”之后，长期驿动不安的县城总算安定了下来。帝国朝廷又在海盐境内的澉浦设置了一座军事城镇，就叫“澉浦镇”，并直接派遣镇将驻守，承担起东南沿海防御海上防御之重责。

据唐《吴地记》记载，海盐在唐代被称为“紧县”，人口多达一万三千两百户，等级最高。所谓“紧县”就是指规模较大且比较紧要的县城，按人口数量进行分类，其下有上县、中县、中下县等。唐帝国当时有紧县一百一十一个，海盐居其一。

海盐这座“紧县”的核心区域就是武原镇。这座历史文化名镇，既有滨海明珠之美，又有人文景观之韵，旅游资源相当丰富，既有浙江第一阁——千佛阁，还有凝聚全镇人民力量的海上长城——鱼鳞海塘，而绮园则被评为中国十大园林之一。

2. 绮园及其背后的繁华与落寞

在中国著名建筑学家陈从周看来，海盐的绮园“浙中数第一”。他认为吴兴、嘉兴二地，南宋以后园林多，吴兴以南浔为鲁殿灵光，嘉兴则此海盐绮园硕果仅存。在陈从周教授的推荐下，20世纪80年代，中央电视台的《红楼梦》剧组进驻绮园，在滴翠亭等处拍下了“宝钗扑蝶”和“小红私语”等场景。

滴翠亭上有座“四剑桥”，“宝钗”正是在这座桥上，迈着娉婷碎步，捕捉蝴蝶。所谓“四剑”，是指四个桥墩宛如四柄利剑直插池底，名曰“四剑探水”，是绮园十景之一。

绮园，本地人叫它“冯家花园”。主人冯缵斋在晚清时期做酱业生意发财。早在清朝乾隆年间，冯瓒斋的曾祖父冯玉庭最早在海盐县城北面的待葑庙一带开广盛酱园。最兴旺时，酱园占地5亩，楼房近百间，酱油与腐乳等产品远销松江、苏州等地。咸丰年间传到冯缵斋手中，适值太平军占领海盐，时局混乱。冯缵斋担心家业受损，凭借在海盐开酱园已经积累了一些家底，携带六千多两银子来到上海，在集水街（今东门路）开出冯万通酱园。由于邻近黄浦江，又紧靠法租界，而且酱园本身地处闹市，所出品的酱油、黄酒、酱菜等系列产品大受欢迎，尤其是“三伏酱油”很有特色，闻名于十里洋场，几乎没有对手能与之匹敌。

同治九年（1870），发了财的冯缵斋为了光宗耀祖，投巨资在海盐建起三进宅第，次年又在其岳父黄燮清所经营的明代故园拙宜园、砚园这两座被太平军烧毁后所存留下的废园的基础上，建成了冯家后花园——绮园。

黄燮清是清代诗人兼剧作家，道光十五年（1835）的举人，后屡试不第，晚年才得了个宜都县令。中年致力于诗文，有《倚晴楼诗集》传世。在海盐武原镇，黄燮清先后拥有两座园林，在咸丰年间皆毁于战火，但其中“倚晴楼”的精华部分，仍有可取处可以移建。所以黄的次女嫁到冯家后，冯缵斋的这位剧作家岳父就将私家园林的存留部分作为嫁妆，“妆奁绮丽”，绮园因此得名。

海盐的绮园，坐落于如今武原镇的花园路与海滨东路的交叉处，是浙江省现存私家花园中规模最大、保存最完好的古典园林。它的历史，其实可以一直追溯到明代中叶那座曾位于武原城南的彭氏园，由海盐文人彭绍贤在嘉靖三十七年（1558）所建，是武原镇历史上最早的一座园林。彭绍贤经常在园中写诗作文，自得其乐。

绮园风光，郭秋敏摄

他在《水同居杂咏》的序中说，夏日戊午，他在园林里避暑，高树生荫，与友人在竹下花间，品茗清谈。耳畔是悠悠的琴声，对弈的围棋声偶有响起，可看游鱼出没，可听野禽相和……

彭氏园林在清初被毁，曾任江南学政的海宁杨中讷惜其园林雅趣，遂在故址上重建拙宜园。杨学政是著名学者朱彝尊和黄宗羲的学生，学识渊博，深谙造园之道，当时新建的撷芳轩、得树堂、晚砚斋等胜景，在康熙年间的武原镇上颇得赞誉。到了乾隆年间，有本地人黄耕买下此园，传到孙子即诗人黄燮清手里后，诗人又将康熙举人在西邻的砚园买下，重新规划，合二为一，于道光二十七年（1847）另筑倚晴楼。此三间新楼极富韵味，诗人便以“倚晴楼”作为自己的室名。可惜，园林楼宇皆毁于战火。

冯缵斋夫妻决定在他们的住宅“三乐堂”旁侧重修园林，并将两座废园中残留的古树名木和奇峰异石转移至新园，汲取故园“石是园之骨，水是园之脉”的理念，使建成后的新园呈现出“地虽异而神犹存”的意境。水随山转，山为水活，各得其宜。新建绮园的西北面有一尊奇石，后来被陈从周教授命名为“美女照镜”。据说当晨曦里的阳光透射过来，就会有一种空灵而玄妙的雅致和意趣。正如陈从周教授所评，幽静而低调的绮园，“能颉颃苏扬两地园林，山水兼两者之长，故变化多而气魄大。但又无苏州之纤巧，扬州之生硬，此亦浙中气候物质之天赋，文化艺术之能兼所致。”陈从周甚至在《新民日报》上发表感慨，认为绮园“实为研究造园学与园林史的重要实例”，好比断臂维纳斯，是一件千古不朽的作品。

武原镇上的园林作品，断非唯有绮园。从清代到民国，在海盐县武原镇有徐、朱、何、冯四大望族。每个家族都居住在海盐武原镇，都建有各自府邸园林。相比之下，绮园反而是其中最小的一座。

四大宅门，皆声势显赫。徐、朱两家走仕途，何、冯两家靠海盐帮酱业发家致富，而且发财路径同出一辙，足见海盐帮的经营能力之强。

何家原籍安徽合肥，后迁居到海盐。起初也是在武原镇上开酱园，生意做大后，在清朝光绪年间进入上海。从20世纪初到30年代称雄上海滩的“万春酱园”便是何家产业。鼎盛时期，在上海浦东、浦西以及浙江平湖等地开出十一家分园，形成生产、零售与批发的全产业链。

何家宅院，在海盐县城西门外的寺弄一带，是个两三千平方米的老式建筑。到20世纪30年代初，何家又在县城内建造了1200多平方米的何家大院，包括一座400多平方米的小花园，其遗址在如今的新桥南路、秦山广场一带。

民国十三年，何家三公子何建威结婚，娶的是沈荡镇叶家的千金小姐叶茗华。那真是一场无比盛大的婚宴，在何家大院附近的南门桥码头，运送宾客的大小船只在河面上次第排开，一直绵延到西门外，天宁寺石牌坊前的河埠边。放眼望去，大约有数百艘船只，近千宾客。喜宴连摆七天，每天都有百余桌。即使与何、叶两家毫无瓜葛的乡民前来凑个热闹，捧个喜场，何家也一概大手一挥，赏馒头、米饭和大肉，以示喜庆与阔气。

同样是海盐四大家族，朱家走的是升官发财的官道。代表人物朱丙寿，生于清朝咸丰初，是海盐县历史上唯一的状元朱昌颐的族嗣。他本人进士出身，一直在广东做官，担任潮州府知府多年。当年潮州的辖地都比较富庶，而且境内澄海县有通商口岸。正所谓“一朝清知府，十万雪花银”，等朱丙寿辞官回故里时，稳稳妥妥地成了海盐首富。

清光绪十四年（1888），朱丙寿在今滨海东路上建造一座风格独特、清新秀雅的私家园林，烜赫一时，这就是朱园。朱府大宅叫“祥善堂”，当地人偏喜欢叫它“潮州府”。朱园只是后花园，遗址为今海盐宾馆所在地。至今仍伫立在宾馆院落内的那株百年罗汉松，便是当年朱园的唯一遗存。

在南北湖的万苍山麓，朱丙寿还为其子建了座“载青别墅”，因为藏匿过朝鲜著名的独立运动领导人金九，而被后世关注。1932年8月，金九在上海炸死日军总司令白川大将后，求助于民国元老褚辅成，由于朱丙寿的孙女朱桂蕊是褚家儿媳，褚辅成便安排金九藏到了南北湖，使他度过了人生的至暗时刻。

相对于朱家升官发财的仕途，海盐徐家的代表人物徐用仪却以“忠愍为国”节操而名留青史。徐用仪曾经担任过总理各国事务衙门大臣、吏部侍郎等要职，后来

今日武原，郭秋敏摄

又被任命为军机大臣行走，逐步走向仕途巅峰。

由于多年操办外交事务，所以他深知大清国力羸弱，与明治维新后迅速崛起的日本实力悬殊，所以在“甲午战争”期间与李鸿章、孙毓汶等洋务派相互结纳，主张和谈，结果被主战的帝师翁同龢弹劾，被逐出了朝廷的核心权力圈。直到中方一败涂地，开始割地赔款之际，当朝才意识到徐用仪的价值，于是在光绪二十四年再度任命他为军机大臣兼兵部尚书。

1900年是多灾多难的庚子年，自称刀枪不入义和团运动引发争端，不但烧毁洋人教堂，甚至用武力攻打位于东交民巷的各国大使馆。战事一触即发，社稷危在旦夕。于是徐用仪会同吏部侍郎许景澄（浙江嘉兴人）和太常寺卿袁昶（浙江桐庐人），联名上书给光绪和慈禧，反对清政府对外宣战，而且也不赞成利用义和团来围攻外国大使馆。然而，三位浙江大臣的联名奏折得罪了以载漪、刚毅为首的主战派，更是触怒了妄自尊大的慈禧。上书事件的结果是，袁昶和许景澄先后被朝廷诛死。徐用仪因前往袁、许两家哭祭，招来最高统治阶层更大的忌恨。1900年8月11日，徐用仪和立山、联元三位大臣也在北京菜市口被斩杀。

主和大臣被杀，促使八国联军发动了攻城之战。只用了三天，就拿下了北京城。慈禧带着光绪仓皇出逃，进而又签订了丧权辱国的《辛丑条约》。一年后，徐用仪得以平反昭雪，宣统元年清政府追谥其为“忠愍”，与两位慷慨赴死的浙江籍大臣并称“浙江三忠”。

徐家故居“尚书厅”及其后花园“徐园”的遗址在如今武原镇海滨东路的“经协宾馆”及周边一带。旧时的徐家花园的面积大体与现在的绮园相当，园内少见假山水池，却种植了大片的方竹，体现了中国古代士大夫“宁可食无肉，不可居无竹”的清欢雅好。

徐用仪的墓就在南北湖畔的邵湾，当地人称“尚书坟”，是海盐县内最大的古墓葬。牌坊两旁石柱上分别刻有“宏济艰难臣事尽”和“乘机陷害圣心知”的楹联，道出了这位晚清名臣在国事维艰、内忧外患之际的家国情怀。

多少六朝兴废事，尽入渔樵闲话中。当年曾经辉煌显赫的四大望族，而今都已落花流水，风光不再。徐、朱、吴三大家族的深宅大院以及江南园林，都毁于1938年的那场大火。那年5月，日本侵略军占领海盐，烧杀抢掠，那场焚烧十二个昼夜的大火，使海盐经典的私宅园林几乎尽毁，唯有冯家花园因被征用为宪兵司令部而独善其身，意外地躲过了劫难。2005年，海盐县政府斥资三百九十多万元重修冯氏老宅，使之与绮园珠联璧合，再现了宅园合一的江南经典园林风貌，使“浙中园林数第一”的美名，得以遐迩传播。

二、沉默的沈荡

沈荡是海盐县的第二大镇，地处平硖航道与盐嘉塘交叉点。这里水网交错、河道密布，连通大运河的盐嘉塘恰好穿镇而过，直奔海盐的治所武原。

沈荡古为沼泽地，因多水荡而得名。据《沈荡镇志》记载：“经考证，沈荡镇是海盐县的‘锅底’，地势低洼，河港密布，水域宽阔；四周有千亩荡、化城荡、风箱荡、茅柴荡、三牌楼漾，其化城荡在古代称为‘贳湖’，是秦朝前海盐县最大的古代湖泊，由于淤塞，历代围垦，逐渐形成陆地。”

纵观沈荡古镇的地理形成过程，会发现海盐的这个“锅底”的地理位置很优越，而且自古商业发达。与其说它是海盐的“锅底”，不如说它是深埋海盐泥土中的一粒璀璨珍珠，必须深潜海底拾贝，方知沈荡魅力。

1. 千亩荡的魅力

作家余华这么描述他的写作与故乡之间的关系：“我只要写作，就是回家。”因此在他的小说作品中，到处可见故乡海盐的影子。在早期的先锋小说《死亡叙述》的开头里说：

那时候我将卡车开到了一个三岔路口，我看到一个路标朝右指着——千亩荡六十公里。

往右再开120里路，“我”就可以到达海盐县沈荡镇的千亩荡。毫无疑问，千亩荡是个充满魅力的河荡。这里水巷纵横，水草丰美。微风乍起，可见几群水鸟掠过波光潋滟的水面，与摇曳的芦苇构成一幅秀丽的水乡美景。

千亩荡共有九条河道与外界连接，东有吴家桥港、陈家港、翁东港，南有三家村港和长寿桥港，可谓处处是港。西面和北面还是港——后港、竹管泾港、高福桥港、冯姨桥港，正是得益于周边这些纵横交错的小河与水港，才使千亩荡的水量极其丰盈，形成一个真正的水乡泽国。

所谓“荡”，就是浅水湖。沈荡古为沼泽地，今是浙北水乡名镇，掐指算来，叫得上名的浅水湖比比皆是——韦陀荡、张家荡、化成荡、风箱荡、茅柴荡、妆奁荡、三牌楼漾等等，水域面积最大的就是千亩荡——现在是海盐县唯一饮用水源地，也是五十万海盐人的“大水缸”和“生命线”。得益于多年的整治，今天千亩荡的生态环境尤其良好。占地面积大约5平方千米的千亩荡，其中水域面积1.02平方千米的千亩荡湿地公园正静默地躺卧在海盐的“锅底”，成为嘉禾城市之肺。湿地公园东接盐嘉塘，北连大横港，西接百步港，并与西南的长山河相连，串联起了永宁禅寺、沈荡大桥等文化景观。

永宁禅寺俗称“大庙”，其前身是镇上的地藏庵。因为原址空间不足，所以才迁到沈荡大桥的北侧，易地而建。新的大庙与大桥相映生辉，树林、河泊与草坪彼此映衬，妙趣横生，使这个宽阔的水荡成了游人向往的休闲度假胜地，以及梦寐以求的自然风光取景地。

气势雄伟的沈荡大桥矗立于湿地公园陈家港众坟漾，早已成为沈荡镇的建筑地标之一。这座古桥始建于清雍正三年（1725）四月，距今约三百年。此桥原址在镇东盐嘉塘上，原名“永庆塘桥”，盐嘉塘古称“永庆塘”。《海盐县志》记载，“凡七年而桥成”。道光年间桥塌，光绪年间将桥址北移200米后重建，即今镇东南大洋造纸厂处。

这是一座三孔拱形石阶桥，45米长，5米宽，高度超过9米。东西各有石阶四十三级，用花岗岩条石砌成。据说此桥还有个独特之处，只有钻到桥底，才会发现别有洞天——原来在拱洞的每一层石头之间，都有一个小小的圆洞，不知作何用途……

话说当年为了迎接乾隆下江南，浙江的地方官忙不迭地从北方调来一个石匠班子来造五座大桥。因为从嘉兴到海盐水路上的石桥都太矮小，御船难以通过。

班头叫石胜，在他看来，对于他们这些从造赵州桥的鼻祖李春那里继承衣钵的北方工匠来说，建沈荡的桥驾轻就熟，易如反掌。于是按照造桥的老规矩进行了一番操作，万事俱备后，石胜便喊上大徒弟金根同时进山采凿龙门石。

在建石桥的过程中，龙门石相当重要，它是大桥竣工合龙时放在桥中央的构件，大一寸不行，小一分也不可，石匠的高下通常指望这块龙门石来彰显。正是因为事关重大，所以进山采凿之类的事，石胜往往亲力亲为。

三个月后，造桥的石料准备齐全。按照图纸尺寸，那块龙门石也采凿得边角分明，两边砌口没有丝毫误差，正面还凿了“双龙戏珠”，十分精彩，因此得到众人交口称赞。

工程在按部就班地往前推进，可是突然有一天，大徒弟金根说，他发现这里土质太松，导致桥基下沉，到时恐怕龙门石装不进。孤傲的石胜听后不快，回应说师傅造的桥比你走的路还多，师傅凿的龙门石从来是密丝合缝，半寸不差。

事实上金根言之有理。石胜忽视了南、北方地质差异。南方大多属软土基，况且沈荡的前身又是沼泽地，土质状况可想而知。金根是个有心人，苦思冥想了几天后，终于想到了用榫卯结构可以提升桥基高度。于是便悄悄地偷削了一批木楔，并在拱洞的每一层石缝间，凿出一个可放进木楔子的小圆洞。

装龙门石是个大日子，四面八方的乡民都来看热闹。可是那天，当大伙把龙门石抬到桥顶放置一半时，却卡在了口子上，进退两难。当时石胜面色很难堪，因为这不是一块木头，大了可以锯掉，所以龙门石在造桥前就要算准尺寸，弹线凿石，小了粘不上，大了轻易也凿不下来。

龙门石抬到桥顶心还要修凿，领班师傅的脸面就碎一地了。此时，金根肩扛一捆用青冈树削的木楔子前来救场，他吩咐师弟们拿着木楔站到引桥架上，照准他原先凿出来的小圆洞，打进楔子。果不其然，在大家的敲打声中，两边的桥身不知不觉地抬了上来，桥顶心的口子也慢慢变大，只听“咯咯咯”一阵响声，龙门石正好装了进去。此时，再把木楔重新拔出，沈荡大桥的拱洞里就留下了许多小圆洞。

今天的沈荡大桥，已是千亩荡上的一座地标，气势恢宏，在静默无声中珍藏着这个体现中国工匠精神的民间传说。造桥是个技术活，其中蕴含着很多力学原理。也许只有慧眼识珠，才能从经历过风风雨雨的水乡石桥背后，读出那些古代造桥工匠们的智慧和技艺。

除了最大的千亩荡，沈荡镇还有三牌楼漾、风箱荡、茅柴荡等百亩以上的大水荡。其中，数三牌楼漾最有故事，因为三牌楼漾东侧就是著名的彭城桥遗址。三座牌楼虽然早已消失，但是故事却口口相传，一直荡漾在三牌楼漾的湖底深处。

沈荡镇的人文故事比比皆是，有的甚至就像一道闪电，直击古镇的历史深坎。1959年的春天某日，镇西供销社废品收购部前门庭若市。有很多农民肩挑箩筐送来大量兽骨，令收购人员都瞠目结舌，大吃一惊。因为沈荡是水乡不是山区，哪来这么多兽骨。细一打听，原来是彭城自然村的农民在春耕翻水田时发现的，此事惊动了海盐县的文化部门，后来经过专家鉴定，这批兽骨是史前文物，与嘉兴马家浜发现的出土物十分相近。最令人兴奋的一件器物，是夹砂红陶三足盉，这是海盐地区出土文物中年代最早的一件本地先民使用过的生活器具。这批古代文物的出土，不仅使彭城桥遗址得以发现，还能以器证史，将海盐先民的活动年代，上推到距今六千多年前的新石器时代。

盉是中国古代盛酒器，是古人调和酒、水的器具。三足盉的出现，也印证了古代先民在五谷丰登之余，已经开始酿酒。沈荡镇至今拥有百年老酒坊，酒香飘散，也多了一个远古的起源。

水是酒的灵魂，更是生命之源。有“荡”之处，必定生机盎然。千亩荡的水养育着沈荡，滋养着海盐，给当地带来实至名归的福祉。在鼎盛期，沈荡镇一年的河鲜上市量就有一万三千多担，畅销硖石、嘉兴、上海等地，“鱼米之乡”的美称当之无愧。

关于沈荡镇的富庶，在作家余华最新出版的一部长篇小说《文城》中，也有所描述，他这么写：

> 在溪镇有一个人，他的财产在万亩荡。那是一千多亩肥沃的田地，河的支流犹如繁茂的树根爬满了他的土地，稻谷和麦子、玉米和番薯、棉花和油菜花、芦苇和竹子，还有青草和树木，在他的土地上日出和日落似的此起彼伏，一年四季从不间断，三百六十五天都在欣欣向荣。

余华笔下的“万亩荡”，实质上就是以沈荡镇的千亩荡为蓝本进行的虚构描写。作家以细腻的近乎白描似的笔触，亦虚亦实的经纬线，将他情感和记忆深处的故乡水荡，如诗如画般地勾勒了出来，让千亩荡的魅力在那座虚构的“文城”中，经久不散，永世长存。

2. 老街记忆

对于沈荡，水是它的魂。水网纠缠交错，水系纷繁复杂，一座座跨河而卧的石桥，串联和构建起了一道道的水乡风景线。

因为有了水的浸润，沈荡老街便得了灵动。港、湖或浜，不仅形成了沈荡的湖光水色，还将“水的气息”反射到路名上。港南西路、贲湖东路、狮子浜和亭港等等，如同湿漉漉的“沈荡”这个镇名一样，在水的现实生活和文化意境里，这些满是三点水为偏旁的地理标尺，以合围之力，使一座运河古镇风行水上，恰如蛟龙得水。

几乎所有的沈荡民居都是沿水而建，小桥流水人家的两旁，是粉墙黛瓦。在水榭长廊里，沈荡古镇呈现出了一派水乡风情。倘若广东人旅行至此，面对如此盈盈水光，一定会心怀欣喜，因为在他们的传统里，水是财富的象征。

沈荡夜景，郭秋敏摄

沈荡的“财源”来自贲湖。在明代以前，贲湖是海盐县里的大湖泊之一，后来由于淤积，加之历朝历代的围垦造地，贲湖变成了陆地。如今的百步亭港化城荡附近，就是古贲湖遗迹。现在的贲湖路，就是老沈荡人念念不忘的古镇老街。

贲湖老街是集镇中心，各行各业在此含苞欲放，开花结果。典当行和钱庄，这属于金融系统；布庄、丝茧行、估衣铺等涉及沈荡人的穿衣；还有更为庞大的商业群体服务于“吃”——老街上有糕饼茶食、桐油食锅、鱼行肉铺、地货水果、酱酒烟糖等，应有尽有，显现出古镇的活力。至于南北杂货、瓷器宁席、纸马香烛等，则似万花筒般展示了往昔老街的繁华。

在东西长达三里的街面上，店铺毗邻，绵延全镇。当时有这么个说法，“东市有木行，中市有钱庄，两头有酱园，东西两爿当，还有三十六爿稻米行”，一段相声贯口式的描述，仍显挂一漏万，难以将老街的内里褶皱和商业细节描摹精准。

都说建筑是凝固的历史。老街记忆虽已淡然褪色，但那些历经风雨剥蚀的建筑，却依然连着古镇的过往。比如送子庵弄21号是一幢清代民居，坐北朝南的院落，320平方米左右的二层砖木结构小楼。推门进入即见一个天井。天井里养着花鸟虫鱼，与南墙门楼上雕刻着的那些同类项，似乎能够对话。那些雕刻里的传统人物故事，似乎在鲜活动态中，隐喻了居家生活的祥和与太平。

送子庵弄，因弄堂里有座送子庵庙而得名。民国时期，晚清沈荡名流陈云轩在庙内开办私塾，那是沈荡镇当年最有名的学堂，革命烈士朱聚生正是在这所私塾接受的启蒙教育，他家的老宅也在送子庵弄，民国初年，他的祖父朱同义在中市街阳春弄开“裕兴南货店”，主要卖茶食，前店后厂，生意颇为红火。父亲朱善昌继承家业后，经营有方，所以朱家属于古镇殷实人家。但是，日本人杀了进来，一切都变了。

抗战时期，日本军队从水路进攻海盐。沈荡人选择在盐嘉塘堵塞河道的办法来抵抗。朱聚生的老师任渔乐是个爱国志士，曾与邻居富守人一起组织了青年抗日救亡工作队。跟随着自己的老师，朱聚生也积极参与到了抗日救亡运动中。

少年朱聚生的抗日，就是将自己南货店里的糕饼和茶食收集起来，分批送到战斗前线。在他的认知里，国比家大，没有国，哪来家。

民国三十一年（1942），十八岁的朱聚生考取嘉属七县联合中学，求学期间当上了学生自治会主席。随着思想的逐渐成熟，他对当局压制学生的抗日热情有了深刻的认识，最终选择回故乡继续参加抗日活动。

抗战胜利后，朱聚生不仅接手了父亲的南货店，还被聘到沈荡镇国民中心学校做代课老师。他精力充沛，平时教书，课余办报，还经常用南货店的经营收入来补贴。在报纸专栏上，他发表文章，针砭时弊，反映民间疾苦，引起强烈的社会反响。正是因为激扬文字的正义担当，他当选为海盐记者公会理事。国民党政府也在拉拢利用他，委任他为沈荡镇副镇长，年底又任命他为镇国民中心小学校长，在客观上给了他一块革命阵地。

在此期间，他结识了一个叫杨竹泉的海盐县警察局督导员，两人一见如故。杨竹泉实际上是中共地下党员，两人创办《行报》，并以报纸为阵地，把手中的笔当作长矛和缨枪，“投”向怀有“假和谈、真内战”阴谋的国民党政府。1948年春天，对国家的未来充满梦想的朱聚生提出要到苏北解放区去工作。组织上经慎重研究，认为他留在沈荡的工作价值更大。为了更好地帮助他秘密开展工作，组织上从苏北解放区派遣了黄村樵等同志到沈荡小学任教，这让朱聚生备感温暖。为了更好地投身革命，他干脆把自己的南货店关掉，甚至出售了朱家祖产——11亩良田，所得银洋全部用于维持学校开支。

1949年的初春，朱聚生向中共苏北九地委上海工作组正式提出入党申请，并被批准成为中共预备党员。为了便于开展地下工作，他通过竞选当上沈荡镇镇长。

该年2月，地下党杨竹泉等在上海被捕，从他家中搜出朱聚生的信件。3月18日深夜，国民党淞沪警备司令部派人到沈荡镇以“共产党嫌疑”的罪名，逮捕了朱聚生。

酷刑拷打未能使朱聚生屈服。为了理想与信念，他付出了生命的代价。1949年5月7日深夜，他与杨竹泉、李白等十二人一起，在上海浦东戚家庙被杀害，年仅二十五岁，这一天正好是海盐的解放日。

朱聚生曾经工作过的沈荡小学，现在是浙江省示范小学，中间那座高大的教学楼就叫“聚生楼”，首任校长朱聚生提倡的“一生求索，奋争不息”的进取精神，和他为信仰而献身的革命大无畏精神一起，演变成了沈荡精神，如灯塔般照亮了全校师生的内心。

3. 丰泰酱园史话

俗话说，“靠山吃山，靠水吃水”。作为“海滨广斥，盐田相望”的千年古县，自然要“靠盐吃盐”。沿着海岸线从南至北，古海盐建有鲍郎盐场、海砂盐场和芦沥盐场三大盐场，“吃”得海盐人风生水起。随着时代的变迁，海盐的制盐业逐渐消失，只存留下“大气如海，淳朴似盐”的海盐精神。不过另一项鲜咸的特色产业却没有随之退出舞台，而是历经数百年的发展一直传承至今，那就是海盐的酱园业。

沈荡镇的酱园业，由海宁硖石镇的油车老板孙职卿发端。清光绪十三年（1887），孙职卿与杭州盐商周克公合资，先是在沈荡镇中市街上开设了三泰酒酱店。随后，又在西市街开出丰泰酱园，当时也叫西酱园。由于生意兴隆，股东们决定乘胜追击，又在东市街开出泰兴酱园，用前店后坊的模式占据市场要津，经营手段不可谓不高明。当时主要生产和零售酱油、豆瓣酱等产品，并附设黄酒工场，于无声处，掀开了沈荡酿造百年老店的帷幕。

起始于晚清的丰泰酱园，经历过民国初年军阀混战和日寇洗劫，迎来了新中国的成立，在私营、公私合营、国营、民营等身份不断变换的潮流中守住了根脉，并作为一家拥有酿造技艺传承的百年老店，依然活跃在当下的酱业与酒业市场。到底是怎样的一种能力，让这座历经百年的“官酱园”（即今“沈荡酿造”）老树常青，屹立不倒？

据说涉及酿造和经营的秘诀就十六个字，踏进酿造工厂的大门，便可一目了然地看到——古法酿造，足酿足陈；不求做大，只求做长。

古法酿造，处在当下大工业自动化酿造的对立面，采用的是老泰兴酱园的喂饭法操作工艺。但是，这个传承了一百多年的酿造技艺很难大规模量产。因为它有十八道工序，也就是所谓“十八道酒艺”。从立冬开酿，每一道步骤都环环相扣。筛

开酿大典，郭秋敏摄

古法酿造，干海勇摄

米浸泡后，是蒸煮米饭，然后是淋水降温、落缸加药、拌匀搭窝……就像借助十八道兵器展示的十八般身手，经过了一百多年的演练与传承，每一道技艺都炉火纯青。总之老祖宗传下来的步骤，一个环节都不可能省。抽掉一个环节，前功尽弃。要等到入库窖藏、足陈开封和杀菌分装，酿造高手们这才进入收手式——关于“足酿足陈”的品质考核。

这家酿造黄酒与酱油的百年老店，经历了风风雨雨，作坊里的酒香和酱香依然浓郁。这里有一群埋头酿黄酒、做酱油的工匠艺人，竭尽全力地试图留住一代又一代嘉兴人传承下来的味道。

沈荡传统酿造技艺的非遗传承人叫庞卫华，一个从20世纪90年代就进工厂，把青春和事业都留在这里的国家级黄酒品鉴人。几乎所有的生产环节与经营岗位，他都亲身实践过。对于传统酿造，他有着非常深刻的理解和领悟。比如酱油，每年才酿一次，而且要在三伏天酿，因为这时候最适合晒酱油，在高温与阳光的综合作用下，酶可以很好地将蛋白质转化为氨基酸，从而起到提升酱油鲜味的效果。每年等到这个“绝好时机”，厂里的老师傅们在凌晨四五点就要投入辛勤的劳作中。每缸酱料将近有1000斤，而缸中温度高达60摄氏度。但老师傅们依然如故，用双手兜底进行翻搅，这样的动作，每年大约要做二十次。天晴了，开盖暴晒；若下雨，则遮盖防御。冬去春来，老师傅们的这些貌似机械的规范动作里，其实蕴藏着一颗中国传统匠心，同时又体现了一份敬业用心。而且，每一滴酱油也都要经过竹匾制曲、日晒夜露、翻酱发酵等九道酱艺。

从2003年起，庞卫华养成了写工作日记的习惯，这也是他对工艺流程严格把关的一种极好的辅助形式。何时泡黄点、拌粉接种如何控制、如何掌握好翻酱的时间间隙等诸如此类的技术细节悉数体现在日记里。日记日记，日日要记。作为品质监管人和生产负责人，庞卫华想跟自己竞赛，充分利用好时间、阳光以及酿造经验等多项酿造参数，打好每一张工艺牌，然后胸有成竹地出品最优质的酱油——比如母子酱油和白酱油——最终成为市场赢家。沈荡的老酒同样滋味隽永，叫人喝后意犹未尽。在庞卫华等一批沈荡人的努力下，拥有一百多年历史的沈荡酿造厂成了沈荡镇的文化地标，而沈荡黄酒也早已成了海盐人的乡愁所系。

4. 钱氏家训，古韵犹存

在江浙吴越故地，曾经出现过许多名门望族。比如三国时被称为吴郡第一姓的顾家，著名人物有吴国丞相顾雍、被人称为“画绝、才绝、痴绝”的东晋大画家顾恺之、明末清初思想家顾炎武等；还有东吴陆氏，所谓“晋氏平吴，利在二陆”，出色人物既有武将陆逊、陆抗，也有文臣陆机、陆云；天下沈姓出吴兴，吴兴的沈姓人物有沈约、沈括、沈万三，包括后来的著名作家茅盾——沈德鸿；还有一个江浙姓氏也相当有名，尤其对后世的影响力非常大，那就是血统纯正、历史上改姓极少的钱氏。钱氏著名人物也比比皆是，既有为中国科技事业做出过巨大贡献的“三钱”（钱学森、钱三强、钱伟长），也有在文史界的巅峰人物钱玄同、钱穆和钱锺书等。这个姓氏的始祖可上追至吴越王钱镠，一个充满智慧的历史人物，在五代十国这样的大动荡年代里，他不仅能以盐商的身份崛起于吴越，在富庶的江南一隅建立王国，还能在赵匡胤陈桥兵变掌控了北方政权、建立宋朝等一系列国家大变动背景之下，懂得知退示弱，保全吴越国百姓的安稳，使之顺利地融入大一统的国家体系中，展示了罕有的“退一步海阔天高”的大胸襟与恢宏的政治谋略。

钱镠的政治艺术也保全了钱氏家族的子孙后裔，使他们能在中国的大历史进程中不断地开枝散叶，通过宗祠管理和家风家训的影响，孕育出了一代又一代栋梁之材。

唐大中六年（852），钱镠出生于杭州临安县石镜乡。他自幼习武，擅射箭和舞槊，对图谶和纬书也有所涉猎。成年后在海盐县澉浦镇“鲍郎盐场”做盐贩子，与海盐有缘，自然也与盐结下了深厚的情缘。

在中国古代，盐是非常重要的国家战略物资，通常由官方管控。钱镠靠贩盐掘得首金后，于唐乾符二年（875）应募从军，被石镜都镇将董昌任命为偏将，随军平定了浙西狼山镇遏使王郢之乱，时年钱镠二十四岁。因骁勇善战、屡立战功而崭露头角。在反击黄巢军进攻临安一役，以少胜多，从而声名鹊起，淮南节度使高骈表奏董昌为杭州刺史时，钱镠任都知兵马使、太子宾客。

乾宁二年（895），董昌在越州自立为帝，并任命钱镠为两浙都指挥使。不过这次钱镠没有站队老上司董昌，而是从大局出发，帮朝廷讨伐，平定了董昌之乱，自此成为两浙的实际统治者。唐昭宗对其褒奖有加，不仅将他加封为郡王，授予免死铁券，并将其画像奉入凌烟阁。

朱温篡唐后，军阀混战，割据政权纷纷称帝，钱镠不为所动。钱镠统治期间，审时度势，一直奉行对外尊奉中原王朝，对内守境安民的政策，所以吴越政权一直比较安定，能腾出手来修筑海塘、疏浚内湖，境内百姓安居乐业，经济繁荣。

北宋太平兴国三年（978），钱俶遵循祖父钱镠遗训，选择纳土归宋，以确保百姓安宁，免遭生灵涂炭。这也就很好理解，为什么在北宋版的《百家姓》中——“赵钱孙李，周吴郑王”——“钱”姓能够紧跟在天子的“赵”姓之后，地位至尊地起首第二位。虽然，吴越国从历史上消失了，但是吴越钱氏却依然活跃在历史的舞台上，究其内在原因，大约是钱镠遗留下的那部《钱氏家训》起了决定性作用。

在沈荡镇中钱村，有一座规模不小的钱家宗祠，由于做盐生意，钱氏族人最初就以澉浦为居住地。在明代中期，因澉浦一带常受倭寇侵扰，钱姓一族方迁居到沈荡镇的半逻，即中钱村。

这座宗祠在钱氏家族中占有重要地位，从中可以梳理出整个钱氏家族的发展脉络。宗祠是钱镠的二十五世孙钱陈群出资建造，他是清康熙进士，官至刑部左侍郎，后加封为尚书，是清朝的三朝元老，深受乾隆宠信。钱陈群的整个少年时代都在半逻度过，他能“出将入相”，取得仕途上的成功，离不开他可堪与“孟母三迁”媲美的“夜纺授经”。

“夜纺授经”的故事主角是他母亲陈书。陈书是嘉兴秀水人，南宋宰相陈康伯后裔，而且是清代女画家。陈书善绘花鸟草虫，笔力老健，风神简古。成年后，陈书嫁给沈荡的太学生钱纶光，钱擅长书法，颇有诗名，可惜英年早逝，使得全家的生活重担都压到了陈书身上。陈书却秉承钱氏家风，教子有方。“子孙虽愚，诗书须读”——《钱氏家训》中相当重要的一条，就是崇尚读书。

陈书一边纺纱、卖画度日，一边教子读书。因贫请不起塾师，三个儿子由她自己因材施教，为之启蒙。每到夜晚，三位兄弟在楼上挑灯夜读，母亲陈书在楼下纺纱织布。为了让儿子专注，陈书命人将楼梯去掉，一日三餐都用绳索吊上去……

这位“古代虎妈”成名之后，画了一幅《夜纺授经图》作为自画像。钱陈群在画上面题了一首诗：“母兮儿饥，终朝诵读，不可以为粟。母兮儿寒，终夜咿咿，不可以为衣……”此文是回忆年少时父亲离世，家庭贫寒，母亲苦心经营，边纺织，边教育自己和弟弟经学的往事。

那位经母亲“口授章句大义”施教出来的钱陈群，在乾隆皇帝首下江南时，作为南书房近臣、刑部侍郎扈从出巡。大约“夜纺授经”的教子故事影响力很大，连皇帝也提议要去钱家看看。当乾隆在陈书的画册中看到《夜纺授经图》及其附诗后，深受感动。本来就极爱在历代著名书画作品中题字的乾隆，当即在画册卷首题了“清芬世守”四个字，以褒奖钱氏家风，他也题了一首诗，表达了来自最高统治阶层对当世崇尚读书风习的高度认可：

篝灯课读澹安贫，义纺经锄忘苦辛。家学白阳谙绘事，成图底事待他人。

而今，当你走入钱氏宗祠正厅，第一眼就能看到乾隆御赐的匾额“清芬世守”。清朝康熙四十七年（1708）修建的钱氏宗祠，是目前嘉兴市现存的唯一一座保存较为完整的宗祠古建筑，迄今已有三百多年历史。新中国成立后，宗祠曾被镇政府征为粮仓，从而意外地躲过了“文革”期间的各种运动，幸运地遗存了下来。历史自有它的玄机与逻辑，很可能是钱氏家风惠泽世代，守护住了这座精神家园。

祠堂正厅右侧的玻璃橱窗内，保存着一整幅《钱氏家训》。这份“家训”的主旨，讲究修身齐家之道，心怀治国平天下之志。坚持德教为先，注重家族成员的伦理行为规范——出仕，为官清正，造福百姓；居乡，热衷公益，乐善好施；居家，崇文厚德，谦恭礼让——以儒家仁德思想为核心，遵循“仁义礼智信、温良恭俭让”的家训，让钱氏家族的血脉传承的过程中，增生了一份独特的儒学基因与精神特质。

《钱氏家训》又称《武穆王遗训》。当年，吴越王钱镠不但治国有方略，修身治

钱氏家训，王仪摄

家也十分谨严，曾两度订立治家“八训”和“十训”。“十训”其实就是钱镠临终前向子孙后代提出的十大要求，尽管这些要求因受时代局限而残存不少封建落后思想，但仍可称之为人生智慧金句，惠及后辈子孙。

代代相传，世世因循，《钱氏家训》一直激励着钱氏后人，并使他们大有裨益。在两千年来，钱氏家族造就无数英才人杰，尤其在近代形成“井喷”，这一切都源自钱家的立身之本《钱氏家训》，实在是世界一大奇观。

宗祠的庭院内，有一棵枇杷树，不知钱氏何人何时手植，亭亭如盖，每年夏日都会结出累累硕果，这种吉祥如意的景象仿佛就是一种象征，更是一种诗情画意般的明喻。

三、龙脉隐澉浦

山川和水系，自古以来就是华夏大地的脊脉与血液。普遍认为中国有三条龙脉，自昆仑山起分别向北、中、南三个方向沿山而行，渡海则止；水系更为错综复杂，但能称得上孕育和贯通中华文明的也只有三条——黄河、长江，以及京杭大运河。

传说南龙龙脉跨越横断，途经云贵、南岭，驶向江浙平原，为东南地区带来丰润充盈、延绵旺盛的运势。而京杭大运河浩荡南下，流淌过七大省市，联通了五大水系，最终也在江浙入海，造就了江南水乡的富饶泽国。

它们两者的交汇点，恰好就落在嘉兴海盐一座名为“澉浦”的小镇。它以不规则的扇状盘踞于杭州湾北侧的入海口，既像卧龙尾巴尖上覆着的一块闪闪龙鳞，又如运河玉带上缀着的一粒熠熠明珠。

坐拥龙势与水运，使澉浦的城镇启蒙来得格外早——自先秦时起，就作为战略要地扼守嘉禾古城的海防咽喉；唐宋盛世，又凭借地理优势率先开辟发达鼎盛的商贸经济。经过两千年的韬养，最终从寂寂无闻的一隅水乡，逐步成长为一座璀璨的滨海港城。

1. 嘉禾宋韵重镇

宋绍定三年（1230），重阳节前日，“竹窗”居士常棠的府院内迎来一位好友常客。他身穿青袍，形容端肃，阔步流星，正是时任当地镇官的罗叔韶，为《澉水志序》而来。

不久前，常棠曾向他提议：“郡有《嘉禾志》，邑有《武原志》，其载澉水之事则甚略焉。使不讨论闻见，缀缉成编，则何以示一镇之指掌？”常棠隐居澉水多年，对当地的掌故、山水、名物等皆颇有兴味，且知之甚深，一直热衷于搜罗各处典籍，用以品学研习。得知他有修镇志的想法后，罗叔韶也为之心动，于是两人一拍即合，罗叔韶随即就将编澉水志书的任务全权交给了常棠。而常棠受此重托，不负所望，在经过一番广泛的意见征集与奔走调研后，于当年就完成了所有编纂，我国现存的第一部镇志——《澉水志》就此面世。

澉水，即当今的海盐澉浦。《水经注》有云：“东南有秦望山，傍有谷水流出为澉浦。”讲的是一支山谷溪流自秦驻山发源入海，因靠近出海的一段河道叫澉川（今已湮没），故为该城取名“澉浦”。

“澉”是山谷的意思，“浦”则指水边。“澉浦”这个名字，既简单又直白，而澉浦的历史，同样也可以通过“唐建镇、宋通商、元兴曲、明筑城”这短短的十二字望其精髓。

唐玄宗开元五年，苏州刺史张廷珪奏设澉浦为镇，使其初具兴盛之象，这也是嘉兴设镇史上最早具有文献记载且年份确切的镇。

宋室南迁，大量商贸、技术、劳动力等随之进入江南，得天独厚的地理位置与港口优势，使澉浦成为嘉兴最早拥抱中原文化、走上大发展的城镇。商贾云集、人物繁阜，澉浦镇在南宋时期的规模，甚至比得上汉唐盛世时一个经济繁荣的大县，就算以当今的GDP计算，其经济体量或也可排进全国前列。

作为一个繁华大镇，澉浦自然也是豪门望族择居的良乡嘉地，常棠所属的常氏家族便是其一。常棠的曾祖父常同原是南宋进士，后官至丞相，随皇室迁居海盐澉浦。几位先辈和兄长随后也相继在朝中为官，唯独常棠因对仕途没有兴趣而选择做一方“闲云野鹤”。那时候可能连他自己也没想到，一心远离庙堂、隐姓埋名的他，会以另一种方式青史留名。

《澉水志》初稿共八卷十五门，分别从地理、历史、人文、物产等多方位详尽记载了澉浦的全貌。志书成型后，因罗叔韶任满离职而未能第一时间刊印，常棠后续又多次修订，直到1257年，也就是编成后二十七年才真正刊刻。

《澉水志》付梓后，在民间和官方都引起了不小轰动，虽只薄薄一册，却被《四库全书总目提要》称赞为“叙述简核、纲目该备”，指其笔法独特、文风严谨，真真正正开创了我国镇志编纂之先河，对后世镇志修撰具有极大的参考价值。

可惜的是，到了明朝正德年间，这本珍贵的《澉水志》却因各种原因埋没，只剩少量残本流落民间，被一个叫董穀的文人收藏。董穀曾出仕为官，饱读诗书，是当时有名的文学家。有一次，他的亲家陈鲤偶然在他家中见到《澉水志》残本，便感叹道：“这本书是澉浦故典，泯没了可惜，何不多加刊印？”受陈鲤启发，董穀便连同徐兰、徐滨等诸多好友将所藏的《澉水志》重新进行了印制，同时做了补充，形成了《续澉水志》。

明朝实行禁海筑城，澉浦被迫收敛锋芒，因此《续澉水志》在丰富原有内容的基础上，增加了边防兵衙、军工水利等方面的详细描述。比如宋元以来，澉浦本无城郭，倭寇频繁入侵后，于明洪武十九年（1386）开始筑城，“城周围九里三十步，壕堑，周围二千一百丈，深一丈六尺，阔一十六丈”，另建有“旱门四，东曰延春，西曰肃武，南曰靖溟，北曰拱辰；水门一，内曰活源，外曰通储”。

这些城墙大部分已在多次历史战争中被摧毁，如今只剩千余米的墙体，依然不屈地屹立在澉浦西大街的街头，两道城门一左一右地分割出了一个泾渭分明的世界——穿过旧门，则见澉浦古街，粉墙黛瓦，民居参差；走进新门，则遇摩登现代，高楼起伏，焕象新生；新与旧，古与今，仿佛刚巧在此时空交汇，奇妙融合。

若登上古城仔细观察，可看见砖石之间呈现出一种奇特的结构，这是经过无数次的血泪试验，以无数人民的生命为代价才独创出来的鱼鳞式砌墙法。倒阶梯状砌成的石块使墙体形成最牢固的屏障，不仅有效抵御了倭寇来犯，还多次保护城市免

溆浦古城墙，郭秋敏摄

于海潮侵扰。正是在这固若金汤的城墙保护下，澉浦古镇才能以令人钦佩的坚韧之姿守护在杭州湾门户两百多年，被誉为“浙北最坚固的城堡”。

进入清代以后，因政体更迭，澉浦在改朝换代的浪潮下迎来重大变化，其镇志也在澉浦人方溶的主导下迎来又一次重大修订，出现了《澉水新志》。方溶是教书先生，因为喜好历史，所以在授课之余利用闲暇时间收集资料、编撰镇志，尽管条件艰苦，仍锲而不舍，至死不渝。这份历时四十年完成的《澉水新志》，虽不及常棠的《澉水志》经典有名，却从另外一个时代视角重新解读、诠释与记录了澉浦这座千年古镇。

至此，修志成了澉浦的传统。澉浦修志史，开创了中国修志的先声。三本先后修成的澉浦原版镇志虽因刻印太少而未能留存，但所幸一位清末民初的学者程煦元费尽心血将三书复刻合订，同时又补足了咸丰以来澉浦缺失的历史，分别辑《澉志补录》一卷、二卷。至民国二十四年，四志合一，最终形成了现有的《澉水志汇编》。

翻开《澉水志汇编》藏蓝色的封面，抚摸书卷内一沓沓泛黄的纸页，仿佛能听见一代代澉浦人诉说对故土乡里的深沉热爱，捕捉到先知前辈书写澉浦文明时闪耀着的智慧光辉。任时代变迁，光阴流转，唯有志书里的一字一句永不会忘记，这座积蕴深厚的边港古镇，曾是中华文明落在嘉禾大地上的第一笔浓色，更是自北向南而下的中原王朝碾过嘉禾的第一道辙痕。

2. 澉水名迹，“三会”君王

既然说澉浦地底藏有龙脉，除了风水角度的解释之外，或许也与曾在澉浦留下传奇故事的三位“真龙天子”有关。

嘉禾平原是水乡泽国，以水养人，境域之内，哪里也离不开一个“水”字，就连春秋时候的地名也叫作“长水县”。唯独处在南部海滨的澉浦，却是一座多山的小镇，层峦叠错的群山如同起伏的波涛铺于大地，光《澉水志》中“指名道姓”的记载就有三十多座。而其中最为人所津津乐道的，当数千古大帝秦始皇曾踏足过的三座——秦驻山、长墙山和泊橹山。

说起来，秦始皇似乎有一项隐秘的癖好——酷爱给山取名。秦嬴政三十七年（前210），他东巡江南经过澉浦，驻足停靠在北边临海的山中，便为其取名“秦驻”；遥望远处一座山峰孤耸入云如高墙，便为其取名“长墙”；巡游完毕，乘着澉浦的塘河迎风渡海，经过一山又为其取名“泊橹”。这三座山中，又数秦驻山与始皇帝妙缘最深。

《澉水志》卷二载：“秦驻山在镇东北一十五里，有始皇庙，下有聚落，有荒草荡，俗谓秦驻坞。”

始皇帝在此巡游，不仅留了名，还留了一座庙。庙的由来无从考据，但有说是后世敬仰他的百姓所建。始皇庙附近发现的两块石碑，似乎能佐证这一说法。《嘉兴府志》称，这两块碑一块叫始皇碑，一块叫秦驻山碑。秦驻山碑立于梁天监二年八月二十三日，上有文字，虽不知何人所作，但“其可考者有云：前贤灼灼，后圣茂哉。始皇承天，越受帝命……功齐太古，道深前王”的说法，将秦始皇形容为承接天意，功德可与上古先贤比肩的明君，这种迂回曲折的评价和赞美手段，不可谓不高。

且不知是不是天子涉足的缘故，秦驻山周围钟灵毓秀、景色宜人，逐渐衍生出一片宝地，称秦驻坞。《海盐县续图经》中说，秦驻坞“四山环匝，土壤幽旷，聚落百余家”，居民们“有田可耕，有沙可漉，樵于山，汲于泉”，还“间有高人逸士，徜徉啸歌”，实乃“桃源仙境”。

在这片“桃源仙境”的孕育和加持下，秦驻坞现已发展成了秦山街道，还诞生了一座核电站。这是中国自行设计、建造和运营管理的第一座三十万千瓦压水堆核电站。对于中国核电事业来说，1970年是个极其重要的年份，因为这一年发生了两件大事，从此决定了核电事业的命运走向。

第一件事发生在北京。2月8日，上海市传达了周恩来总理关于建设核电的指示精神：“从长远看，要解决上海和华东地区的用电问题，要靠核电。”周总理的指示，为中国核电的发展揭开了序幕。第二件事发生在四川。8月，在四川的大山深处，中国第一艘核潜艇陆上模式堆满功率的运行，使中国人成功用核能发出了自己的第一度电。这也意味着中国发展核电，从政治、组织再到技术层面都已做好准备，中国和平利用核能的浪潮开始涌动。

1982年，第五届全国人大第五次会议宣布了在浙江海盐建设秦山核电站的决定，并以周总理发出指示的日期来命名，叫它“七二八工程”。紧接着，来自西北和西南一百多家科研单位、七个设计机构、十一个施工单位、数百家制造厂的核工业人被召集起来，怀揣着实现中国核电“零的突破”的伟大目标，于次年6月1日，在秦山脚下正式破土动工。

1991年12月15日0时15分，秦山核电站并网发电，中国成为继美、英、法等国之后世界上第七个能够自行设计建造核电站的国家。截至2021年12月15日，秦山核电已连续安全运行三十年，九台机组多年稳定运行，业绩处于世界先进水平。

这项国之重器的打造，既来自得天独厚的地理优势，又与帝王神话相映成辉，岂非刚巧印证了当地龙脉藏风纳气之说？

遥想当年，始皇立于秦驻山脚下，凌风观海之余还曾起过跨海修桥的想法。如今时过千年，号称“世界第一”的杭州湾跨海大桥已然成为连接杭州湾南北最为重要的陆道，冥冥之中，或许也是龙脉帝气源远流长，以另一种形式在与这片土地同频共振，馈以回响。

从秦驻山离开，沿始皇巡游的路线一直向南，在抵达长墙山之前，会经过一片蜿蜒绵长的海滩。这片海滩，便是古时澉浦人画地为田、樵草煎盐之地。

相传东晋时期，刘裕称帝前曾在此率兵抗击过私自贩盐的“盐盗”孙恩，因那时的海盐县令鲍陋之子死于战事，故而将其战殁之地取名为“鲍郎盐场”。

不想四百多年后的唐朝，私盐贩子卷土重来，甚至出了一位依靠贩盐起家的民间皇帝，在“鲍郎盐场”上赚得了人生的第一桶金。这个人便是吴越王钱镠。

钱镠出身贫寒，自幼习武，刚及弱冠便弃学跑去贩卖私盐。第一次贩盐时他没有本钱，就牵了一头羊来到盐场，要与盐贩子做交易。盐贩子答应用一担盐换他的羊，这里的一担，通常指寻常人能挑起的一百斤左右，结果没想到钱镠力大无穷，竟硬生生将一担盐挑到了八百斤，从此奠定了他发家致富的基础。

钱镠贩盐的这片鲍郎盐场，是宋代以来海盐的三大盐场之一，以澉浦为中心，包括了六里堰和长川坝以南一带。另两大盐场则是从长川坝起至乍浦镇西南的海砂盐场，以及乍浦东北的芦沥盐场（明代宣德年间划归平湖市所辖）。彼时的海盐乃中国南方的产盐中心，规模最鼎盛时期，每到5—8月的产盐旺季，都可以看到数以千计的盐民赤着膀子、弯腰曲背，在一眼望不到头的澄黄海滩上劳作。他们有的在摊泥，有的在淋卤，还有的正将一桶又一桶热烘烘的盐卤倒入盐盘煎煮，周而复始，日夜不息。

这里采用的制盐方法叫“煎盐法”，是将海水引入开拓好的盐田内，先经风吹日晒形成含盐花的泥，再将泥形成的盐卤倒入盐灶内不断煎煮，最后析出食盐。用煎盐法制出的盐结晶品质纯净，产量也高，但对盐民的压榨却十分苛刻，肩负着繁重劳动的盐民们不仅拿不到多少收入，还要缴纳沉重的盐课，是当时整个社会最低微困苦的群体。尽管如此，由于工艺精良、便于管理，煎盐法依旧被官府青睐，作为主要制法而持续使用着，直到民国三十二年（1943），才被更加节省人力的晒盐法所替代。

盐乃国家经济命脉，不仅是产盐，官府对贩盐的把控也极其严格，私自贩盐的人要受到严厉处罚。然而贩盐带来的利润却又极其诱人，在官府眼皮子底下“顶风作案”的盐贩子那时并不少。

钱镠便是其中之一。顶着高压政策，为了贩盐，他往往趁夜才从临安出发，一路翻山越岭，途经多个县镇，于次日清晨抵达澉浦。这其中路途遥远，钱镠就常常在海宁袁花附近落脚休息，向旁边的茶院讨一杯茶喝。

有一年夏天，钱镠又挑着盐经过茶院，茶院却没开门，倒是隔壁农户家里的一位老婆婆好心端了一碗水给他，还在水面上撒了一把砻糠，让他边吹边喝，以免暑热之时直接喝下大量凉水会伤身体。对老婆婆的善举，钱镠感激不尽，并从交谈中得知了当地百姓家贫，因买不起茶叶才只能喝凉水，便一直将此铭记在心。直到他成为吴越王后，特意回到此地，在茶院为百姓煮茶施茶，以茶祈福；又从杭州龙井带来上好的茶叶分给当地农户，让他们得以栽种。

这种茶就是后来澉浦人民所称的“六里茶”，从这里传出去的茶叶也让海盐成了浙北有名的茶乡，而当年钱镠落脚讨水、煮茶施茶的地方，便是澉浦又一名传千年的古刹——金粟寺。

《重建金粟广慧禅寺记》碑上记载："武原之南，距城邑一舍余，有山曰金玉，有寺曰广慧，枕麓面流，树石岑郁，禅寺之绝，冠乎一邑。"这座位于海盐武原南面、与袁花接壤的金粟寺始建于三国赤乌十年（247），距今已有一千七百七十五年的历史，比杭州灵隐寺还早，因而被称为"浙江第一古刹"，也称"东南第一古刹"。

三国年间，正是中国历史上各路文化交融、三大宗教传播的起步时期，江南虽已有佛教之流，却并未建造正儿八经的佛寺。此时，一位名叫康僧会的僧人自西域康居国千里迢迢来到东吴，在海盐一带传颂佛法。为了将佛法传得更广，康僧会前去拜访了当时的东吴王孙权，并称可以为其求得释迦文佛的真身舍利。孙权将信将疑，但仍对康僧会隆重以待，为他准备了法场。作法的第一天，众人等了许久，却什么也没发生。第二天亦是如此。到了第三天，就在孙权即将失去耐心，降罪于康僧会时，只听法场上轰隆一声，天空中数道耀眼金光闪过，竟真的有一颗舍利从天而降，落在了康僧会手里。自此，孙权彻底对其叹服，而康僧会也因祈得了舍利的灵光祥瑞而被奉为得道高僧。

随后，康僧会在海盐四处游历，偶然游至金粟山时，在山上建造凉亭为人们施茶解渴，又觉得此处人杰地灵、适合修行，便在这里修建了金粟寺，并住了下来。

近两个世纪过去了，金粟寺重建过两次，已不是最初朴素的模样；秦驻山变为了核电站，以另一种形式守护着国泰民安；鲍郎盐场也早就结束了历史使命，成了一片由橘园、鱼塘和棉田组成的风景旅游区。然而只要帝王们的传奇不灭，澉浦的山水名迹犹在，那些凝刻在一砖一瓦、一草一木中的古韵光华，就无论如何也不会褪色。

3. 东方大港的前世今生

民国初期，孙中山先生发表《建国方略》，曾提出建设"东方大港"的美好畅想。

这座大港根据计划将落在嘉兴市靠近杭州湾喇叭口的上沿处，因杭州湾是世界罕见的深水港，且嘉兴背靠上海，可以和上海形成分工关系，两者得以相辅相成。

金粟寺，彭前锋摄

甚至在孙中山眼里，“论其为东方商港，则此地位远胜上海”。这里提到的“东方大港”，指的就是嘉兴的乍浦和澉浦。

孙中山选择澉浦作为“东方大港”的组成之一，是有理由的。

首先，澉浦自古以来就是一处地理位置优越的军事要地。

作为嘉兴最早设镇，也是中原文化南下最早落脚的地方，澉浦的港口发展历史，是与城市发展历史紧密相关的。唐开元五年，澉浦置镇，同时有了军队。南宋开禧元年（1205），澉浦第一次出现了水军，兵员额度一千五百人，正式开始了其作为战略重镇的兴衰盛亡。

在澉浦设置水军，这一看似孤立的事件，其实与当时南宋王朝的生死命运直接相关。

宋室南渡，将政权中心放在了杭州，旁边的杭州湾就是一个天然对外的豁口，通过这个豁口可以直达皇权腹地，顷刻便能威胁到王朝安危，自然得紧要把守。而澉浦又恰好处在这个豁口的入海之处，好比天津之于北京，是登陆进军的最佳地点，称一句朝廷“咽喉”也不为过。再加之政权南移，连带着经济与人口的压力也一股脑儿重压而下，江南地区虽富庶有余，但应对经验甚少，于是很快出现了诸如海盗、走私等令人头疼的内部问题，使本就风雨飘摇的南宋皇室雪上加霜。因此，令澉浦港口作为南宋门户承担起攘外安内的重要作用，可以说既合乎情理，又必不可缺。

那么历史地位举足轻重的澉浦港口和澉浦水师，究竟都亲身经历过哪些内外之战呢?

翻阅史书，我们会发现，几乎在华夏每一次朝代动荡的战乱中，都能见到澉浦港和其水军的身影——无论是金元来犯、清兵入关，勉力保卫京都，还是明代抗倭、英军入侵，频频击退外敌。而其中，又以宋元和抗倭两大战役最为著名。

澉浦既为京畿之地，当时南宋水师的军事建制无疑是十分完备的，不仅有水军军寨进行定期侦察和巡逻，还根据战术和战地的不同建造了多种类功能的战船和兵器，是我国水军发展较为鼎盛的时期。这支装备精良的南宋水师，曾在元军挥兵南下时留下过悲惨壮烈的故事，20世纪70年代在澉浦出土的九方铜质官印便是史证之一。

这九方官印出土的地方在明代澉浦城遗址的东南角，正是宋时水军寨的位置，其中除有一方铸于北宋时期外，其余全部来自南宋。关于它们为什么会集中在澉浦出土，也有一个猜测。据说那年元军大举进攻，宋兵节节败退，几支水军被逼一路退至澉浦，无路可走。为了保存实力，来日再战，众将领决定暂时投降，于是便在水军寨底下挖了一口井，将九枚官印藏进了井底。结果第二天，元军就彻底攻破了澉浦，且直到最后，宋军也没能反败为胜。但那沉在井底的九方军印，却以整整七百年的沉默，将宋朝水师的历史诉说得淋漓尽致。

宋元之后，华夏又和平了百年，直到明洪武五年（1372）五月二十一日，一个再寻常不过的午后，正在海边晒盐打鱼的澉浦人民突然遭遇一伙倭寇的劫掠，平静祥和的生活从此被打破，开启了长达两百多年的艰难抗倭之路。

为了抵御倭寇，明王朝派遣了不少优秀的水军将领奔赴前线。嘉靖三十二年（1553），海宁卫指挥徐行健率兵驻守澉浦城。他治兵严明，善提士气，在他的带领下，澉浦水军骁勇善战，屡屡将倭寇抵挡在海港之外。只可惜，他才驻兵三年，就在一次倭寇夹击中壮烈牺牲了。在他之后，另一位名将刘大仲又被委以重任，他同样剽悍勇猛，且排兵布阵了得，常以出其不意的战术击退敌军，后却不幸战死于孟家堰之战……

从硝烟起到硝烟灭，澉浦海港足足在此坚强挺立了一千多年。而它和它的英魂们至死守护的，绝不仅仅是那一方小小王都里的中央皇权，更是这片富饶土地来之不易的安宁盛世，是这座古城千年以来积淀而成的宝贵的物质和精神财富。

于是这又要说回孙中山选择澉浦作为“东方大港”的另一大理由了。

宋代通商后，澉浦海港迅速形成，因离都城最近，镇内又河网密布，很快发展成南北交往、商运贸易的重镇。同时得益于深水港的天然优势，澉浦港还“近通福广，远涉诸番”，成了中国与日本及东南亚、波斯湾地区交流和贸易的重要门户。

在澉浦港往来的货物，从金银瓷器、丝帛绸缎到珠宝香料、药材良木，品类繁多，应有尽有。运货的船只抵达海港后，一般停泊在龙眼潭码头，再通过招宝闸导入运河，引流至六里堰，再分运往各地。招宝闸口后的招宝塘是澉浦唯一的一条运渠，承载着当时大部分的番货转运任务，每日进出口吞吐量成千上万，被称为“澉浦古港的内河交通生命线”。

面对如此庞大的海运商贸，宋淳祐六年（1246），官府在此设立了市舶司。市舶司，类比当今的海关，主要职能是给船只发放进出许可证、征收关税、协助国家收购或控制某些货品，以及对所有货物进行检查监管。

市舶司的成立，为宋朝的财政收入带来了巨大助力。作为海关机构，市舶司首先会对各路进口商品征收一定比例的关税，俗称“抽解”。“抽解”的高额税收是政府财政的重要来源之一。除了“抽解”，市舶司还会根据皇家对个别物品的喜好进行“博买”。比如香料、药品这些格外受宫廷青睐且消耗奇高的进口物，市舶司就会以官府名义在货品进关时就收购掉一半甚至更多，价格却时常远低于市场价。“博买”其实是一种变相收税，而其中产生的差价自然是进了官府的口袋，成为财政的一部分。另外还有诸如玛瑙、珊瑚、矿石等奢侈品，更被官府禁止民间交易，而是由市舶司直接垄断后送入一个叫“榷易院”的地方，用于卖给权贵或富商，从而赚取高额利润，充盈国库。据记载，南宋初年，朝廷全年收入一千万缗，光市舶司贡献的就达一百五十万缗。

除了辅助财政，市舶司也发挥了强有力的行政作用。为了提高航运效率，更好管理往来船只，市舶司主导推动了造船技术与港口基建的提升。曾经船只来回两国之间需要进行多次停靠，随着造船技术的进步，南宋时从临安出发的商船已经可以直接行驶到波斯湾，大大减少了时间和途中损耗。同时，不断完善的港口设施也让船只和货物的保管、转运越来越便利，商人们也处处得到优待，不仅有利于营造良好的商贸环境，更为宋朝与外邦的友好往来奠定了外交基础。

在市舶司的管辖之下，港口运作变得井井有条，反过来进一步推动了商贸的开放与繁荣。

到了元代，随着元世祖忽必烈的不断对外征服和扩张，澉浦港的商贸发展至顶峰，海外贸易范围也远远超过了前朝，再加上造船、罗盘等技术的进步，澉浦开始出现大量的航海活动，其中最著名的便是“杨氏下西洋”。

杨氏全名杨枢，来自澉浦杨氏家族，其祖父杨发曾督管澉浦市舶司，后又任浙东浙西市舶总司事，管理上海、澉浦、宁波三道重要海关。是时，澉浦已经从南宋时期的京畿港口一跃成为受中央政府统管的四大贸易港口之一。而杨发在市舶司的任职，无疑为杨氏家族积累资本、开展航海活动奠定了雄厚的基础。

据载："大德五年（1301），君（杨枢）年甫十九，致用院俾以官本船浮海至西洋，遇亲王合赞所遣使臣那怀等如京师，遂载之以来。"讲的是杨枢在十九岁那年便乘坐官本船出海前往西洋做贸易，路上偶遇亲王合赞派来出使中国的臣子那怀等人，顺路将他们带回了元朝。这里提到的"官本船"，是官府为了控制和垄断海舶贸易所制定的一项制度，即由官府出资建造船只，由商人操作经营，从而尽可能地将海舶贸易的利润收归国有。杨枢能受命乘官本船出海，也是由于家族横跨官商两界的缘故。而这里的"西洋"，指的很有可能是印度洋一带，与元朝进行贸易往来最频繁的诸国。

这是杨枢第一次下西洋的记录，所到之处，明代郑和第三次下西洋时才到达，前者比后者早了整整一百一十一年。之后，杨枢又奉朝廷之命，将那怀等使臣护送回了伊儿汗国，并沿路带回了数不尽的奇珍异宝，进献给忽必烈。这次航行往返，总共耗费了杨枢五年之久，一路艰难险阻，历练非凡，最重要的是，在这个过程中杨枢不仅带回了番邦文化，还将中华文明远播海外，在发展中外贸易、增进中外友谊等方面扮演了重要角色。

发达的商贸加上敢为人先的航海尝试，也让澉浦被一些学者誉为"海上丝绸之路"的起点。如此说来，兼具战略地位与经济实力的澉浦港能得孙中山先生青眼，甚至超过上海被列为"东方大港"计划的一部分，倒也没什么稀奇了。

尽管进入元朝后期，澉浦港就因都城及政治中心的转移而迅速面临着海舶贸易的萎缩，明代禁海政策后更是连战略优势也逐渐丧失，但作为江南最早启蒙的港口之一，它在朝代起落兴衰之间所积累的发展经验，是其他港口都无可比拟的。

因此无可否认，澉浦港在目前也依然极具开发价值。2017年，嘉兴市发布了《嘉兴港总体规划2017—2030》，将以独山、乍浦、海盐三大港区为主要格局进行规划建设，其中海盐港区就包括了澉浦段岸线。该岸线基础良好，资源丰富，适合重点发展临港产业。同时嘉兴港计划充分利用长三角集群效应，加强与宁波舟山港、上海港、内河港之间的联动合作，或许有望真正建成新时代的“东方大港”。

一百多年以前孙中山先生的“中国梦”遗憾未能完成；如今，期望澉浦能以崭新的姿态揭开尘封了半个世纪的帷幕，重振其“东方大港”的雄风。

4. 杨家院落里的海盐味儿

澉浦杨枢，凭借魔幻曲折的“航海奇行”在这座千年古港书写了一段探险者的篇章，但在整个杨氏家族，敢为人先者，不止杨枢一人。杨枢之父杨梓，作为家族的“富二代”掌门人早就名声在外，不仅让好听好唱的海盐腔传遍了整个江南，更把好吃好看的“海盐味儿”带给了当地百姓。

杨梓此人，用今天的话来形容，就叫作“仕乐双修”——在朝廷上，他是前途光明的正三品大夫；朝堂之下，他又摇身一变，成了大作曲家。由于从小锦衣玉食，生活优渥，所以杨梓很从容地就发展出一项个人雅好——戏曲。

元姚桐寿所著的《乐郊私语》称杨梓“节侠风流，善音律”，常在家没事自己唱曲作曲玩儿，还四处招揽弟子，组建了一个私人唱曲班。杨家财大气粗，专门“建楼十楹，以贮姬妾，谓之梳妆楼”。这座梳妆楼因有十间房之多，也称为“十间楼”。白日里，歌姬们摇曳生姿地穿梭于楼间，唱着各色各样的故事传说；一天唱罢，便成群结队地来到楼旁的河中休憩卸妆。一盆盆鲜红的胭脂伴着欢声笑语被倒入水里，将河水都染红了，长此以往，便生出一条“胭脂河”。

杨梓与他的唱曲班子就这么每日吹弹奏唱、载歌载舞，唱着唱着，竟唱出了名堂来。不知从什么时候开始，歌姬们唱的不再是纯粹的南曲北调，而是杨梓将南曲北调加工糅合后形成的一种独特唱腔，也正是后世风靡全国的“海盐腔”。

海盐腔为曲牌联套体结构的传奇体制，演唱时用鼓、板、锣等打击乐伴奏，不用管弦，清唱不用锣鼓，只拍板或拍手。据记载，海盐腔“多官语”，“其体尚静好，以拍为之节”，腔调“清柔婉折”，“音如细发，响彻云际，每度一字，几尽一刻”，为官僚士大夫所喜爱。

清柔婉折的海盐腔横空出世，很快就在大江南北流行开来，被广泛传唱，并取代北曲杂剧荣登明清两朝年度最受欢迎戏曲榜榜首。不论是民间休闲，还是官方接待，凡当时的话本，随处可见“海盐弟子”演奏，甚至就连戏剧作家汤显祖的“临川四梦”也被认为是以海盐腔为基调写的剧本。人人都知昆曲为百戏之祖，但鲜少有人知道海盐腔的诞生比昆曲早了百年之久，是真正的南戏四大声腔之首。

海盐腔的盛行，让杨梓一时名声大噪，引来了许多探访者。当人们慕名而来，踏进这座丰奢华丽的杨家院落，才发现原来杨梓不仅仅是位优秀的作曲家，更是位美食家。

只见那宽阔气派的杨家厅堂里，一张雕花实木八仙桌置于中央，桌上琳琅满目，摆的正是杨大人用来宴请宾客的“八大碗”佳肴。第一碗肥而不腻东坡肉，第二碗清凉葱油白斩鸡，第三碗红烧猪肠油色润，第四碗老笋干丝煮高汤，第五碗蒜炒肉丝绿又红，第六碗肉皮韭黄脆鲜香，第七碗韭芽香沁醋烧鱼，第八碗红烧芋艿炖湖羊。

据说这“八大碗”，乃是杨梓六十大寿时，杨家弟子为了庆祝，由厨师创作出来的。那日参加寿宴的宾客觉得这菜肴既有新意，又美味令人难忘，于是纷纷效仿，不知不觉，就将“八大碗”吃成了澉浦一项传统。

且这“八大碗”中的“红烧芋艿炖湖羊”，更是澉浦一绝。要说为什么杨家的厨子拿红烧羊肉来款待贵客，是因为杨梓在任浙东宣慰副使时经常需要宴请蒙古族同僚。他觉得蒙古族人爱吃羊肉，又觉得光是简单的烧煮烹制没什么意思，于是反复研究试验，终于制成了色、香、味俱全的杨氏独家“红烧羊肉”，被蒙古族同僚赞不绝口，“红烧羊肉”随后也变成一道澉浦特色佳肴用来招待各方宾客。等羊肉食毕，还可以加入芋艿烧煮，味道也尤其鲜美，在澉浦还有“不吃羊肉吃芋艿”一说，意思是：你可以不吃羊肉，但羊汤炖芋艿是必须尝尝的。

古时澉浦人的一天就是从一块热气腾腾的羊肉开始的。澉浦沿海，百姓常以打鱼为生，每天早晨出海之际，吃上一块热乎乎的羊肉，喝上一杯辣滋滋的黄酒，便能生出无穷的干劲。羊肉早烧，至今在当地还十分受老人们欢迎，澉浦镇上的两大老字号——“金良羊肉店”和“建生羊肉店”，往往每天清晨四五点钟开始营业，到七八点钟就结束了，店面不大但座无虚席。所以若是想尝一尝羊肉早烧，还需得赶个大早，一路穿过高高的明城墙遗址来到澉浦老街，叫店主来上一碗酥烂软嫩的红烧羊肉，再配上一壶馥郁香醇的沈荡黄酒，正宗地道的海盐味儿才算是“拿捏”了。

曾经，坐在铺子旁吃早烧的人们还会习惯性地听上一曲海盐腔，如今海盐腔已然湮没无闻，鲜有人唱，我们也只能从澉浦老街小巷偶尔传来的吴侬软语中去尝试捕捉一丝它的遗音，又或许等到老街上的杨梓故居重建，昔日“十间楼”的无限风光与海盐腔的清歌婉调，才能重现于世人眼前吧。

5. 游人竞渡南北湖

在老街铺子上边吃羊肉边听曲儿的闲适快活，似乎注定只能成为澉浦人记忆里的风景了，但不必遗憾，离开了老街，向西寻到静卧于诸山环抱中的那片澉湖，在湖上边泛轻舟边品浙茶，绝对也是一种妙趣无边的享受。

澉湖，更为人所熟知的一个名字叫作“南北湖”，是澉浦临近钱塘江口形成的一片天然潟湖。作为澉浦的标志性景点，南北湖距今至少已有两千两百年的历史。它三面环山、一面临海，既囊括了湖塘山林之绝色，又广涵滨海古城之胜景，是整个江南独一无二的，融山、海、湖为一体的旅游胜地。

澉湖是它最早的名字，初见于南朝梁干朴所写的《灵泉乡真如寺碑亭记》，在描述干氏一族为躲避战乱而隐居澉浦时首次出现。提起干氏，可能有人不熟悉，但若说起《搜神记》，其作者干宝的名号必定无人不晓。

从赋名一事来看，干氏一族似乎是最早发掘和赏识澉湖野景之人，就连干宝和他父亲干莹的墓随后也分别落在了澉湖西北的菩提寺和青山中。或许也是他们定居此处的缘故，澉湖逐渐为人所熟知，成了百姓观光出游的最爱之地。人们赞美它幽僻静美，并期望它永久安谧，俾供游乐，便为它赐了一新名——“永安湖”。

《澉水志》中载：“永安湖，在镇西南五里，周围一十二里……四周皆山，中间小堤，春时游人竞渡行乐，号为小西湖。”

在文人墨客眼里，永安湖的风光简直不输杭州西湖，因而得称“小西湖”，只不过“西湖以奇胜，澉湖以淡胜”，西湖秀丽美艳如玉环飞燕，澉湖则轻妆素裹如虢国夫人，一浓一淡，各有千秋。赏景之余，学士才子们也爱好借湖光山色访师会友，西湖和澉湖便又共同得名“高士湖”，在山明水秀之上更添几分诗情画意。

相比之下，“南北湖”这个名字好像就略显单薄了。这一名出自何时暂无从考据，只知道是那条用来疏浚的鲍公堤将湖分成了南北两片，故称其为“南北湖”。但从另一角度来说，澉浦无论是镇名还是地名，仿佛都遵循释义直白、结构简单的道理，倒也不失为一种爽朗好记的独特风格。

如今的南北湖，从高空俯瞰，可见鲍公堤横亘其中，直伸湖上，南北两片湖区中央各有一小岛。北湖的面积略大，因钱塘江白鹭晚归栖巢而名“白鹭洲”；南湖的略小，如青翠蝴蝶展翼点水而称“蝴蝶岛”。

湖的西、北、东三面，群山高低错落，远近有致，温柔承托着怀抱中的南北湖，一同组成了一幅山水相宜、绚丽奇幻的缤纷画卷。

在这幅画卷中，你既可观湖塘烟雨，赏垂虹落雁，也可攀白云高阁，访云岫古庵；既能登秦驻海堤，望钱塘潮源，又能听悦禅疏钟，寻钱王遗踪……湖上八景、山上八景、海上八景、古城八景，三十二景，每一处景致既相融共生，又各有妙意。

身处这等美景，哪能没有美食相配？由八大碗衍生而来的特色菜肴自不必说，这里地处浙北，气候温和湿润，正适合蔬菜瓜果生长。游客到此，无论是入黄沙坞采一篮酸甜可口的本山蜜橘，还是在东部湾煮一碗鲜美脆嫩的猫头笋汤，都不失为一番闲情野趣。若想寻一些清净，还可上鹰窠顶的云岫庵讨一杯云岫茶尝尝。这茶采的是清明前一芽一叶/二叶的嫩芽，泡茶的水是云岫庵天井里流出来的雪窦泉水，茶叶碧绿，泉水清香，绝对是茶中极品。

这雪窦泉水，还有一番讲究和来历。明《海盐县图经》载：“（云岫）庵前有泉，深丈许，旱涝不加盈涸，味甘洌，名雪窦泉。”雪窦泉是裂隙泉，其泉眼正位于云岫庵大殿和山门之间的天井中。云岫庵的地理方位，十分符合我国传统风水学中左青龙、右白虎、前朱雀、后玄武的“四灵兽”地形，泉眼又恰好处在天井这样一个蓄水聚气的核心位置，怪不得千年以来品质优良，源源不竭。作为云岫庵及其周围百

南北湖风光，郭秋敏摄

姓的生命之水，雪窦泉的存在再一次印证了澉浦乃华夏龙脉遗珠。

也正因身怀遗珠，南北湖在吸引文人墨客驻足倾赏之外，还接待了不少隐居避难的名家志士——东晋时期，先有干氏远离庙堂，避世而居；五代南唐，道士谭峭建谭仙岭城辅佐修行；明末清初，秦淮名妓董小宛将这里当作疗愈情伤的桃花源地，在鸡笼山麓留下了葬花哀吟的凄美故事；道光年间，又见藏书家蒋光焴修西涧草堂以藏万卷经笥；到了近代，同样为避战事的韩国独立运动领袖金九还曾借住湖畔载青别墅……

坐拥此名此景，暗藏文脉典故的南北湖，如此倒真当得起一句“江南独一份儿”。只是不知什么原因，南北湖出了嘉兴名气并不算响亮，仿佛隐士接待得多了，连带山水也变得低调孤僻起来。于是为了打响名号，让更多人一睹“小西湖”的淡颜风采，澉浦镇政府已着手规划了景区、垦区、镇区各15平方千米的专区开发，将人文旅游、特色小镇、未来产业三者结合，擘画澉浦新城蓝图。尤其在景区，南北湖倾力打造了全长39公里的“杭州湾第一道”，将“十山一湖一海”串联一起，带你观赏奇山秀水，领略山海一线。这条绿道目前已开放一期路段，有洞桥、橘苑、弈仙城三个入口，由“越山向海”和“行山走湖”两条体验路线组成。

若干年后，这里或许不仅会有南北湖“一景”继续供游人竟渡，还将呈现“三镇”——诗意江南的休闲小镇、绿色湾北的科创新镇、古韵钱江的文化名镇——和“一城”未来城的古今碰撞之美，为这片独步天下的“山海湖区”增色。

今次再游南北湖，已初见未来蓝图雏形。清丽秀美的自然风光衬以不远处巍峨耸立的秦山电站，澉浦千年古城的雍容神韵与新兴时代的发展朝气，从此融为了一道奇妙和谐的滨海“新景”。

四、活着的《搜神记》

有两个作家，他们的作品和人生颇多相似处，充满着暗合，似乎那么一条神秘的纽带，超越时空，跨过天南地北，将他们都凝聚——或者说有双看不见的命运之手将他们“投置”在江南运河旁的这座古城海盐，并在小说创作领域让他们超时空“相遇”，最终一起照亮了海盐古城，并形成了中国文学史上颇为神奇的地域关联和血脉传承。

他们都是外来移民而后完全地融入海盐，最后不但成了真正的海盐人，而且都让海盐为之骄傲。

晋代文学家干宝是河南新蔡人，他跟海盐的缘分，源起于他的父亲干莹。因为干莹被朝廷任命为海盐立节都尉，所以干宝随着整个家族南迁，从此开始了在海盐的生活与创作。

当代小说家余华祖籍山东高唐，出生地在杭州，他跟海盐的缘分，也起源于他的父亲华自治。20世纪60年代初，华医生因为要追求自己的事业，放弃杭州的工作，选择到海盐县武康人民医院上班。1962年，余华母亲和哥哥追随父亲迁居海盐，从此就像河水溶进了海水，在这个江南古城度过了漫长的童年、少年生活，然后在武康医院做牙医期间，拿笔写作，并成长为像干宝那样的小说家。

干宝是鲁迅先生推崇备至的小说作家，认为他写的志怪小说《搜神记》对中国小说创作产生了极为深远的影响。

干宝最有名的文学作品是《搜神记》，这是一部笔记体志怪小说集，内容十分丰富，既有谶纬神学、神仙变幻，也有精灵物怪，还有古典版的“人鬼情未了”。故事大多篇幅短小，情节简单，但是设想奇幻，极富浪漫主义色彩，开创了中国古代神话小说的先河，对后世影响深远。

干宝的《搜神记》也记述嘉兴的民间传说，以当时非常流行的一则童谣说是由拳城“城门有血，城当陷没为湖”，而写了一则老妪信童谣为真，结果城门果然被人泼了狗血，由拳县城果然开始下沉了，等到大批百姓逃到练塘镇东环桥时，整座城池都已经消失，变成了一片汪洋的故事。时至今日，当地人还习惯于说一句往昔旧谚语：“踏上东环桥，朝东一望白，桑田变沧海”——干宝小说里的原句是这样的：

由拳之地，后陷为谷，今所谓谷水是也。

东汉延光四年，在历经一夜的暴雨后，迁徙到武原乡的海盐县城塌陷成湖，很可能是这段历史为两百多年后的东晋小说家干宝提供了创作素材，于是妙笔生花，由童谣牵引，演绎出了一则“志怪小品”。

在余华小说作品中，也充满了海盐元素，从他的小说中，经常可以看到海盐的街、巷、桥以及各种标志性建筑。在长篇小说《在细雨中呼喊》的第一章，就以“南门”为章节名，他这么写道：“这个高大的男人，拉着我的手离开了南门，坐上一艘突突直响的轮船，在一条漫长的河流里接近了那个名叫孙荡的城镇。”到了第四章，他又把小说里的“我”写了回来：“我十二岁回到南门，十八岁又离开了南门。”

余华最有名的小说是《活着》。这部长篇小说揭示了“为活着而活着”的人生真相，作家以冷静的笔触，展现了生命的意义和存在的价值，揭示了命运的无奈与生活的不可捉摸。

干莹死后，葬在海盐县澉浦镇的青山房。三世之后，干氏家族迁到梅元，也就是今海盐通元，从此海盐就成了干氏后人的居住地。据《嘉兴市志》记载：“经考证，海盐干宝之后裔，于元时来此以烧窑为业，名应以干家窑为是。”也就是说，居住在海盐通元的干宝后人在元代时迁居到了嘉善干窑。《续修干氏宗谱》清晰地记载了干家后裔如何在水草丰美的水乡泽国定居下来，以烧窑制陶为业。就像他们的先祖干宝以其《搜神记》在中国小说史上占有一席之地一样，干氏后裔创建的干家窑，也成了当地很有影响的产业。简而言之，干宝的家族早已在海盐开枝散叶，干氏后裔开创了自己的事业，形成了一座赖以生活且延续至今的干窑古镇。

1993年8月，余华的儿子在海盐出生，于是作家为他的儿子取名余海果，将自己对海盐的感情，在这个名字上体现得淋漓尽致。可以说，两位小说家的家人后裔，都在海盐诞生，与海盐这座古城融为一体，成了它的组成部分。至于他们的文学作品，首先干宝的《搜神记》打败了时间，活到了今天，而且还将通过中国文学这个伟大的载体，进入无数人的阅读生命。我们也有理由相信，以长篇小说《活着》为代表的余华的文学作品，也将在未来继续存活，也能战胜文学作品最大的对手——时间，而一直活到地老天荒，而韧性十足地一直游到海水变蓝。

五、悲情英雄步鑫生

都说海盐有三张金名片：余华、步鑫生和秦山核电站。余华在20世纪80年代中期声名鹊起，以“先锋作家”的身份活跃于中国文坛。生于海盐、长于海盐的步家裁缝后裔步鑫生差不多也在这个时期走上工作岗位，奏响了在勇猛精进与锐意改革的创业协奏曲，从而拉开了中国民营企业体制改革的帷幕。

步鑫生其实没读过几年书，从小跟随堂哥步有信学裁缝，在穿针引线的实践中逐步成长起来，掌握了独当一面的缝纫技艺，拥有了良好口碑。他裁剪的衣裤，不但款式新潮，而且还很省布料。别的裁缝一米二的布料只能裁一条裤子，可是两米布在他手里却能做出三条裤子。在那个布匹凭票供应的年代，步鑫生的手艺很有市场，也揭示了小步师傅敢于创新求变的心性。1956年，二十二岁的步鑫生正式成为武原缝纫合作社的负责人。随后是步步提升，刚过而立之年就晋升为“八级裁剪师”，这在服装业技术职称是“天花板”。

1980年，步鑫生走马上任，成为海盐衬衫总厂厂长，这也是他的重要人生拐点。名曰总厂，实际上很小，总共六十多名员工，固定资产仅两万多元。四五十万件衬衣，一半堆在仓库里，财务上连老职工的退休金也发不出。这样的现实困境，对于身为当家人的步鑫生而言，形同被人架在火上烤。

1978年11月，安徽省凤阳县小岗村实行“分田到户，自负盈亏”的“大包干”，拉开了中国对内改革的大幕。经过一年的努力，安徽凤阳等地的农村土地联产承包责任制已经初见成效。早起的鸟儿吃到了虫子，但是“吃大锅饭”仍然是计划经济年代传下来的“不良资产”，也是企业中的普遍现象。眼见小岗村的成功，步鑫生心里更加容不下养闲人的旧体制，决定大刀阔斧地改革，随之推出“联产计酬制”，其核心内容是“实超实奖，实欠实赔，上不封顶，下不保底”，就此打掉“铁饭碗”。

一场现象级的企业改革，显现出了冰山一角。紧接着，改革的触角从生产领域延伸到了销售部门。步鑫生经常派人进驻上海，研究上海衬衣款式、花型的变化，然后反馈回来，以便尽快设计出紧跟潮流的新款衬衣进入“沪市”试销。试销之后，挑选最畅销的款式，批量生产后再全面进攻“沪市”，几个回合下来，“双燕”和“三毛”这两大自主品牌很快就在上海立定脚跟。

在当时的上海，只有三家企业打广告，日本三洋、中华牙膏，还有就是海盐衬衫总厂，可见步鑫生确实具备企业家的胆识和气魄。为了让服装品牌走得更远，一支惊世骇俗的时装表演队在海盐衬衫总厂成立，这给当时毫无时装概念的中国服装市场带来了极大冲击。那些嗅觉敏锐、来自五湖四海的驻沪采购员，纷纷赶到海盐看样订货。外面的客商请进来了，家里的“燕子”要飞出去，通过在全国各地举办展销会，请各种服装店特约经销等行销手段，步鑫生和他的团队将厂里的自主品牌远销至天涯海角。

符合市场经济规律的举动取得了立竿见影的效果，牛刀小试仅三年，海盐衬衫总厂旧貌换新颜。1982年，该厂以年产一百三十万件衬衫的能力一跃成为浙江一流的专业衬衫厂，固定资产也翻了五十多倍，三年间上交国家利税一百六十四万元。服装厂发展成了海盐县首家产值超千万的企业。

1983年4月，浙江日报社专门报道了海盐服装总厂的成功事迹。随后，新华社和人民日报社纷纷跟进报道。有一条媒体统计相当惊人，当年“步鑫生”这个名字在《人民日报》上出现的次数，仅次于雷锋。当时的中共中央总书记胡耀邦也关注到了步鑫生，并做出专门指示：

> 对于那些工作松松垮垮、长期安于当外行，做一天和尚撞一天钟的企业领导干部来说，步鑫生的经验当是一剂良药，使他们从中受到教育。

海盐人步鑫生成了中国风云人物，不仅媒体的报道铺天盖地，到海盐来取经的经营者都排起了长队。浙江萧山有个叫鲁冠球的年轻创业者，用自留地里价值两万多的苗木做抵押，承包了杭州万向节厂，为了能与步厂长见上一面，他怀揣着两份《人民日报》，费尽九牛二虎之力，终于在相关人士的引荐下，与其仰慕之至的著名企业家见上了一面，但也仅获得了一刻钟的交流时间。

成为偶像后的步鑫生，商业经营时间受到了很大程度的挤压，也逐渐在鲜花与掌声中迷失了自我。在各级领导、专家的追捧和支持下，他开始筹划“步鑫生服装生产托拉斯”，托拉斯是一种资本主义垄断寡头模式，在中国没有成长的土壤。当步鑫生将产能扩大了四倍，决定上马一条年产三十万套西装的生产线时，他实质上已经走进了“麦城”。当一座建筑面积高达6000平方米的西装大楼，气势恢宏地拔地而起之际，便是他步鑫生应声倒下之时。当然，这不仅是步鑫生本人的宿命，也是改革开放过程中必经之阵痛。

步鑫生是改革开放过程中涌现出的悲情英雄。尽管在跌宕起伏中落败过，但是国家并没有忘记他。在2018年庆祝中国改革开放四十周年大会上，党中央、国务院对为中国经济做出卓越贡献的一百位先进人物颁发了“改革先锋”奖，海盐企业家步鑫生赫然在列，此时他已离世三年。这份殊荣，无疑是对他这位改革先行者的历史认同与国家褒奖，因为他的改革创举在全国产生了轰动、示范和破冰效应，尽管他没能走得更远，创建伟大的事业，但这并不影响他作为一个改革先锋而创立的历史成就。他给出了一份很有价值的实践报告，让改革开放的后继者看到了改革的风险与代价，摸着石头过河难免会“呛水”，涉入深水区更应“战战兢兢，如履薄冰”。既需要改革者的思想准备，也需要社会的充分包容，更需要有鼓励改革、创新做出科学化、务实性的制度设计，造就更多不但具有改革精神、创新活力勃发而且能够可持续发展的“步鑫生”。

悲情英雄步鑫生是海盐的骄傲，也是嘉兴的骄傲，在中国改革开放的历史版图上，他的名字将熠熠生辉。

第七章

地嘉人善，嘉风习习

明宣德四年（1429）的三月，皇帝朱瞻基委派大理寺卿胡概前往江南视察，尤以细察嘉兴府各地为要。经过一番实地考察后，胡概发现了一系列问题。回京给皇帝上的那道奏折里，胡概恳请重新划分嘉兴县域。

按照《明宣宗实录》记载，胡概的理由是，嘉兴府当时管辖嘉兴、海盐、崇德三县，“为里一千九百有九，民二十九万六千三百户，税粮八十五万余石”。不仅如此，嘉兴还要承担额外增加的军饷、贡赋等支出，赋税额实在太高，是其他府的数倍。由于地域过大，不免造成朝廷在行政管理上的困难，从而导致匪盗纷起，民不聊生，所以恳请朝廷“宜增设县治，建官分理”。该奏折的核心，就是胡概以“地广赋繁”为由，奏请朝廷将嘉兴府拆分。

朱瞻基倒也开明，看过奏章后，马上又派出吏部员外郎奈亨率领浙江官员前往嘉兴府进行实情论证。次年三月，正式下诏将嘉兴府的嘉兴县、海盐县和崇德县拆分。在嘉兴县西北境，设秀水县；在海盐县境内，增设平湖县；在崇德县境内，增设桐乡县。同时，敕分嘉兴县东北之迁善、永安、奉贤三乡，和胥山、麟瑞、思贤三乡之部分置嘉善县，隶属嘉兴府。如此这番动作之后，嘉兴府共下辖七县，因此称“一府七县”。嘉善置县后，县治设在魏塘镇，并且一直延续到今天。

置县后的嘉善市镇勃兴，文运昌盛，很快就攀升到了经济文化的一个高峰，嘉善县的社会生产力，尤其是农业和手工业得到了空前的发展。富庶、典型的江南水乡格局初步形成，城镇的扩展和望族的崛起，孕育了家族文化的日趋繁荣，演变成了新的江南繁华之地。

在明代建县以来，嘉善发展出了两大支柱产业，一是柔顺的纱，二是坚硬的砖。“软硬兼施”，俱得天下美名。

因鼓励住民种桑植棉，土纺土织业日兴，“四乡机杼之声不绝”，男耕女织渐成风气。多数村妇纺土纱所需之棉皆购于市集，魏塘镇和枫泾镇等地设有多家纱庄布局。《嘉善县志》记载：魏塘“东西市梢有纱庄”。县城东北乡间枫南、里泽及惠民一带，几乎家家都备有土纱、土布纺织机。所织之布多售于枫泾镇，故“枫泾布”与“松江布”齐名，所以古代谚语会这么总结：“卖不完的松江布，收不尽的魏塘纱。”

明万历《嘉善县志》记载：“砖瓦出张泾汇者曰东窑，出干家窑者曰北窑。”在清咸丰十年后，干窑镇窑业迅速发展。民国时期，窑业更发展到了鼎盛期。由于盛产“京砖”，而且当地瓦当文化灿烂，所以被称为“千窑之镇”。

在文化和思想领域，嘉善的善学思想和慈善组织也发轫于明代。功成名就的读书人与辞官退休的庙堂官员，在归梓返乡后，基本上都成了地方领袖，促进了士绅社会的形成。这群学识卓越的才俊逐渐从自律修身，逐渐走向入世济民笃志安邦。在他们的影响下，嘉善人崇善重德，发展出了极具地域特色的“善文化”，并逐步成为嘉善的地域人文精神和处世哲学的核心内容，折射出了这座吴根越角、地嘉人善之城独特的文化底蕴，和这座春和境秀古城的勃勃生机。

一、吴根越角的西塘传奇

虽说在置县之前，人间并无“嘉善”这个名称，但这里确是一块相当古老的土地。清光绪《嘉善县志》中，有关嘉善一带人类活动的文字记载只能追溯到距今约四千年的夏朝。但是大往遗址的发现，将现今嘉善一带有人类活动的记载，又往前推动了两千年。

大约在七千年前，嘉善以东是海湾，学术界称“古嘉善湾”。至良渚文化时期（距今约五千至三千六百年），“嘉善湾”已向沼泽发展，此时古太湖湾水除部分向东南流外，大部分改向东流，故形成今嘉善县河流多为自西向东，注入今上海市的吴淞、黄浦而入东海。

1958年的某个夜晚，嘉兴县委会议室里灯火通明。有项重要议案已在县委常委会上形成决议——开挖红旗塘。挖塘可以使河道直通黄浦江，从而缓解嘉北地区的洪涝灾情，进而改变该地域纷乱的水系，变水害为水利。

12月27日，一期工程正式动工，司令部就设在西塘公社塘西大队，即现在的西塘镇翠南村。据不完全统计，依靠简陋的生产工具，三万五千人硬是在平地上挖出了20公里的河道。到了次年的年中，一期完工，二期工程继续趁热打铁。红旗塘的开挖，是嘉善经济社会发展进程中非常值得记录的一件大事，这是嘉善人用自己的双手和智慧在20.5公里的水路上诠释出伟大的信念和力量。而且，就在如火如荼的挖掘过程中，奇迹出现了——一具连着角，看上去相当完好的麋鹿头颅骨意外地冒了出来，令人十分惊诧。几乎就在刹那间，远古时空与现代生活迅速交融汇聚在了一起。

麋鹿，古人称它“四不像”，因为它的角似鹿非鹿，头似马非马，身似驴非驴，蹄似牛非牛。从一百九十多个麋鹿化石出土地确认，历史上麋鹿的分布区西至山西的汾河流域，北至辽宁的康平，南到浙江余姚，东到沿海平原及岛屿。西塘的这具麋鹿的出土，在国内也极为罕见。据史料记载，海宁市湖塘的坟桥港遗址、海盐县沈荡的彭城遗址和平湖市胜利乡大坟塘遗址，以及桐乡市原上市乡的新桥、石门镇的罗家角，先后都曾发现过麋鹿的残骨断角。这些在嘉禾城下沉睡了数千年的四不像骨骸，影射出了一幅远古原生态动物群的美好生活图景。

作为瑞兽，麋鹿有三大寓意。其一，它是生命力旺盛的标志。麋鹿不仅奔跑迅速，还善于爬冰卧雪，是名副其实的运动健将。其二，它是吉祥之物，自古以来就带有神秘和福禄之意。鹿又被称为“财鹿”，在东西方都具有很好的寓意。其三，麋鹿是和谐的象征。古代的富裕之家常用麋鹿作为房屋瓦当图案，以期盼安宁、兴旺和吉祥。由此可见，作为世界珍稀动物，麋鹿的象征恰好暗合了“嘉善”之名的寓意，仿佛自远古时代起，就注定了这片鱼米之乡的吉祥与和谐。

1. 遥望伍子胥

在嘉善县的西塘古镇，几乎无人不知伍子胥。自从公元前328年为避祸从楚地奔袭到江南的时候，他的人生便像一股强大的气流，冲得“吴越春秋”跌宕起伏：他屯兵练武，挖江造城，最终成功地引领吴国兵士杀进故土，挖出仇家楚平王的尸体，怒鞭三百记，为后世留存一句令人心悸的成语“掘墓鞭尸”。然而这位伍相国依然命运多舛，最终领受的人生“礼物”是吴王夫差的一把剑，被赐自裁，就此悲情谢幕，宛如一道烟花在历史的苍穹之上灿烂而又绚丽地绽放，随后灰飞烟灭，却又将历史胎记陨石般地坠落在江南吴越故地。

西塘，春秋战国时期地处吴越两国的交壤之境，素有“吴根越角”和“越角人家”之称，也是古代吴越文化的发祥地之一。可以略显武断地说，不了解伍子胥，就无从解开西塘古镇的起源密码。读不通这个传奇角色，大概也很难打开隐匿在西塘历史深处的那扇大门，从而无法探寻这座千年水乡的内在秉性和文化基因。站在西塘去眺望历史迷雾中这位著名的复仇者，或许能够拥有最好的历史能见度。

毋庸置疑，要真正看清伍子胥的面貌，必须借助史册。除了司马迁的《史记》，上溯可至《左传》《国语》和《吕氏春秋》，下延可查《越绝书》和《吴越春秋》。如此跟踪追击之后会发现，自远而近，伍子胥的故事是那么丰盈，内容也是那么详细。不妨直接钻进故纸堆，省却他在楚国罹难的前因后果，直接将蒙太奇的镜头切到《吴越春秋》记述的子胥刚逃至吴国之际，看看这位未来的吴国显贵，在举目无亲的姑苏街头，是怎样一种惨不忍睹的落魄状态：

> 子胥之吴，乃被发佯狂，跣足涂面，行乞于市，市人观，罔有识者。

一个形貌相当邋遢的乞丐。很多历史真相已经很难被还原，比如说这个蓬头垢面的家伙，到底是如何遇到公子光——这个命中贵人的？公子光为何不服吴王僚，认为自己本应是王，个中原因史书里写得十分明确，现在关注的是这么一个“上位”契机——子胥知其野心，就向他推荐勇士专诸。结果，专诸办成大事，将鱼肠剑藏匿在烹好的鱼腹中，趁上菜之机刺杀了嗜鱼如命的吴王僚，这就是历史上著名的“专诸刺王僚”。于是，公子光如愿以偿，夺得王位，是为吴王阖闾。

用现代语汇表达就是，“吴漂”伍子胥逆袭成功，成了吴国卿相。接着他就领命建阖闾城，挖闾江（护城河），然后开始选址练兵，试图对抗强楚。当年他屯兵之地，就叫“胥塘”，这便是西塘的古称。也就是说，西塘古镇上的那条河，其实是伍子胥他老人家打下的底子，史书上说他开凿伍子塘以兴水利，并引胥山之水入西塘，开中国运河之先声。清代诗人魏正锜曾写《胥塘曲》，其中有一句就叫“十里胥塘开翠奁，南风吹舵浪花粘”，描述了西塘风光。另外，胥山何在？这座嘉善本地人都知道的名山，也是伍子胥这个古典“IP”孵化出来的山名。对于“吴根越角”，伍子胥本身就是一座山。所以要了解古镇西塘，胥山是绕不过去的，因为都说此山是西塘的根。

古人说得好，读万卷书，行万里路。单纯地依靠在故纸堆里那些冰凉的文字，尚无法立体而多元地剖析伍子胥，进而读通西塘历史。我们这些当代人，如果能够迈开腿，到古时的吴根越地，而今的善居嘉地之西塘古镇走一走，追根溯源，以景证史，再外加些许想象力，或许就更能看清子胥当年的形貌与行止，反过来也许能更深刻地理解我们脚下的这座嘉善古镇。

胥山又名“张山”，乡党们喜欢叫它“史山”。此山原本是嘉兴城郊境内唯一的山丘，坐落在城东30里外的大桥乡胥山村。由于嘉禾大地渺无山景，所以只有20多米高，近有百亩面积的小山丘，也为嘉兴人心心念念，十分看重。胥山曾经是嘉禾美景之一，元代大画家吴镇创作的《嘉禾八景图》中的第七幅就是“胥山松涛”，其意境令人神往，其中的画词为后人呈现出了千百年前的胥山风貌：

百亩胥峰，道是子胥磨剑处。

嶙嶙白石几番童，时有兔狐踪。

山前万个长身树，下有高人琴剑墓。

周回苍荟四时青，终日战涛声。

然而，现在的胥山已经无山可观，缩成了一个地名。据说在1969年11月，为了解决嘉兴北部护岸石头紧缺的问题，有人提议开采胥山。13日，胥山正式开始采石，历经两年，可倾听松涛的胥山被连根移除，变成了十多米深的水潭，只残留了山脚以及四周的山基。从此，嘉兴这个鱼米之乡，真正变成了一座没有山景的城市。温柔水乡画卷里浓墨重彩的妙笔，而今却空留其名，“愚公移山”之后演变出来的水潭，就叫“胥潭”。

据悉，胥山之上，曾有伍子胥墓和观音殿。山腰处，还有东岳庙和蚕花庙。伍相国祠在山脚，祠前亭内有一石碑，碑文镌刻着伍子胥的功德。山之西，有三四丈长的磨剑石，平整的巨石中有一道很深的剑痕。山之东，则是一条宽约25米的伍子胥河，风光旖旎，汩汩而流。河面上还横跨了一座石板桥，那就是伍子塘桥。

到西塘旅行，真有一种与伍子胥对话的况味。放眼望西塘，仿佛可见伍子胥的身影，似乎千百年间他从来没有离开过这里。这也难怪，西塘原本就叫胥塘，是伐越战士的练兵处。在分湖东南石底荡口还有个胥滩，又名伍子滩，是伍子胥操练水兵的地方。正如有首诗中所说：“声声呜咽英雄泪，激起涛头伍子滩。”

吴越春秋史上最复杂的两个人物，一个是越国的勾践，后来春秋五霸之一，创造了意志力与忍耐力之极限；还有一个非子胥莫属，他的隐忍能力与复仇意志也超乎常人。两人分属不同阵营，针尖对麦芒，却分别为后世留下了“卧薪尝胆”和“掘墓鞭尸”两句成语。此八个字，就像两把钥匙，能迅速打开吴越战争的历史大门，那些风云际会的春秋故事，就好比流经西塘古镇的运河之水，会向我们缓缓流来。

2. 烟雨长廊与石桥古弄

西塘的水系格局得益于吴国大夫伍子胥的“运筹帷幄”。远在吴越纷争的春秋时

西塘的水、西塘的桥，周向阳摄

期，他就屯兵西塘这块宝地，兴水利，通漕运，开凿了伍子塘，引胥山以北之水抵西塘境内，故而彼时的西塘也叫胥塘。又因此处是吴越两国的相交地域，号称吴根越角，具有优越的地理位置和平坦宽阔的地势条件，因此在国与国的角力与抗争过程中，无数迁居者聚集于此，落地生根，于是就有了临水而筑的形形色色的越角人家。有了人家，就有了炊烟，有了原始生活形态，从此也就有了胥塘水乡的生生不息。

到了大唐开元年间，诸多古村落在此因聚而生，各地商贾也接踵而来，形成车水马龙之势。历经朝代的更迭和岁月的洗礼，到了权力中心由北而南迁的南宋时期，西塘也随之完成了规模与身份的蜕变，发展成了一座繁忙的市集，商业繁荣，活力四射。但是，在西塘古镇的发展进程里，商业的真正发展在元朝，因为在那个时代，依水而市的西塘人在内在嬗变和外在因素的推波助澜之下，已经将自身的栖息之地进化成一座拥有完整样貌的集镇。有了此等基础，到了明清之际，商品经济更是迅猛发展，名门望族开始造屋建宅，划界筑楼。西塘再一次抓住了契机，一举成为当时江南手工业和商业重镇，平添了一份峥嵘气象。

一部上下千年的西塘历史，有人将其高度凝练成了十七个字的民谣："春秋的水，唐宋的镇，明清的建筑，现代的人。"

真是一语中的。君不见西塘之水"春秋"来，在历史时空深远处，环绕着胥山而来，与京杭大运河汇聚，最后又分流成九大水系而将整座古镇划成八大板块，并在唐宋两朝完成古镇的建制。而那与小桥流水，古街古弄遥相辉映的，则是明清建筑和深宅大院。庭院深深深几许，看风景的现代人，已经渡到时光之河的彼岸，此时正倚在烟雨长廊的美人靠上，或行走在迷宫般的古弄里，或站在古镇的石桥上，细细地品读着这座江南古镇的前世今生。

关于烟雨长廊的诞生，有则传说值得聆听。话说塔湾街上有个胡姓商户，英年早逝，只留下年轻的寡妻胡氏独撑。河滩边有个卖水豆腐的王二，见胡氏管店艰辛，常施援手，帮她做些体力活。日久生情，胡氏对他心生爱慕，却难以启齿。某日想到一个办法，请来木匠以修缮店铺之名，沿河搭起一排廊屋，使摆摊的王二避开了风吹日晒之苦。而且共在屋檐下，还能生出一家人的感觉。无心插柳柳成荫，廊屋建好后，胡家铺子的生意顿时火热了起来。商人重利，纷纷效仿，经年累月，廊棚就连成了一片，足有2300多米长。

无论传说真否，现如今，西塘廊棚已经成为当地一道独特的建筑风景线。在实际功用上也切实地便利了商家，并使过往行人免去了日晒雨淋之苦。此番初心倒也透露出西塘人淳朴善良的天性，既实惠自我，又惠及了南来北往的异乡旅人，可谓一举两得。

在西塘古镇的整体风貌和“间架结构”里，如果说烟雨长廊是其脊梁，那么石桥古弄就是它的肋骨，影响着它的呼吸节奏和古镇样貌。“小小西塘镇，弄有九十九”，这不仅是一句本土谚语，更是一种柔情似水的地理标识。在1平方千米的古镇地域里，大小弄堂竟多达一百二十二条，真是令人匪夷所思，在旅行者心头平添了多少神秘色彩，以及一探究竟的企图。而且，石桥竟然也有百余座，真是“弄多、桥多、廊棚多”，此言半点不虚。

有人说，西塘的弄，最具中国古典文化韵味，因为它深藏而不露，在平泊之中足见神奇。那些古弄貌似结构单纯，却有宽有窄，有深有浅，有明有暗，有直有弯，有蔽有敞。弄中有弄，小弄连大弄，短弄套长弄，走在其间犹如步入一座迷宫，好不容易拐过弯来，倏而“柳暗花明又一‘弄’”，使人内心顿时涌出一种寻珍觅宝而又有所得的美妙体验。

若按其实际功用来划分，西塘的古弄可分为三类。其一叫“宅内弄”，也称“陪弄”，实质上只是整体建筑的一个小局部。一个“陪”字，说尽了它的角色和功用。这个用作陪伴的“小配角”，悄然从宅屋边延展出来，却连接起两重天地。尽管不见阳光，只是静谧地隐身于幽暗的角落，以暗为光，以静为生，却内含“银不露白，暗可藏财”的中国传统建筑典范。其二叫“水弄”，前通街后通河，是依水而生的小路，光明而敞亮，与陪弄正好南辕北辙。通过水弄，家家户户可去河边汲水，或者洗衣。其三，是接通两条平行街道的弄，也就是“街弄”。在街弄上，挑担的农夫才可能直来直去，真正享受到古弄的自在。

那些弄名，也很显人间烟火气。油车弄、柴炭弄和缸甏弄等，直奔主题，听来就有生机，随口叫来，也生妙趣。如果弄中真住进了大户人家，或者同一姓氏汇聚于此，那就更好处理，干脆大开大阖地称之为计家弄、苏家弄、叶家弄……这种百家姓式的命名方式，在西塘镇不胜枚举。

最有名的弄，叫作“石皮弄”。该弄深而窄，石薄如皮，故而得名。这是一条长长的窄弄，分布在是明末清初的大户人家的深宅大院之间。宽仅1米，弄口最窄处仅0.8米，全长68米，由216块青石铺就，也是西塘最独特、最风姿卓绝的古弄。最短的弄，是余庆堂宅弄。从头走到尾，仅三步之遥。与民宅连为一体，弄即是宅，宅亦为弄。

如果光有弄，而没有石桥与运河水与之相依为伴，那么古弄必然显得繁复而寂寥。唯有三者水乳交融，浑然一体，方显江南水乡如诗似画的独特禀赋与迷人气质。

最古老的桥叫“望仙桥”，建于宋代，坐落在镇南烧香港的福源宫前。相传宋代有福源宫的道人常伫立桥上望神仙而得名。相比起卧龙桥、五福桥和送子来凤桥等“后起”之桥，望仙桥更显沧桑世故。见多了王朝的更迭与变换，它更知道如何以深沉和内敛的风姿，守望这座千年古镇。

卧龙桥是镇上体量最大的桥。原本是木桥，相传有孕妇曾在此桥上失足溺亡，而让某个竹匠心怀悲悯，立志重修此桥。奈何银子不足，只好出家为僧，奔走化缘，最终却仍差一块桥面无法完成。恰有两位仙人，因贪吃西塘豆腐干而下凡。你一块，我一块，二仙正在分享香干美味时，某仙不慎掉落一块，谁知正是那块豆干补了卧龙桥的缺。桥侧首东尾西的一条长龙，看上去真有飞升而去的意思。

与卧龙桥的神话色彩不同，位于烧香港的五福桥则积聚了西塘百姓的生活夙愿。五福桥建于明代正德年之前，由当时的五户人家分别把五种不同的福气，都安置在桥面上，为的是当人们从桥上走过，便会带上这五种福气——长寿、康宁、富贵、好德和善终——引得天下游人都想去桥上走一走。据说此桥还是古镇内取景的最佳处，在烟雨长廊与“钱塘人家”的交会处，站在桥上可一览胥塘河两岸风光。

西塘还有一座三孔石板桥，叫“送子来凤桥”，位于小桐街东侧，建于明崇祯十年（1637）。说是造桥时飞来一只鸟，因此带来了祥瑞。桥的一边为斜坡，一边为台

西塘民居，周向阳摄

阶，由此竟然生出“左生男，右生女”的方位执念。

到古镇旅行，一定要游长廊、穿古弄、过石桥，细细地品味，方能领会这别有洞天的古镇对于现代生活的意义。走累了，找间二楼临水看得见水景的房间，或者循着“今日有房，临河喝茶”的广告牌，找个临水的阳台，喝茶歇息。

泡上一壶茶，来一碟五香豆，再添八珍糕、芝麻糕或者芡实糕佐之。待到夕阳西下，小船缓缓驶来，桨木就着河水浅吟低唱之际，撤去茶席，换上酒盏，可点龙蹄、田螺和荷叶粉蒸肉，就着稍显甜润的、大街小巷随处可见的米露酒，不亦乐乎。在如此古韵盎然的空间，杜鹃花盛开的西塘古镇，享受时光之慢，夫复何求！

3. 往昔风流人物

20世纪30年代，鸳鸯蝴蝶派作家张恨水写了一部长篇小说《金粉世家》，很受追捧。北洋军阀内阁总理府里的那些脂粉情事，令那些市民读者流连忘返。据说内阁总理原型就是中华民国第十三任总理，浙江嘉善魏塘镇人钱能训。

在民国时期的嘉善，钱家是当地的官宦世家。父亲钱宝廉在清朝道光年间曾任吏部侍郎和刑部侍郎，官居正二品。钱能训本人，光绪年间中举，进而又中进士、授翰林，清末因攀上徐世昌而官运亨通，最高做到了陕西布政使。进入民国纪元，再次得益于徐世昌大总统的拔擢，于民国七年（1918）的11月当上了国务总理兼内务总长，也因此成了政界、新闻界乃至小说家眼中的聚焦点。

北洋政府的内阁总理好比走马灯，你唱罢来我登场，大都鲜有光彩。不过钱能训却能在史书上留下了可圈点的一笔，尤其难能可贵。第一次世界大战结束后，中国作为战胜国参加巴黎和会，却遭遇了不平等条约对待。作为北洋政府的内阁总理，钱能训主张收回山东主权，并电示中国代表团拒签巴黎和约，这是当时的那个羸弱政府在外交上少有的强硬做派。

1919年春，五四运动爆发，钱能训引咎辞职。挂靴后，曾任督办苏浙太湖水利工程事宜，他筹办过糖业公司，组建过银行。《嘉善县志》也为他圈点了一笔，记载的是他为故乡谋福利的事迹：

嘉善人钱能训参与浙江十八名士绅联名呈请北洋政府减免田赋，经核准，嘉兴六县减赋，尤以嘉善最多，减免粮米达30601石。

钱能训后来一直寓居北京，直到1924年6月5日，油灯耗尽，落叶归根，他被安葬在惠民镇的钱氏故茔。亦师亦友的老上司徐世昌为之赋诗哀悼，撰写了墓志铭，现存嘉善县博物馆。

同样是民国十三年，这年的4月29日，在嘉善西塘镇的南街，有位顾姓的商贾喜得贵子，取名顾锡东。顾家的家世背景虽不及魏塘镇的钱府，但锡东之父是清末秀才，世代经商，家底亦殷实。在小桥流水和桨声灯影的孕育、激荡中，顾家儿子初长成，而且沾染了不少文艺气。从连环画、评弹到独角戏，再到古体诗乃至私人藏书楼的典籍著述等，他皆感兴趣。后来他是一边经营着自家的长泰森烟纸店，一边读书学戏，闲时尤其喜欢去西园唱曲。

西园，是西塘镇上最大的私家花园，旧址在西街计家弄内。原本系明代朱氏别业，园内的树木、花草、假山以及亭池之胜，最显示西塘风景之幽美。那些名曰延绿草蕴堂、养仙居、墨家轩和秋水山房之类的建筑伫立其中，营造出“小山醉雪”“曲槛回风”“盆沼游鱼”等“西园八景”。醉雪亭是西园的中心制高点，其下假山萦绕，最终形成古树、水榭和醉雪亭共构而成的一种向心的拓扑关系。山水之中互有你我，相生不息。

民国初年，西园开出一间茶室，因园东侧假山上有一株数丈高的白皮松，风来呼呼有声，茶室因此得名“听涛轩”。由于西园当时是票友唱曲和文人雅集之地，大家都喜欢来此饮茶下棋、吟诗作对。1920年冬天，吴江诗人、南社创始人柳亚子来到西塘，就住在风景优美的西园，并与西塘镇的南社成员在醉雪亭边拍摄留影，效仿的是北宋李公麟所画的《雅集图》。这幅画卷表现了苏东坡、黄庭坚、米芾等北宋大家的雅集活动。

南社是一个资产阶级革命文化社团，曾在中国近现代史上产生过重要影响，成员中有大量的同盟会会员，可见受孙中山先生的影响之深。以柳亚子为代表的书生以“诗歌文学”结社，用笔作武器，传播民主、自由的新思想，向封建专制王朝发起猛烈的批判，体现了中国传统知识分子不畏强权的独立人格与铮铮风骨。西塘镇的南社社员有余十眉、李熙谋、郁左梅等，多达十九人。他们指点江山，评说时政，留下了大量的诗词文章，是当时小镇文人倾心革命的真实写照。

南社文人雅集之后，想必是要到西街或者塔湾街边找间临河的馆子，宴饮小酌的。柳亚子是个老派诗人，不像徐志摩那样历经过来自翡冷翠或者康桥湖畔的欧风洗礼，爱写日记，擅长记吃。不过据野史以及对其诗作寻根觅迹，可以发现柳亚子来到西塘后，特别喜欢和南社同人在乐国饭店小酌。这个饭店坐落在西塘桥堍，门面虽小但环境清爽，一侧临街，一侧临水，很受这些旧文人的欢喜。肥而不腻的白饼、鲜嫩的菜花鱼和香酥的粉蒸肉等西塘名菜是他们的最爱，喝的当然是西塘名酒——善酿。

西塘龙蹄也是硬菜之一，是西塘的特色美食。其实就是酱猪蹄髈，配以数十种佐料，经煨煮蒸焖，使得肉质达到酥嫩脱骨的效果。还有大田螺，碎切之后炒辣椒，煞是开胃。开宴前，用种福堂的八珍糕或者芡实糕佐茶，雅致恬淡，口味也佳。如果一直喝到夜幕降临，便可聆听西塘河水里的阵阵桨声，在光影潋滟里，兴许会直把西塘当秦淮。

“宠喜相逢在酒家，人物最难吴越合”，这是柳亚子从西塘宴饮回去之后所写的诗句，据说一连写诗三十五首，追忆自己在西塘和乐国饭店的各种趣事。

4. 西塘运河人家

在西塘古镇，有数千户人家，数万个居民。一片片白墙黑瓦中，时有高楼广厦突破平缓的建筑轮廓线，显现出一座深宅大院。这些具有历史年份且保存完好的老宅民居，西塘尚有好几处，比如种福堂、崇稷堂和尊闻堂。

种福堂的名号起源于那句家喻户晓的民间谚语——种瓜得瓜，种福得福。该宅第是西塘望族王氏的故居，始建于清康熙年间。种福堂共有七进，总长百余米。门檐门额上写有“元亨利贞”四字，那是以乾卦的卦辞体现“天”的元始、亨通、和谐有利、贞正坚固这四种德行。很显然，“福”是老宅的主题。在第三进大厅墙门天井的砖雕门楼门额上，写有“维和集福”四字。和气生财就是积福，与堂名对应统一。

崇稷堂与种福堂齐名，是薛家于20世纪20年代在西街兴建，规模不大，前店后宅格局。前后只有两进，前进临街，后墙沿河，天井居中。正厅左右是厢房，明净敞亮的落地玻璃窗，显示出西塘镇上一个中等富有的安逸殷实人家的家居布局。在大厅正中位置，挂着“崇稷堂”匾额。稷，是高粱的古称，也叫“谷子”，在很长一段时间里，稷是中国人最重要的粮食。古人以稷代表谷神，和社神（土神）合称为社稷，即国家的代称，此堂耕读传家的希冀浓厚。

尊闻堂在石皮弄西侧，堂屋的大梁上有一百根大约5米长的百寿梁，每根百寿梁中间都刻有一百个“寿”字和云状花纹，为西塘镇之宝。

另有位于烧香港南面倪宅大院内的承庆堂，第二进天井前有砖雕门楼，门额上有“蕙德兰馨”四个字，是座典型的清末古建筑。现在的倪宅楼上陈列着倪家孙辈倪天增的事迹。倪天增自1983年起当了九年多上海市副市长，因为为官清正廉洁，政绩卓著，受到上海人民的爱戴。

在西塘还有座有名的古宅，非常值得一提，因为它是西塘古镇里“动态的文化坐标”，展示出的书法与版画艺术作品，令游人迷醉，它就是塔湾里的醉园。

塔湾里，一条石子铺就的老街，醉园就是此街中段的那幢建于明末清初的老宅。传说中的王家宅第，建筑布局精致，堪与苏州古典园林媲美。这栋古建筑遗存，只是西塘望族王氏老宅“醉经堂”的部分建筑，属于塔湾王氏老宅的偏厅。而今“偏厅”扶正，被西塘镇政府开辟为探索古镇人文的一个旅游景点。历经数百年沧桑之后，依然完全地融进了江南鱼米之乡日复一日的寻常生活里。走过送子来凤桥，在塔湾里稍走几步，即可到醉园。

在这座“醉园”里，曾经生活着西塘王氏第二十二代传人王慕仁的“三代同堂”。他们诗书传家，陶醉在传统书法与版画艺术的创作氛围里，展示了江南水乡人家的西塘家风与文化典范。时至今日，醉园已经成为西塘的一个风景名胜和文化坐标，并作为“地嘉人善”的西塘普通人家的文化代表而饱受嘉奖。

醉园，真正让人陶醉的，还在乎书画艺术之间。尤其是王亨父子三人的版画作品。

王亨是王氏家族中承上启下的人物。据悉，王亨的版画艺术创作之路，源自早年结识著名版画家张怀江，得其指导而画技日渐臻熟。中年后，王亨的版画技艺形成独特的艺术风格，有上百幅版画作品在国内众多报刊发表。同时还参加各级美展并获奖，晚年出版《诗画西塘》《王亨　王小峥版画作品选》等画册。他的大儿子王小峥，供职于嘉兴南湖革命纪念馆，热爱版画艺术，随父亲业余从事版画创作。小儿子王小嵘就在西塘从事古镇旅游业，也同样热爱版画。兄弟两人都有版画作品发表、参展与获奖。

作为江南水乡家族文化传承的典范，作为嘉善县家庭教育的百年成果，西塘“塔湾里”的王亨、张秀竹家庭，被评为“第八届全国五好文明家庭”。“几百年书香知礼，无愧槐阴庭；数代人行善积德，享誉桐树村”，这副刚撰制的楹联，对这个家庭“百年风雨，书屋延香”做了简要的概括。而今，王氏“醉园”已被辟为旅游的景点，在这里人们可以领略到家族文化的神韵。同时，它折射了传统历史文化的缤纷异彩。

两宋时期，西塘只是一个人口相对稠密的自然村落，到元代时才逐渐发展成为集市。因为其处在“吴根越角”的地理位置，随着历史上几次较大规模的人口迁徙，遂成吴越交界地区的重要水路码头。

从历史发展的脉络来看，西塘由西向东延伸发展而来。在明末清初，塔湾里在镇之东。而西塘的名门望族和富贵人家，大都将住宅安置在与塔湾里一河之隔的王家角。县丞署、常平仓等某些衙门机构也都设在此地。西塘王氏，随历史上迁徙潮，最初也定居在王家角，数百年间家族枝繁叶茂。

在“醉园”的二埭厅堂，看到墙上张挂的一些名人字画，但最引人注目的还是东侧墙上的一副用银杏木镌刻的楹联，上联曰：蹑老牧高踪，桐树村还第一；下联为：数晋公旧典，槐阴庭尚余三（以下简称：“蹑老牧、数晋公”联）。这副制作于

《西塘水巷》，王亨版画

静谧的西塘古桥，周向阳摄

清乾隆年间的木刻楹联，引出了西塘王氏家庭文化的历史源头。这副对联是王氏第十五代传主王志熙所撰写并手书，是西塘王氏的传家之宝，珍藏至今已有两百八十多年。

除了清乾隆时期王志熙留下的家史楹联外，醉园还有一件“传家宝”，那就是由南社诗人蔡韶声先生撰文，原嘉善三中校医、书法家徐华孙先生手书的《延香书屋记》（楷书作品）。那篇文笔流畅、脍炙人口的美文，记述了“延香书屋”的数百年历史。它与“蹑老牧、数晋公”联相映成趣，互为印证，为我们勾勒出西塘王氏家庭文化的传承与发展的大概轮廓。百年传承的良好家风，哺育了一个书香知礼的家庭。

二、干窑大包子

在民国末年，嘉善城里流传着一首童谣：“嘉善大钻子大锯子，干窑大包子，乡下旋旋子。”

听起来很像绕口令，其实童谣里的“四子”，是指四种不同的建筑物。“大钻子”，是嘉善县魏塘镇东门外大圣寺内的古塔，这是嘉善的著名古迹，也是嘉兴历史上的一座具有标志性的建筑——“淳熙十四年，僧清梵建浮屠七级，名泗洲塔”。

据记载，这座“大钻子”极为秀气，塔内每层都设有木梯，登至最高七层处，再登高远眺，极目天地宽。因此有人评说，“大钻子”之秀，酷似嘉善人的人文样貌与内在形象，可惜今已荡然无存，只身隐缩于历史图片里。

“大锯子”，其实是在比喻建于明代的嘉善城墙。因为城墙上有排列成齿状，且具掩护功能的雉堞两千六百四十四个，雉堞上有垛口，可射箭和瞭望，因为远看似锯，因此得了个诨名“大锯子”。这座长方形的城墙，墙高3丈，阔2丈，城墙外还环绕着6丈宽的护城河。

“旋旋子”，指江南水乡田野里那些旋转的风车。最为形象生动的是“大包子”，那是嘉善县干窑镇里的那一座座窑墩——至关重要的是，有些“包子”迄今尤在，而且已经成为嘉善县非物质文化遗产的重要组成部分。当然也是一道独一无二的古镇风景，更是干窑镇上最富标志性的古建筑。

干窑镇素以砖瓦烧制业闻名于世。如同身居嘉善的中心区位一样，干窑镇也是全县的窑业中心。光绪十六年（1890）3月3日的《申报》这样记载干窑窑业的繁盛：

> 浙江嘉善县境砖瓦等窑有一千余处，每当三四月旺销之际，自浙境入松江府属之黄浦，或往浦东，或往上海，每日总有五六十船，其借此以谋生者，不下十数万人。

窑业从业者居然有十多万人，可谓蔚为壮观。而且，在那个时期，每天都有五六十条运送砖瓦的船只开往上海，产业之兴旺可见一斑。自道光二十三年（1843）上海开埠以来，大兴土木势在必行，因此在城市建设方面需要大量的砖瓦，这就是嘉善的砖瓦络绎不绝运往上海的时代背景与刚需驱动。1921年7月20日的《申报》上还记了这么一段，可视为上一篇《申报》报道的跨时代补注：

> 上海所需砖瓦，多向嘉善订购，为数甚钜。除了一部分须由轮运外……经客商报装砖瓦前往吴淞者，络绎不绝，每日平均计有三十余辆之多，年值六百万元。

早在民国六年（1917），被称为“冒险家乐园”的上海在兴建房屋过程中出现了一种叫作“平瓦”的洋瓦片，这是一种来自欧美的新兴建筑材料。嗅觉敏锐的干窑商人意识到商机来了，马上决定紧随其后。第二年，潘啸湖等干窑人筹集股本两万元，在上海“同泰生砖瓦行”的资助下，创立了陶新机制瓦厂，专门有样学样，生产法式洋瓦片——中国第一张“平瓦”就此在干窑镇诞生。

民国九年，干窑人戴补斋与台州人柳佐卿、青田人李仁斋共同发起，筹建了泰山砖瓦股份有限公司，厂部就设在干窑北市三板桥东堍，一个独门独院的办公点。

民国时期的《嘉善日报》记者张开曾将这间院落描述成“屋子带着古老式建筑物的典型”，坐东朝西，正面是粉墙墨漆双屏门，颇似海派石库门的设计，可见几个老板不仅从上海带回了法式洋瓦的制作技艺，连海派精神与建筑调性，也一并沿袭了过来，开创了当时干窑镇的潮流风尚。

二十多年后，这几个人把公司总部移到了上海徐家汇（原龙吴路1270号），他们的办公点被称为“泰山小楼”，这也是我国早期的民族工业遗址。当时公司的产品远销沪杭，上海国际饭店、华侨饭店等顶级饭店都在使用泰山公司提供的平瓦，而且质量完全可与洋货媲美。

1. 窑业与京砖

论及制作砖瓦，干窑人倒是很有底气。干窑镇自己的核心产品，是专供皇宫和京都御用的“京砖”。往前回溯到南宋，当时临安建都所用的砖瓦，基本都来自干窑，由此不难想象，干窑在中国窑业史上的地位，非同凡响。而且，这种至高无上的行业地位，历经岁月流转，朝代更迭，却一直没有被超越过——明代万历年间的“定超”和“明货京砖”，还有清末金纪京砖也都悉数来自干窑古镇，这也是干窑在中国窑业发展史上所创下的功绩与辉煌。窑业生产和经营，成了干窑镇乃至嘉善县历史性的支柱产业。窑业搞活了一方经济，富裕了水乡百姓。

如果还要往前追根溯源，那么这座以窑业为产业生态的古镇，竟然可以在中国古典文学史上找到它的起源。据史料记载，干窑最早叫“干家窑镇”，与晋代文学家干宝有着绕不开的关联。《嘉兴市志》载：“经考证，海盐干宝之后裔，于元时来此以烧窑为业，名应以干家窑为是。”

干氏家族在三国后期，仕吴者颇多，在晋朝名家辈出。千余年间，干氏子孙遍布北京、天津、南京等地，尤以海盐的沈荡、通元、澉浦和六里，以及海宁的盐官、嘉善的干窑和宁波的余姚等地聚居为盛。在《续修干氏宗谱》中，记有干宝家族“至三十一世”在海盐半逻的一支，曾迁居到干窑一带。这个家谱始修于唐贞观二十二年（648）前，续修于清康熙三十六年（1697）中，清晰地记载了干家后裔

具有两百多年历史的“活的”沈家和合窑，周向阳摄

制作金砖，周向阳摄

如何在水草丰美的水乡泽国定居下来，以烧窑制陶为业。就像他们的先祖干宝以其《搜神记》在中国小说史上占有一席之地一样，干氏后裔创建的干家窑，也成了当地很有影响的产业，从而肇始了干窑一带的窑业，并聚居成镇。

烧窑制陶产业的兴旺发达，涉及“干家窑”和“千家窑”的镇名之争。传说乾隆误看“千窑”为“干窑”，结果金口一开，指鹿为马地将一座“千窑之镇”，硬生生地变成了“干窑镇”。

嘉善地区的乡镇取名都喜欢用姓氏为习俗之一，比如陶庄镇古名“柳溪”，南宋初保义郎陶文翰从姑苏来此建庄，从此这里“商贾辏集，因以成市”，柳溪因此易名“陶庄”。明万历年间工部尚书丁宾的家属在丁栅居住，并东西南北河口设了四个防盗的“栅”，丁栅因此得名。所以干姓聚居，并以窑业生存发展，取名干家窑镇非常符合当地的取名习俗。专家也因此认定，干窑成市镇就是因为窑业的发展，窑业是干窑的一块永不褪色的胎记。

在历代县志中，经常千家窑和干家窑两个名称互见。一直到清光绪年的《嘉善县志》，这才统一称呼“干家窑”，简称“干窑”。无论名称如何，干窑集镇的形成就是起始于窑业的聚集和发展。散居在乡村的窑户选择在水上运输便利的南北主向主航道旁筑窑开火，烧制砖瓦。干窑镇最早的建筑就是窑墩，基本上沿着河道东西两旁临水而建。随着窑业的兴起，陆路交通开始逐渐形成。

时至今日，嘉善“大钻子”早已消失在历史的天空；“大锯子”的部分残砖也只在沧桑岁月的大背景里，孤独而象征性地叙述着“城南旧事”；“旋旋子”则只能静守在美丽乡村的一隅，随风而舞，为生态农业景观增添些许生动风光；唯有干窑“大包子”，传承下来的五座窑墩依旧活力生猛，为新时代的国家建筑“添砖加瓦”。

在漫长的岁月里，干窑因其发达的窑业形成了江南水乡韵味独特的砖瓦窑业文化。这项被简称为“窑文化”的乡镇文化，博大精深，内涵广泛，长期影响着干窑的发展与进步。

窑业生产特有的技艺，比如砖窑建筑技艺、瓦当生产技艺、京砖生产技艺等一系列非物质文化遗产，共同构成了干窑“窑文化”的核心内容，而伴随着砖瓦生产衍生出的诸多独特的乡土习俗、民间信仰和窑工文化娱乐等，也都成了非物质文化遗产。

在嘉善干窑镇，有两处距今一百五十多年的“活”窑墩遗址，作为浙江手工作坊的历史性代表，被列为第五批省级文物保护单位。这在嘉兴市属于“破天荒”第一次，在全浙江省范围内也尚属罕见。据嘉善的县志资料记载，这两个“活”窑墩自清末开始烧砖制瓦，一百多年后的今天，仍然在“兢兢业业”地恪尽职守，每月能出产二三十万块与众不同的黑砖，所以称其为“活”的窑墩遗址。

如果说土砖窑是干窑的文化标识，是文化之冠，那么京砖则是镶嵌在这顶文化桂冠上熠熠生辉的明珠，同样是非常重要的干窑古镇的文化标识。

京砖，又名“金砖”，因其呈长方形，又名“方砖”。在明清时代，京砖最初只用于皇家建筑，后来成了庙宇的铺地之物，在古典园林的建筑与修缮过程中也不可或缺，最后走向了民间富户。由于这种又大又方的砖块通常只在京城的建筑中使用，所以被称为京砖，民间又认为此砖是造金銮殿用的，而且“京、金”谐音，所以民间又叫它为“金砖”。

据考证，京砖的诞生，应该在明永乐年间朱棣迁都北京之时。因为要大兴土木，为营建北京城做准备，所以京砖应运而生。皇家认定的京砖烧制地主要有三个，其中一个是苏州城北的陆墓，北京故宫太和殿、中和殿、保和殿以及十三陵的定陵都选用了印有明永乐、正德，以及清乾隆等年号和“苏州府督造”的徽章字样的京砖。“敲之无声，断之无孔”是这批京砖既细腻又坚硬的特质。苏州陆墓御窑在中断了七十多年后，终于在20世纪80年代赓续成功。

干窑的江泾京砖，烧制历史也相当悠久。据传，明朝时江泾村的吕家就已经开始生产字号为“明富”的京砖，随后出现陆家、邵家联合制作的“定超”京砖。1989年10月，具有悠久历史的上海城隍庙在修复时，推出来的城隍庙标志性的陈设——上海豫园的“京砖之王”，即为江泾村邵家所制。这块京砖长、宽122厘米，厚16.5厘米，重达450公斤。据说这块京砖，光泥坯就多达500公斤，从1988年开始，用了两年的时间才制作完成，堪称中国最大的一块京砖。而这块泥坯的制作者正是干窑镇江泾村（现属长生村）的坯农，烧制者则来自与干窑比邻的洪溪镇的窑工。

在2021年建党百年纪念活动中，干窑镇的窑业代表沈家窑曾为清波门的重建和嘉兴的城市建设，赶制出上万块高规格、严标准的京砖。这些糅进了嘉兴南湖湖心泥而烧制成的“建党百年”纪念砖，独具匠心，呕心沥血，以一千九百二十一块红砖，两千零二十一块青砖，再造了嘉兴古城门——清波门，1∶1地还原了嘉兴火车站站房，成功彰显了“干窑京砖”神奇的非遗魅力，并以干窑“大包子”特有的历史价值、文化价值以及它的实用价值，为嘉兴古建筑的修复与挖掘，乃至全国的古建筑保护与复原，奉献了一己之力。

2. 文化旅行

嘉善县的干窑镇，不仅是座千年古镇，更是一座富有历史深度，具有非遗文化积淀的江南窑乡。

对于这样一座特色古镇，干窑镇政府因地制宜地拟定了自己的乡镇文旅融合策略——以窑乡文化为引擎与驱动，整合进而盘活干窑的历史文化、民俗风情、自然生态与原生风貌，在文化与旅游两大产业维度上进行深度融合。按照镇政府的战略构想，可以拟就一份供天下游人参考的“旅行攻略”：以沈家窑、江南窑文化博物馆和窑文化主题公园为核心主线，同时串接新泾港景区、美丽乡村王家浜、县级文保点黎明村的戴家窑，以及富硒科技农道、西吴村“开心农场”、北夏浜窑乡记忆馆等乡村特色景点，形成以窑文化展示、砖窑体验和生产观摩系列活动等为文旅主体，融合了研学、观光、采摘和休闲等活动内容的文化旅行套餐。干窑镇围绕“窑文化、精农业、休闲游”三大要素，正在打造属于自己的，集现代农业、田园生活、文化体验、康养民宿于一体的复合型农文旅理想版图。

探索江南窑文化，参观与学习京砖与瓦当的制作技艺，是“干窑之旅”的一份独家“文化美食”。位于干窑村的沈家窑，建于清代咸丰年间，是一座有着两百多年历史的“双子窑墩”，也称“和合窑”，结构为双圆筒形，呈两只馒头状，窑的四周砌砖，窑置顶两只烟囱，窑旁设有砖阶，供挑水者上下。

沈家窑以烧制“敲之有声，断之无孔”的京砖闻名于世，不仅是嘉善县仅有的京砖烧制产业基地，还是浙江省非物质文化遗产生产性保护基地，因此可以说，到了干窑镇，必看沈家窑。沈家窑目前已经成为窑文化的非遗体验点，建成了江南窑文化展示馆，修复了废弃窑墩遗址。

干窑镇的古窑墩，除了沈家窑的两座已经被列入浙江省非物质文化遗产保护中心的窑墩外，建于清末民初的戴大窑、戴小窑两座窑墩，至今也都有一百多年历史。

钱家大院和钱氏船坞也是干窑镇上值得欣赏的著名古建筑。位于长生村让巷18号的钱家大院是座高墙大院，是钱姓村落建筑群，有百来间房屋。墙顶有雉碟用作防御和射击，这样的结构布局在江南难得一见，说明钱家当年拥有自己的商团武装。村落的进出口，为水陆两路。陆上大道，旧称“径岸”，也称“白路”，道路宽敞得可以让轿夫抬轿进出直通大院。水道上，则设闸门把守，整个大院内还设有停船的大船棚。船棚沿岸设廊棚，廊棚是村民聚集和夏天纳凉的地方。新中国成立后，钱家大院的部分房屋被改成了国家粮仓，部分因年久失修而拆除。由于钱家大院总体布局基本完整，是研究干窑地方建筑的实物例证，具有一定的历史价值。

在不远处的让巷12号，是清道光年间当地首富钱仲樵所建宅院，也是他的私家庄园。同时他又建了私家船库。也就是说，钱家在河面上建筑了用于居住的房子，然后在房子下面造了个船坞，可以停船。这座船坞宽7米，进深13米，柱子都是花岗岩，墙壁用青砖。整座船坞，由两只大梁挑空，下面可以停五六条船。东首第一间砖砌的房屋是船工居室，西面三间供船停泊。有内河埠及八字河埠各一座。这样的建筑样式，在昔日的嘉兴较为普遍，但是在目前，钱氏船坞是嘉善县唯有的一座非常独特的古建筑遗存，在整个浙江省范围内也极为罕见。作为研究江南水乡船坞的实物旁证，钱氏船坞具有一定的历史、艺术和科学价值，因此在2011年元月，成为第六批浙江省文物保护单位。

钱家最早也是烧窑的，他们家的窑址就在今天的粮仓南面，那里若干年前出土了海宁城砖，包括元朝时期的海宁州城砖，说明钱家当时也在做国家项目。钱家的田地，一直到西塘下甸庙有上万亩的地，后来又去上海开当铺，开启新的财富传奇。

航拍嘉善，吴天港摄

镇东的田间小路叫“田岸”，那是通往集镇的主要通道。铺上石板的田岸，当地人就叫它“石田岸”。干窑的老人有种说法，那就是“先有石田岸，后有干窑镇”，这个观念背后，揭示了一个真理，那就正是由于水陆交通的便利，才促进了窑业的兴旺发达。

清咸丰十年，是干窑真正腾飞的一个时间节点。自此之后，干窑的窑业进入了快车道，经商的、谋生的、帮工的，会集在一地，建筑业大量兴起。河流上桥梁密布，集镇上房屋布局特色明显。在干窑镇上，通常是先建好长期性构筑物窑墩，然后再建居住用房。窑和房比邻而建。一直到“文革”之后，这种极具干窑特色的建筑物群才集体消失。

2009年7月，干窑片区被定性为嘉善县中心城市北部综合性城市功能组团，以电子、机械加工和建材为主的工业强镇，以独具魅力的“瓦当之乡”之美名，构建环境优美的人居城镇。

3. 嘉湖细点与人物云片糕

清朝同治年间，《湖州府志》的《物产》这样描述嘉兴细点：“或粉或面和糖制成糕饼，形色名目不一，用以佐茶，故统名茶食，亦曰茶点，他处贩鬻，称嘉湖细点。”其实就是茶食的统称。当商人将这些茶食细点贩卖到嘉兴和湖州之外的地方时，便被冠以“嘉湖细点”的美名。倘若要细分起来，“细点”可分为水点、干点和糖食等，其中的太师饼、东坡酥、薄脆等常见于文人著录。近现代以来，西塘八珍糕、乌镇姑嫂饼、盐官大麻饼、王江泾栗酥、干窑人物云片糕等都是承接“嘉湖细点”传统制法的名点。

周作人在《再谈南北的点心》中也有过记载：“点心招牌上有常用的两句话，我想借来用在这里，似乎也还适当，北方可以称为‘官礼茶食’，南方则是‘嘉湖细点’。”

明清时期，茶食店的招牌常用“嘉湖细点”四字来自我标榜，而明清小说中提及“嘉湖细点”，那必然是高级礼品。其实，嘉兴粽子也是“嘉湖细点”中最古老的点心之一，糯而不糊、肥而不腻、肉嫩味香、咸甜适中，不但是“嘉湖细点”中当之无愧的翘楚，也成了中国美食的经典。记载了嘉兴地区的风俗、物产等旧事，成书于清朝乾隆年间的《古和杂记》中，嘉兴四个城门附近，各有各的买卖，北门米行多，而南门卖粽子的多。

自明朝永乐以来，政治中心虽迁移到了北京，但文化中心却一直在江南。杭嘉湖一带的官绅富豪生活奢侈，茶点也随之发达。但在嘉湖细点中，最有特色也是最为著名的，当数“人物云片糕”。这是一款集美色、美味与美术于一体的细点，将中国传统文化与古典审美糅合进薄薄的糕点。

嘉兴籍画家吴藕汀在《十年鸿迹》一书中写道：“我年过十龄，最喜欢是‘人物云片’糕，至今还是念念不忘，当然这也是我对戏剧，有深刻喜爱之故。嘉善干窑地方，有某氏能做‘人物云片’糕，这糕大至横三寸，纵二寸许，雪白的糕片上，有五彩人物，好像旧书上的木刻套印，非常古朴。须眉毕露，制作很是精美。”

他说在嘉善干窑镇，有人会做人物云片糕。那些五彩戏剧人物，呈现在雪白的糕片上，古朴而栩栩如生。吴藕汀生于1913年，以此推算，人物云片糕在1923年已经在嘉兴盛行。据记载，在民国初年，海盐天禄号糕点茶食单所列的云片糕里，也有“人物云片”“松子云片”“胡桃云片”等，其中“人物云片”用刻有《三国演义》《水浒传》人物的模子压制而成。根据清末民初的上海“野荸荠”、海盐“天禄号”、杭州“颐香斋”等店铺出售的饼饵食品单里，都有作为嘉善特产的“人物云片”。

人物云片糕主要在黄永昌茶食店售卖。该茶食店创办于民国九年，老板黄永济以其祖传秘籍独家生产人物云片糕。到了民国三十年(1941)，黄永济病故，“黄永昌”因此歇业，店内部分员工与制作工艺并入干窑镇义和升南北货店。“义和升”相传原为冯姓于光绪二十八年创建，店名“冯义和”。宣统元年由高侃如接手经营，以“义和”将由他而“升”的寓意，改店名为“义和升”。他们的制作，糕片薄如纸。关键是在每一页的糕片上，均用各色糖瓜嵌出“和合两仙”“刘海耍金钱”“福寿双全”等吉祥图文，色彩鲜艳，而且人物惟妙惟肖。有的甚至来自传统戏曲，把中国传统文化中那些家喻户晓、令人耳熟能详的人物搬上茶点，成为名副其实的“人物云片”。而且，这款糕点融入了民间习俗，不论喜庆寿辰还是礼盘馈赠，都要在礼品上放上几片“讨口彩”（吉祥语言）的“人物云片”以示敬颂之情，可见“人物云片”已经渗入嘉善人日常生活的诸多方面，是一份研究地区的人文环境和饮食文化的饮食样本。

干窑地近苏杭，人稠物穰，尤以上海开埠以后更是风气之先，一切衣着食用之物，竟尚精美。对糕点一项而论，因有制作考究，用料顶真之长，故可与苏杭沪等大城市的特产糕点相颉颃。

人物云片糕用糖果、瓜干、核仁、枣泥等生态原料为色彩配合而成，不但可以食用，而且还是喜庆寿辰、礼盘馈赠的上等礼品，具有独特的地方风味，故苏杭等地的客商都要前来批购，甚至远在北京前门大栅栏的聚顺和栈南货庄也销售嘉善的“人物云片”，成了北京市井生活的美食细节之一，可见人物云片糕具有很高的经济价值。

然而，由于受多种因素的影响，“人物云片”的制作技艺在解放初期随着义和升南货店的歇业关张而消失。直到20世纪80年代，一个叫徐忠良的干窑镇人的出现，才使人物云片糕重见天日。

徐忠良最初只是义和升糕点坊的一个学徒，师从范杏生，由此了解到‘人物云片’的基本工艺，从此发了大愿，要使这款名点起死回生。徐忠良自己开糕点坊后，根据师傅的口述技艺，经过将近半年时间的反复试验，终于开花结果，复活了失传几十年的人物云片糕，再现了当年“糕点之王”的风采。

三、现代的乡野“嘉风”

1957年，大型越剧《五姑娘》在杭州参加浙江省第二届戏曲会演，喜获剧本一等奖。1958年6月中旬，《五姑娘》又在上海公演，不但获得了好评，还录制了四张唱片。8月中旬，上北京公演，既得到中宣部领导的盛赞，又受到了周恩来总理的亲切接见。排练该剧的浙江越剧二团回杭州以后，兄弟省市的剧团纷纷来信，索要

《五姑娘》剧本，短短的数月时间，全国就有二十八个剧种先后移植演出。

《五姑娘》选材于嘉善田歌，讲述的是一个发生在清朝咸丰年间的真实的爱情悲剧。五姑娘的家就住在嘉善县洪溪乡塘东村的方家滨（今属天凝镇），姑娘姓杨，排行第五。父母早亡，只有一个同父异母哥哥杨金元。因为爱上了家里的长工徐阿天，经常把去了壳的白焐蛋藏在饭碗底，甚至把白糖馅的糯米团子送到田头。结果恋情被她哥哥发现，根据田歌里的唱词，杨金元给了她两个选择——“一把刀来一根绳，两条死路由你寻”，最后是恶狠狠地勒死了五姑娘。

有一个会唱山歌的裁缝为五姑娘做“落材衣”时，为她的爱情感动，为其遭遇愤慨，也为杨金元的凶狠而气愤，于是就将这桩真人真事编成了十二月花名体的《五姑娘》，嘉善版的“梁祝”因此诞生。这部有着深厚生活积累和文化积淀的越剧剧本，出自一位名不见经传的业余作者之手，他就是西塘古镇的顾锡东。

嘉兴解放以后，文艺青年顾锡东的生活便旧貌换了新颜。他被选为嘉善县工商联的副主任，而他另一个并不起眼的角色身份，主导了他的整个生活——西塘工人业余文工团骨干。在红旗招展的新社会，顾锡东如鱼得水。行腔唱曲，那是有板有眼；撰写剧本，更是有滋有味；就连服饰道具这等剧务活计，他竟也样样精通，甚至还能自画布景和补台救场。所以，在西塘镇诸位乡亲眼里，顾锡东就是文艺戏剧界的多面手。

顾锡东平时喜欢深入乡村，采集田歌，和田歌手交朋友，从民间文艺里汲取创作素材。由于五姑娘的传说在杭嘉湖和江苏等地流传已久，而且以田歌的方式传唱了数百年，所以顾锡东对五姑娘的情况非常熟悉，他甚至还陪着省里来的采风团走访了某个村落里的老茶坊，然后告诉大家说，看吧，这就是害死五姑娘的杨金元吃茶会友、赌博耍钱的地方。

顾锡东不鸣则已，一鸣惊人。在如此摇曳多姿的江南水乡，是古镇的人文底蕴赋予了他足够的灵性，戏曲又丰富了这位编剧的功底，而嘉善田歌则给了他独特的滋养。

嘉善田歌至今已有三千多年的历史。史册里关于“吴觎”和“吴声”的记载就是田歌的血脉先祖。吴声泛指吴地民间歌曲，亦特指古乐府清商曲中的吴声歌曲，也就是流传到今天的嘉善田歌之样式。比如南朝乐府《子夜歌》就属“吴声歌曲”，“落日出门前，瞻瞩见子度。冶容多姿鬓，芳香已盈路”——《子夜歌》中的第一首，非常优美。再比如唐代诗人张若虚创作的七言长篇歌行《春江花月夜》，沿用的也是陈隋乐府吴歌旧题。

所谓田歌，指的是劳动间歇于田间地头唱的歌，其实就是山歌。只是嘉善少山，20世纪50年代初的文艺工作者们就将之称为“田歌”并最终约定俗成地定格下来。在嘉善、青浦和吴江的芦墟一带的农村，平时传唱的田歌都非常有特色，而且保存完好。由于在嘉善地区的农村收集到的曲调更为完整，故而又将田歌称为“嘉善田歌”。如果往更遥远的时代寻找血脉姻亲或者基因谱系，那么甚至可以在中国的第一部诗歌总集《诗经》里的“国风”中觅见“田歌”的起源。因为“风”有别于周人所谓正声雅乐，以及朝廷和贵族宗庙祭祀的乐歌，大多为周代各地的民间歌谣，而且也是“诗三百”中最富有思想意义和艺术价值的篇章。这些风诗当初也都有配乐而歌的歌词，保留着古代诗歌、音乐、舞蹈相结合的形式，但在长期的流传中，乐谱和舞蹈失传，就只剩下了诗歌。这就很好理解，为什么“嘉善田歌”能够在2008年6月7日经国务院批准，被列入中国第二批国家级非物质文化遗产名录而备受重视，这是文化传承的需要。

《诗经》里的“国风”经由孔子及其弟子的编纂而以文字的形式流传至今。嘉善田歌则通过口口相传，用语言与口述文艺的方式传递到了21世纪这个新时代。嘉善田歌的风格清亮优美，富有江南水乡韵味，是江南地方文化中具有个性色彩的民歌品种。与风诗一样，嘉善田歌千姿百态，内容非常丰富，如同一幅幅生动的画卷，真实地描绘了嘉善地区在漫长的历史进程中，农耕生活的方方面面，可谓鱼米之乡原汁原味的“嘉风”，文学价值与音乐价值兼而有之。

比如，有一首《十二个月棉花》的田歌这么唱：“十月棉花白飘飘，松江客船只只到。”这首田歌就反映出清代中期嘉善农村的棉花种植非常盛行。一句唱腔，就将当时的棉花产业流程凸显了出来。自明以后，“魏塘纱、松江布”已为天下知。嘉善出棉花，纺棉纱，是松江布的前道。松江客船下来，是到上游采购织布用的棉花。

嘉善的经济，历来以农业为本。主产稻米，蚕桑次之。蚕桑产业历史悠久，纺纱织布更是嘉善农村的主要副业，在县境东南的各乡村极为普遍，所以，魏塘纱和松江布早已名声在外。

嘉善田歌的创作手法也与《诗经》中的“赋比兴”有异曲同工之妙，直陈其事用“赋”，以彼物比此物用“比”，先言他物而后引发所言之事，是为“兴”。

由于昔日乡民大都目不识丁，因此田歌传唱流于口头，是一种借助音乐的口头文学，其文学性主要表现在一些叙事歌曲中，既有人物，也有情节，还有故事铺陈。而且，这些叙事歌都有一定长度，少则几十句，多则两三百句，拥有相当的文学容量。歌词皆以七言四句为基础，较多衬字和衬词，形成了独特的杂言和长言句式。表达方式上，多用吴音俚语以及谐音双关，从而形成与众不同的“吴歌”特征。

嘉善田歌曲调优美动人，早在20世纪五六十年代，浙江和上海的音乐工作者和艺术院校的师生就曾到嘉善采风，音乐元素为各地广为采用，成果不胜枚举。

嘉善田歌是非常丰富多彩的，按内容可以分为新闻歌、生活歌、儿歌等等，涉及面很广。比如生活歌中的《一爿烟店》，直接描述乡镇的日常生活，“一爿烟店，二个门底，三张招牌，四个伙计，五年无生意，六神无主意”，将民国时期的民间社会生活形态描摹得淋漓尽致。也有儿歌类田歌，听起来有点像绕口令，而且尾首二字相同，读来饶有趣味，比如《吃糕糕》：“摇啊摇，摇只船到外婆屋里吃糕糕。糕糕甜，买包盐，盐啊咸，买只篮，篮啊漏，买包豆……”

总而言之，嘉善田歌是农耕文化的“活化石”，对于民俗学、社会学、语言学、文化学等多学科的研究，都具有很高的价值，也一直吸引着国内外诸多专家与学者的关注。2001年，作为古镇旅游节的重要内容，西塘举办了田歌研究会，把嘉善田歌这项国家级非遗的研究与传承，推到了学术高度，使来自田间地头的嘉善田歌——江南“嘉风”，得以发扬光大。

流行至今的嘉善田歌，周向阳摄

第八章

平湖通沧海

京杭大运河流经南湖后，以其发达的水系，呈放射形地向周边延伸，其中联通大海的水道，被称为“平湖塘”，是东汉明帝年间开挖的一条人工河，也被称为“汉塘”。唐太和七年（833），诗人刘禹锡任苏州刺史时，为开发当时华亭县境内的盐碱地，对汉塘进行延伸开挖，西接嘉兴的南湖，东接平湖的当湖（今东湖）。而当湖又是平湖最大的水流引泄中心，有九条河道汇聚于此，喻称为“九龙港珠”。

丰富的水系布满平湖，恩泽于当地百姓，将运河与大海紧密相连。平湖塘的开通给两岸百姓带来了福祉，晚清时新丰镇的秀才徐文潮在他的《平林杂咏百首》中有这样的描写：“塘南塘北尽桑田，两岸车声断复连；风雨调和歌玉烛，家家拍手庆丰年。”可见当地的富庶。

这个靠近南湖的新丰镇已有上千年的历史。古时，这里名叫“平林”，亦称“新坊”。此地文化历史悠久，从发掘的陆家坟、刘家坟、韩家浜和姚家村、倭坟墩（包括倭子坟）及泥桥六处文化遗址中出土的罐、鼎、盆、簋等陶片和鹿、牛、猪等兽骨及牙齿表明，这些遗址大多属新石器时代的良渚文化或周代文化。距今四五千年前，已有原始先民在此一带生活和从事渔猎等活动。夏、商、周时代属古扬州地域，此处平林莽莽。

自汉明帝下令开掘汉塘后，新丰渐成小市。汉塘成就了新丰镇“民农桑，多市贩，亦有业儒者”的盛况。北宋末年，金人入侵，大批陕西新丰人南迁至此定居。

这些陕西新丰人善于经商，南迁嘉兴后渐成气候，新坊于是慢慢改称为“新丰”。这就是现如今南湖区新丰这个地名最早的由来。

平湖塘穿过新丰镇后进入平湖境内与当湖（今东湖）相连，然后通向杭州湾边的乍浦。

当湖是平湖的旧称。明宣德五年，从古海盐县析出武原、齐景、华亭和大易四乡，构成了平湖县，隶属嘉兴府，由浙江承宣布政使司管辖，县治就设当湖镇。

平湖，拥湖傍海，水网发达，地理位置优越。温润的气候条件，丰富的物产资源和稳定的农副业收入，开创了岁岁年年的繁荣与富庶。

生活的富裕也带来了人口的集聚和文化的繁荣，尤其是北宋南迁，北方大批文化精英来此定居，致使历代名人辈出，深深地影响了当地文化发展的进程。

一、当湖文脉

平湖是座文化内涵非常深厚的城市。“琴、棋、书、画、印、唱、灯、舞”，样样精彩。尤其是围棋，平湖民间流传着一条谜语：“四四方方一座城，城内兵马城外人，勿用刀枪勿用棍，口口声声要吃人。”说的就是下围棋，可见围棋在平湖的普及程度。让平湖围棋真正扬名天下的，就是发生在清代乾隆年间的“当湖十局”围棋对弈。

围棋在春秋战国时期就已广为流行，距今至少有四千年的历史。最早的文字记录在《左传》里，其中有句叫“奕者举棋不定，不胜其耦”，意思是下棋者如若主意不定，就不能战胜对方。朝代的更迭，恰似棋局的变化，到了西汉，围棋已经相当普及，正所谓“世事如棋局局新”。历经唐宋元明，至清代康乾盛世，弈棋之风更盛。正是这个历史时期，在平湖留下了一段富有传奇色彩的围棋之战。

由于“当湖”在历史上存续时间较长，因此平湖人已经习惯性地将“当湖”看成是地域性的文化坐标而一直传承了下来。比如清代理学家陆稼书，平湖人习惯叫他“陆当湖”或者“当湖先生”；近代的弘一法师李叔同，则自称“当湖王布衣”；平湖最有影响的书院，就叫“当湖书院”；至于发生在清代围棋界的那场两大国手间的著名对局，自然就叫“当湖十局”。

1.“当湖十局”里的局中局

故事当从“柘湖三张”说起。“首张”叫张永年，是当湖望族，产业遍布当湖各处。据说还是南宋名将张浚的后裔，世代耕读传家。尤为特别的是，祖先上推五代全都痴迷围棋，到了张永年这代，有过之而无不及，而且棋力已至家族的历史巅峰，找遍嘉兴府也难寻能与之匹敌的对手。三十一岁，被举孝廉可入仕途，可他不愿为官，更热衷潜居于日晖漾边弈棋自娱。受其影响，他的两个儿子也皆为棋痴，所以父子仨被当湖人称为“柘湖三张”。

张永年秉性豪放，喜好交友，当地的闻达士绅都愿去张府饮茶对弈。有一回，张永年突然宣布了一条令诸公振奋的消息，他准备请两位顶级高手来当湖做“西席”。

张府里那些门客、棋痴听后无不击掌称快。谁都知道，请来的人被誉为棋坛的“李杜”。李，是指范西屏，人称“棋坛太白”。他的棋路，“奇妙高远，如神龙变化，莫测首尾”，“棋仙”是也。杜，是施襄夏，“棋坛太白”的师弟。他和范西屏虽师出同门，但棋风迥异。施襄夏擅长以静制动，“邃密精严，如老骥驰骋，不失步骤”，因此被冠以“棋圣”。两人师从山阴人俞长侯，是张永年的故交，故而就请到了他们。

两位高人入驻日晖漾张府后，张府的茶客和当湖的棋迷纷至沓来。他们每天除了教授“柘湖三张”棋艺外，还摆开阵势为当湖诸棋痴下指导棋，即让子棋，每局让二子至十一子不等。当今平湖的围棋运动开展得如火如荼，平湖人的下棋水平普遍较高，其内在因果链应追溯到日晖漾张府里的指导棋。

光阴似箭，一晃三月过去。某日张永年向先生们说出了自己的困惑。原来从师的兴奋期过后，“柘湖三张”的棋艺都进入了瓶颈期。所以有个不情之请，希望亲眼看见两位高手的对弈，借由此产生的棋谱来开悟。照例顶尖高手之间轻易是不会兵戎相见，以避免失败方名誉受损。

范西屏和施襄夏两人同为海宁人，年龄相仿，爱好围棋，又师出同门，未出名前，他俩经常在一起下棋，尽管棋风不一，一个洒脱，一个严谨，倒也相映成辉。成名后，两人各奔东西，相遇时间屈指可数，更不用说在一起下棋。虽然他俩分别很久，但情谊很深。

当时有个扬州盐商胡兆麟，也是著名棋手，下起棋来不顾死活，横冲直撞地专吃“大龙”，棋手们多惧他三分。一次，范西屏与他下授二子棋。胡兆麟依法炮制，穷追猛打，但未到中局，自己的一条“大龙”反被困住。胡兆麟赶紧推说身体有恙，暂请封棋。随后，他竟派人快马加鞭，将棋谱传给了施定庵（即襄夏），谨请江湖救急。谁知翌日开封再战，胡兆麟刚下出数子，范西屏就笑着说：“定庵人未到，未承想棋先到了。”可见范、施二人根底互知。

一天黄昏，师兄弟相约到当湖边散步。沿着芙蓉堤，两人来到夕阳下的十杉亭，探讨张永年的“不情之请”。夕阳西下时，两大高手达成了共识——摒弃世俗观念，不为虚名所累，奉献高质量的棋局流传后世。

按当时惯例，高手相约一般以十局为一轮。围棋大师吴清源称“擂争十局棋”，就是悬崖上的白刃格斗，胜者名扬天下，败者可能坠入谷底。

清乾隆四年（1739）农历三月，两位棋坛高手分别在日晖漾边的适庐和东湖边水西云坞对弈，当地棋手聚集在张永年的适庐观战。当年范西屏三十一岁，施襄夏三十岁，好久没有在一起下棋。这场棋局是针尖对麦芒，成为当年平湖县最轰动的一场赛事，编撰《续资治通鉴》的毕沅如此描述：“每对弈，州中善弈者环观如堵墙。”

观棋者如墙一般堵在那里。而众目睽睽之下，两大高手闲雅对坐，每放下一颗棋，宛若行云流水，貌似轻松自如。但棋盘背后高手脑海里电闪雷鸣，关键之处杀伐果断，将中国围棋的高远意境体现得淋漓尽致。此番对决，范、施两人共下了十三局棋，后人是为了称谓上的通俗，而将其唤作“当湖十局”。尤其是最后一局，精彩程度，一点不亚于前十二局，颇有一种“大结局”的意思。

范西屏执黑先手，开局便如猛虎下山。施襄夏则不紧不慢，如太极推手，不丢不顶，顺势而为。棋到中盘，但见黑白两条大龙互相绞合，直杀得飞沙走石、天昏地暗。施襄夏见自己的一条白龙被锁，旋即进入了长考，更加显现出不慌不忙、冷静应对的能力，找准了黑棋在冲锋陷阵时留下的缺陷，迅速劫杀。只见白子静如处子、动如脱兔，关键时刻大胆出手，旋即扭转乾坤，最终胜出。

在这局棋中，范西屏与施襄夏一共大战了一百五十个回合，共三百手，鏖战了整整一天，可谓是步步惊心，处处精妙。这场高峰对决并未让他俩的声誉受损，反倒将师兄弟二人推到当时围棋界的巅峰。“当湖十局”的比赛结局已经不重要了，他们的对局已经成为我国围棋古棋局中的典范，超越了同时代棋手的理念，创造出一套全新的理论，在中国围棋史上留下了浓墨重彩的一笔。

钱保塘《范施十局序》评说“虽寥寥十局，妙绝今古”，《海昌二妙集》评曰：“劲所屈盘，首尾作一笔书，力量之大，非范、施相遇，不能有此伟观。”

“当湖十局”的棋谱在同时代就被整理刻印，并流传至今，在围棋界的地位犹如中国文学史上的《红楼梦》，后世研究者层出不穷。求仁得仁，范、施二位高手欲对后世棋界有所贡献之宏愿，最终达成。

平湖人本来就喜爱围棋，有着深厚的民间基础，“当湖十局”的出现，则把平湖与围棋交织成了一段历史，永载史册。

在今日平湖市望湖路161号，有一座新建的公园。公园里最“特立独行”之处，便是那扇弧形的文化墙。只见墙的两边，镶嵌着“当湖十局”示范棋谱，文化墙上则写了“当湖十局”四个苍劲有力的大字。不远处还有二妙馆和弈山，很显然，这里就是“当湖十局”围棋主题公园。正如范西屏与施襄夏两大高手所愿，他们当年的棋局牵动了今日之“棋局”，如今围棋运动在平湖相当普及，围棋教育如火如荼，专门培养青少年的围棋学校就有十余所。围棋爱好者更是数不胜数，漫步街头，经常可见下棋者和围观者。而“当湖十局”主题公园，则成了平湖棋痴们切磋棋艺的最好去处。平湖也当之无愧地成了“中国围棋之乡”。

作为核心地带的人文主题公园，与附近的南河头历史文化街区、水洞埭特色街区、李叔同纪念馆等若干个纪念馆等遥相呼应，串联成线，共构了内涵丰富的环东湖文化长廊，这在文化旅游的景观规划上，似乎又是一局好棋。

2. 文脉无处不在

在“当湖十局”围棋主题公园不远处，是李叔同纪念馆。在这座浮在东湖水面、酷似莲花的建筑空间里，展示了一个前半生李叔同、后半生弘一法师的悲欣交集的别样人生。

李叔同于光绪六年出生在天津，但他的原籍却是在浙江平湖。用他自己的说法，他是“当湖王布衣”。

自谓布衣，实则具备非凡才华，在美术教育、音乐、书法、戏剧等诸多方面皆有较大贡献。他在民国三年写的《送别》——“长亭外，古道边，芳草碧连天……”一直传唱到“天之涯，地之角”，唱进了21世纪的新时代，依然经久不衰，成为中国人关乎离别的折柳送友式的一种文化心理符号，这是他赋予这个人间的音乐之美。

他从日本东京美术学校学成归国后，受聘于浙江两级师范学校，任音乐和图画教师，培养出了两位继承其衣钵、大名鼎鼎的故乡弟子，一位是中国现代漫画事业的先驱，桐乡人丰子恺；另一个是中国现代音乐教育家，海宁人刘质平。

在纪念馆内，展出了一枚印章，上面刻了“凡事认真，勇猛精进”八个字。“勇猛精进”是佛家用语，是李叔同很喜欢抄写以赠好友的偈句。而“凡事认真”，则出自其弟子丰子恺《为青年说弘一法师》：“李先生一生最大的特点，就是‘凡事认真’。对于一件事，不做则已，要做就非做得彻底不可。”

林语堂曾经评论说，李叔同是我们时代里最有才华的天才之一，也是最奇特的一个人，最遗世而独立的一个人。

“凡事认真，勇猛精进”，这八个字恰好能反映出李叔同特立独行的人格力量与处世精神，而这位“当湖王布衣”身上绽放出的魅力，其实也正是平湖人面对生活、为人做事的基本态度，他们身上都有当湖的人脉和厚重的历史基因。

纪念馆不远处，是南河头历史文化保护区，南靠南城河，北至人民路，东临东湖，西面可以到围棋高手曾经巅峰对决之地——日晖漾。在这块2000平方米的区域，水乡风光旖旎，人文景观别致，传统的建筑风格与淳朴的民间风情水乳交融，形成鲜明的艺术特色和审美价值，是目前最能表达平湖历史建筑特色和较为完整地展示平湖风物的地域。

南河头，古称“鸣珂里”。所谓“鸣珂”是指达官贵胄者所佩玉饰相碰发出叮当作响的声音。声音可成为视觉的通感，听其鸣珂之声，即想见古时的鸣珂里的似锦繁华。

明宣德五年，古街就已初具规模，呈现两街夹一河的传统水乡格局。晚清民国年间，成为全镇商贾官宦聚居的区域之一，莫氏庄园、葛氏祠堂、稚川学堂以及江南三大藏书楼之一“传朴堂”皆在鸣珂里。而今，这些名门望族的宅第、宗祠和私家园林，成了受国家或省市级保护的历史遗迹，依然可以展现出平湖的传统文化、历史风貌、建筑艺术以及民俗风情。作为平湖的核心地标与城市名片，南河头于2000年2月被评定为省级历史文化保护区，成了平湖市域之内最后的古城。

倘若抵达了这座“古城”，首屈一指的就是莫氏庄园。它是清末富商莫放梅于清光绪二十三年所建的江南庭院，历时三年，耗资十万两白银修建而成。7亩大的庄园，大小房屋有七十余间，主体结构为左中右三组，前后四进，布局对称又不失灵活，建筑群落经典而又完整。按古园林专家陈从周教授的说法，这座庄园不但在江南，就是放之全国也屈指可数。

走进这样的庄园，很可能被它的气势所震慑。不过真正吓人的是，门厅两旁竟然置有衙门里用的仪仗牌，这块叫你“肃静”，那块叫人“回避”，官威不小。官职也另有木牌体现，“钦加三品衔候补江苏直隶州知州”。哦，原来如此，是商人使银子捐来的候补知州。

古代经商，主要靠水路船运，或河或海。那时的长三角地域，上海尚未开埠，乍浦港成了浙北唯一的出海港，港口的繁荣，引来了大批的淘金者。莫放梅的祖上是做木材生意的福建商人，他们抓住商机，为了扩大木材生意，举家迁到了乍浦。到了他父亲这辈，正遇太平军失败，平湖大批被烧毁的房子需要重建，木材需求量爆炸式增长。莫家抓住了这个历史机遇，获得了丰厚的利润，家中财富也迅速积聚。

青年时期的莫放梅，是个很有才华的读书人，一心想在仕途上光宗耀祖。但是迫于家庭压力，只得放弃追求仕途的理想，继承家业经商。谁料这等优质读书坯子，

“当湖十局”主题公园，王仪摄

莫氏庄园春晖堂，王仪摄

做起生意来竟也所向披靡，短短几年间，生意越做越大，同时在平湖、福州和上海开了三家大的木材商行，成为江浙沪首屈一指的木材大亨。接着不断扩大战果，先后在浙江的平湖、嘉善、海盐和上海金山等地购置土地6100余亩，同时开办米行、钱庄、布店和入股电厂，成了平湖有名的豪绅。

正当莫放梅计划建造豪宅的时候，蓦然回首，为自己未能如愿走上仕途心生遗憾。而今，即使拥有了巨额财富，但仍然感觉地位不显、身份不贵。对莫放梅来说，能用钱解决的问题都不是问题。而正好清政府靠捐官卖官制度来补充国库。于是周瑜打黄盖，平湖的商业巨头很简单地就买到了一个所谓候补的三品知州。所以，官场上的那套阵仗，被他用形同其他官员府第的做法一样，将曾经戴过的官帽和坐过的官轿一起显摆了出来。而他的顶戴花翎和穿着补子官服的画像，被高挂在墙上，仿佛看着所有的访客，用无声的语言告诉大家，他终于光宗耀祖，了却了夙愿。

虽然只是个名誉上的三品知州，但迎来送往的都是官商两道人物。所以，他设了个春晖堂，莫家司礼中心，比肩常熟采衣堂、东阳卢宅、同里退思堂等著名厅堂，跻身江南六大厅堂之列。

莫氏庄园内蕴藏了大量的文物古董，因此被誉为“江南故宫”。如二楼的客厅里，摆放着一架伸着大喇叭的圆盘式留声机，应该是20世纪30年代的产品。在账房旁边的亭子间边，还挂着一部壁式电话机。平湖是个开放较早的城市，据《平湖县志》记载，光绪十八年（1892），平湖就有了电报局；民国七年成立了电力企业，第二年就有了私营永通电话无限公司，莫氏庄园显现了平湖社会的开放与进步。而今的莫氏庄园，是南河头历史街区的重要标识之一，也是研究与探索平湖市晚清与民国文化的一个展示平台和对外宣传窗口，而且还是嘉兴市红色教育长廊——青少年教育基地，是寓教于乐和文化旅游的好去处。

今日南河头试图再现昔日鸣珂里的繁华。在此街区，传统店铺鳞次栉比，“张萃丰”的蜜饯是老字号，也是金字招牌，更是老嘉兴人的童年记忆。“张萃丰”创建于1914年，不仅是当时嘉兴第一家专业蜜饯的商号，也是浙江省唯一一家专营苏式蜜饯生产的商号，很有文化底蕴。而今在南河头，在传承经典与创新改变中，老树又发出新枝芽。还有米鑫米非遗纯手工糕点，主打米糕。在莫氏庄园对面的“华大头蟹壳黄”，是家“网红”店，主打的“蟹壳黄”豆沙似流油……除了平湖的美食小吃风味，还能看见平时难遇的莲湘棒舞蹈，平湖农民画展示，以及传统灶画的现场创作……

平湖有着自己的气息与韵味。也许，它的名已经呈现出了这座县级市的平实而宁静，不显山露水，貌似平缓却内在如潮的一种城市气息。平湖人也宛若东湖岸边梅树林里的梅花，不喜张扬，历经苦寒香自来。

3. 平湖派琵琶后继有人

平湖，人文荟萃，名家辈出，其中就有中国音乐演奏界的平湖派琵琶一代宗师——朱英。

2019年11月29日，恰逢平湖派琵琶传承人朱英先生一百三十周年诞辰。为纪念这位杰出的平湖先贤，平湖市非物质文化遗产保护管理中心特地编排了一部琵琶器乐剧《湖上琵琶行》。

夜幕降临，华灯初上，位于新华南路新建的平湖市文化馆灯火通明，络绎不绝的人群涌向剧场。这是中国首部琵琶器乐剧，演绎的是国家级非物质文化遗产项目“平湖派琵琶”的百年传承史。

琵琶，中国古老的弹弦乐器，已有两千多年的历史。“琵琶”二字最初见于东汉许慎的《说文解字》，起源于“批”和“把”。这是此乐器的两种演奏手法，相当于现今的“弹”和“挑”。器以技名，故称“批把”，后改作“琵琶”。秦汉至隋唐，琵琶是多种弹弦乐器的总称，经历过由横抱拨弹到竖抱手弹的历史转型。到明清两代，琵琶艺人对琵琶乐曲做出了新的探索，特别是大型套曲的创编，逐步形成了无锡派、平湖派、浦东派、上海派（汪派）和崇明派等风格迥异的五大琵琶演奏流派。

清代乾隆年间，平湖擅弹琵琶者甚多，最为突出的是李氏家族以李芳园为代表的平湖派琵琶。李家为琵琶世家，五代操琴，高祖李廷森“举业之暇，性耽音乐，而尤爱琵琶，研究古曲，各极其妙”，曾祖李煌“祇承旧业，纯孝性成，每日操一曲，以博亲欢”，祖父与父亲也都善弹琵琶。在音乐弹奏家风的熏陶下，李芳园自诩“平生自号琵琶癖，常抱琵琶若怀璧”，常携带琵琶外出寻找同行切磋技艺体系，搜集研究古谱。他眼界开阔，思想开放，技艺超群，艺术上广收博采民间小曲，融会贯通，编订指法、扩大曲目，在继承传统的基础上发展创新，形成了自己的理论和演奏体系。于清光绪二十一年编撰并出版了《南北派十三套大曲琵琶新谱》，世称“李氏谱”，标志着平湖派琵琶艺术的初步形成。

进入文化馆的大剧场，座无虚席。帷幕徐徐升起，舞台上两处扇形的蓝色光束不时地闪烁，若隐若现，“千呼万唤始出来，犹抱琵琶半遮面”。只见一束圆形光柱打出，一位身着清代服饰、手持琵琶的青年出现在舞台中央。“转轴拨弦三两声，未成曲调先有情”，随着琵琶的调音声，拉开了平湖派琵琶传承故事的序幕。器乐剧始终围绕着剧中的主角——平湖派琵琶，娓娓“弹”来。

在众多琵琶流派中，平湖派琵琶属书斋音乐，被称为“最具文人气质的琵琶”。平湖派琵琶得以传承至今，平湖人朱英是个关键人物，他对平湖派琵琶的传承、弘扬起到了举足轻重的作用。

朱英生于清光绪十五年（1889），九岁那年随李芳园弟子吴柏君学琵琶，十五岁起掌握了李芳园的十三套琵琶曲。20世纪20年代，朱英在国立上海音乐专科学校任教，其间重订、改写了李芳园的《十三套曲谱》，后人称此谱为“朱英谱”。他把平湖派琵琶融入现代高等音乐专业教育，从而确立了平湖派琵琶在专业音乐教育中的地位。除传授李芳园的曲谱外，他还创作了许多新曲，抗战期间，创作了不少激发爱国热情的琵琶乐曲，一曲《淞沪血战》激起了多少抗日战士和普通百姓的爱国情怀。

现代平湖的文化舞台上，器乐剧《湖上琵琶行》用艺术的手法，叙述了平湖派琵琶艺术产生、赓续的人文土壤和时代共振，叩响平湖派琵琶艺术的文化精髓，演绎一场非遗文化的舞台艺术盛宴。

随着剧情的推进，声光电的科技效果呈现，一幅又一幅平湖历史画面出现在大舞台上……

“大弦嘈嘈如急雨”，或弹、或挑、或拂、或轮，一阵阵急促的琵琶的弹拨声，把倭寇侵犯、鸦片战争、鬼子蹂躏等平湖的历史伤疤揭了开来，给观众以锥心之痛。

“小弦切切如私语”，舞台背景转而出现了秀美的东湖。晨曦里杨柳随风摇曳，旋即朝霞洒落在湖面上，波光粼粼，时有几只鸬鹚掠过水面，发出一阵阵悦耳之音，一派歌舞升平、国泰民安景象。

此时，舞台中央出现一位身着民族服饰的江南女子，手抱琵琶，随着右手灵巧的弹拨，“嘈嘈切切错杂弹，大珠小珠落玉盘”，一首经典的平湖派琵琶独奏曲《阳春白雪》漫入耳中，沁人心脾，使人看到了一派冬去春来、万物复苏的初春气象。演奏者将平湖派琵琶的演奏技巧和艺术魅力，表现得淋漓尽致。

一代宗师朱英在平湖派琵琶传承史上，是个承上启下的人物。不仅对音乐理论、乐曲创作和琵琶操奏颇有研究，还打破了文曲和武曲的界限，创作“文武合一”的琵琶乐曲，并带出诸多出色弟子，除了儿子朱大桢，还有西安音乐学院杨少彝、任鸿翔教授等。在舞台上弹奏《阳春白雪》的青年演奏家黎庆慧，就是平湖派琵琶新一代传承人。这位毕业于西安音乐学院琵琶专业的80后姑娘，一直对极具延绵之感的平湖派琵琶心向往之，最终于2009年正式拜朱英的嫡传弟子朱大祯为师。从西安音乐学院毕业后，她作为人才被引进到了平湖市文化馆，扎根在平湖派琵琶的发源地，如今她已是平湖派琵琶第十代传人，不断口传心授地为非遗传承奉献自己的力量。

平湖派琵琶作为国家级非物质文化遗产之一的琵琶艺术，在中国艺术史上具有较高的地位，对当今琵琶各种风格的形成产生相当大的影响。

4. 瓜灯之城

到了夏季，最佳的纳凉水果，莫过于西瓜了。有诗云：“青青西瓜有奇功，溽暑解渴胜如冰。甜汁入口清肺腑，玉液琼浆逊此公。”

提起西瓜的由来，在平湖有一个传说。说是王母娘娘在天宫请客，拿出从西天佛国送来的仙瓜，让众仙品尝，大家咬了一口，沁人心脾，感觉太好了。嫦娥仙子舍不得吃，想带回给吴刚一起享受。当经过平湖海边时，见一老农正渴得在舀田沟里的脏水喝，嫦娥动了恻隐之心，于是化身老婆婆，递上了本想带回月亮的瓜瓤，

平湖派琵琶传人，平湖非遗中心供图

平湖瓜灯，张冲摄

给老农解渴。老农吃后，顿感神清气爽，想打听这是何种灵丹妙药。嫦娥回道："这是西天王母的瓜，你可将瓜子留着，来年可以种植，到了明年夏天就可以吃到它了。"老农为了报答老婆婆，一定要打探她的地址，嫦娥回道："家住高楼悬空挂，初一勿见面，十五大团圆。"说完就不见了身影。老农知道，自己遇上嫦娥仙子了。到了第二年夏天，老农种瓜成功了，因"瓜"来自西天王母，便将此瓜称为"西瓜"。为了报恩，到了八月中秋夜晚，老农挑选了最好的西瓜与月饼放在供桌上，请嫦娥仙子与大家一起品尝平湖西瓜。

当然这个传说并不靠谱，但西瓜的原产地确实不在中国，而是从西域引进的。是什么时候引进的呢？那位研究唐诗宋词的文化学者马未都先生很实在，最近出了一本《马未都讲透唐诗》，他认为：从古代诗文中发现，唐代以前没有人写过西瓜，直到宋代以后才有关于西瓜的诗文，有名的人都写过西瓜，可见西瓜进入中国大概是晚唐五代十国时期，到了宋朝才开始逐渐普及。比如南宋诗人范成大，曾经写过一句诗："碧蔓凌霜卧软沙，年来处处食西瓜。"写得非常生活化，卧软沙就是沙地长西瓜。而平湖的土壤非常适合种植西瓜，因此就成了我国著名的瓜乡之一。据记载，平湖的西瓜种植已有一千多年历史了。明朝嘉靖年间，平湖马玲瓜因汁多味甜、爽口无渣，被列为皇室贡品。

清光绪十二年（1886）《平湖县志》上载，平湖"西瓜瓤有红、白、黄三种，产虹霓堰者佳"。"中育一号"西瓜含汁多、瓤甜脆、纤维少、味鲜美，含糖量高、成熟期早、瓜质极佳，深受人们喜爱。平湖西瓜以皮薄子少、细嫩松爽、鲜甜清香、品质极佳闻名海内外，号称"江南第一瓜"，也是中国三大名瓜之一。

平湖人会种西瓜，但更会"吃"瓜，而且吃出了艺术。心灵手巧的平湖人在品瓜之余，利用西瓜瓜皮深浅颜色不同的特点，挖去瓜瓤，用精细的刻刀，在瓜皮上雕出各种精美的图案，内置蜡烛，制作成别具一格的西瓜灯，使西瓜在给瓜乡人带来甜蜜的同时，也带来了无穷的情趣和欢乐。

平湖刻瓜制灯有着悠久的历史。清康熙十九年（1680）进士黄之隽的《西瓜灯十八韵》、邑人张逢年的西瓜灯诗，证明平湖西瓜灯至少有三百年的历史了。早期为农家、闾人、妇女、孩童乐事，时有文人雅士参与，跟农事喜庆相匹配，自制自赏，自娱自乐。

久而久之，还产生了一批专门刻瓜灯的手艺人。谁是第一位瓜灯制作人已无从考证了，但每逢西瓜上市时节，家家户户都会刻制几盏西瓜灯。如今在平湖，西瓜成为一种文化现象，雕刻西瓜灯则成为一种新的民俗。老人、孩子还有年轻人都喜欢自己动手雕刻西瓜灯，然后将他们悬廊挂棚。瓜灯在农舍、院落闪亮，在树丛、廊下辉映。著名散文大家汪曾祺在他的《平湖西瓜灯》里是这样描述的："月夜，巷边弄里挑上几排瓜灯，整个的夜景便恍若被溶进了水晶宫内，清爽怡人，充满了静谧、和谐的气氛。要是檐下挂一盏瓜灯，朦朦胧胧地透出些微光，更会令人心静神宁，别有一番情趣。"独特的文化情结，约定俗成，渐渐地就发展成了一个传统节日。

瓜灯是乡愁，也是传承，出于对故乡的眷恋，瓜灯也成了纽带。如今每逢中秋、国庆双假，一些在外地打拼的平湖人都会回到家乡，在享受亲人团聚的同时，还能一睹多姿多彩的家乡瓜灯。夜晚走近东湖湖畔，波光粼粼的湖面上漂浮着各式各样的西瓜灯。晚风徐徐，桂花飘香，沿着东湖漫步，布满水面的西瓜灯，各呈姿态，透着微光，近看，一闪一闪，朦朦胧胧，若隐若现；远观，恰似嫦娥舒袖舞翩跹，天上人间共月圆。晚风吹来，送来阵阵凉意，很是惬意。

现在平湖西瓜灯文化节的名声越来越大，还走进了央视大舞台。在2019年中央电视台中秋晚会上，舞台中展示的西瓜灯，就出自平湖雕刻师之手，主持人尼格买提风趣地问平湖市民间文艺家协会秘书长、平湖西瓜灯雕刻传承人李周杰："你们这些瓜瓤怎么处理？"李周杰答说："当然是掏出来吃啊！"尼格买提幽默地说："你们平湖人可是最牛吃瓜群众啊！"

在平湖人眼里，西瓜遍身是宝，肉瓤是消暑珍品，表皮可入药，其子浸酱油炒熟后就是美味的"酱油瓜子"。吃完红瓤、刨去表层后的西瓜皮，可凉拌，可酱炖，还可炖煮西瓜煲。正当赤膊摇扇时，乘风凉吃夜饭，西瓜皮当菜，既解暑环保，又经济实惠。

文化搭台，经济唱戏，西瓜灯文化节成了平湖的传统民俗文化庆典。每年9月底10月初都要举行大型节庆活动，吸引五湖四海的嘉宾前来观赏。平湖人把瓜灯办成节日，喜迎八方来客，分享丰收喜悦——吸引了世界五百强及国际行业领先企业来到平湖，当看见平湖良好的区位优势及营商环境，大量的外资企业在平湖落地生根。

作为平湖最重要的一项传统节庆文化活动，西瓜灯文化节从1991年起到现在已成功举办三十一届，成为平湖的一张当代名片。

二、新仓故事

新仓镇，位于杭州湾北岸，平湖市东北角，紧靠上海金山县，是平湖市的一个蕞尔小镇。在唐宋时期，这里还是一片芦沥盐碱湿地，旧称“芦川”。当地人因地制宜，家家户户广辟盐田，然后引潮制卤。同时割芦煮盐，使得芦川盐亭林立，因此称为“芦沥盐场”。宋代开设官方管理机构，即芦沥盐场课司。北宋元祐八年（1093），两浙路提刑罗适把原本设在海盐县广陈镇的盐仓移建到了芦川，因此有了“新仓”之名，此“新”地名一直沿用至今。

1. 新仓经验

1955年，毛主席为平湖县新仓供销社作了重要批示。毛主席的批示为何会提及杭嘉湖平原的一个小镇，而且让它出了名？故事还得先从江受百说起。江受百是平湖城里人，20世纪二三十年代，曾在上海和金华参加过抗日救亡运动，属于思想上非常要求进步的青年。民国三十一年来到新仓，在镇开办了一家“兄弟文具商店”。江受百有思想有文化，很快就引起了中共地下组织的关注。在地下党的引导下，他开始秘密为党工作，那家文具店也一度成了中共海北工委等地下组织的外围秘密联络站。

新中国成立以后，为解决农民的实际问题，抵制不良商贩的囤积居奇与哄抬物价，浙江省供销合作总社开始鼓励农民群众自筹资金，创办基层供销社。这个号召在新仓很快得到了响应，镇上第一个要求加入供销社的就是兄弟文具商店的老板江受百。由于他为人和善，在镇上很有影响力，所以在他的带动下，跟进者众多，报名人数很快就达到了建社要求。

1950年6月20日，在新仓古镇的西大街上，筹建了两个多月的新仓供销合作社正式挂牌经营，江受百成了第一任供销社主任，新仓镇上的商贸形势呈现出欣欣向荣的局面。

然而，第二年就遇上了春荒。有些不法商户又蠢蠢欲动起来，企图利用手中的囤粮、种子以及生产资料，以高价谋私利，一时社会上人心浮动。面对这种状况，新仓供销社当机立断，在平湖供销总社的指导下，尽全力采购粮食，保证货源，以合理价格供应给农民。与此同时，为防止不良商贩在收获季节收购农副产品时，通过压低收购价来坑害农民，供销社采取了预购农副产品、预付订金不计息的办法，及时预付给贫困农民现金，确保农民有足够的资金投入春耕。结果，粮价平抑住了，春荒也度过了，农民初步尝到了加入供销社的甜头，供销合作社的良好口碑也树立了起来。

实施土改以后，农民虽然分到了田地，但有相当一部分贫雇农仍然“缺胳膊少腿”，不是缺耕牛没农具，就是没劳力缺资金，有的甚至出现有地无人耕的窘境。于是，党和政府就动员农民走合作化道路，这次，新仓人又走在了前面。

这次的代表人物就是杨宝根，是一位普通村民，为人热情，乐于助人。他主动联系了几家农户，用过去农忙季节换工互助的办法，通过亲帮亲、邻帮邻式的劳动互助方式，解决了困难。这一年，被称为“杨宝根互助组”的集体组织种植的100多亩水稻，收成比周围单干的农户高出近40%，让农民亲身体会到了互助的成果。

1953年3月20日，“杨宝根互助组”被中共嘉兴地委批准转为初级农业生产合作社。榜样的力量是无穷的，在杨宝根合作社的影响下，平湖全县迅速实现了合作化。

在发展农业生产上，还有一个很重要的因素，那就是资金，购买必要的生产和生活资料都需要钱。于是，在互助组模式的基础上，新仓人自发组建的资金互助组应运而生。

在当时的环境下，囤积居奇、放高利贷等商业剥削现象依然存在。成立一家解决农民用钱困难的信用社迫在眉睫。这一次平湖新仓又走在了前列。1954年8月，在镇关帝桥西边的一间闲置房内，新仓乡信用合作社正式开张营业。信用社所需的资金，除了社员股金和吸收的存款，也包括来自银行的支持。建社初期，农民贷款手续相当简便，有的农户就凭着写在香烟壳子背面的贷款申请书，就能拿到贷款。随着业务的展开，信用社的好处渐渐显现了出来。当年新仓的水稻宣告增产，信用社和贷了款的农民，皆大欢喜。经过一段时间的实践，合作共赢已成为新仓乡上下一致的共识。

1954年11月，浙江省供销总社从供应处抽调三位同志，由农资经营处秘书科科长张德喜带队到平湖指导工作，通过一段时间的调研，他与基层的同志总结出了签订“三角合同”运行模式，即通过农业生产合作社、供销合作社和信用合作社三方结合合同的形式，来确保农业生产的稳定发展。

1955年初，由合作社刚组织起来的新仓乡农民个个积极性高涨，当时的水稻种植对耕牛有较大需求，可是，新仓当地的耕牛资源根本无法满足生产需求，牛贩子见有机可乘，又开始玩老套路，哄抬市价，囤积耕牛资源。

供销社的职工王菊生曾经跟牛贩子学过生意，此情此景，看在眼里，急在心里，于是他主动请缨，接下了采购耕牛的任务。供销社便让他去浙南采购，所有支出由信用社承担。为了能赶上春耕，农历春节还没过完，王菊生就匆匆上路了。

新中国成立初期，交通很不便利，他清晨出发，一路步行，到傍晚才赶上从嘉兴开往绍兴上虞曹娥的火车。到了曹娥，又起早摸黑地继续赶路，足足走了四天，才到达目的地——台州黄岩。在当地供销社同行的带领下，王菊生先是在耕牛交易市场精挑细选，然后走村串户去农民家采购。这次，他总共买了二十八头耕牛。而如何将这批耕牛带回新仓又成了难题。很难想象的是，他居然赶着这群耕牛，一路上跋山涉水，全靠两条腿。实在走不动了，就停下来，让牛吃草喝水，自己坐在路边，掬几把溪水和着干粮吃。晚上，就住在牛客栈，天一亮继续赶牛上路。风尘仆仆，一连走了七天，终于将牛带到了曹娥火车站。

当时全国的各行各业都在支援农业建设，尽管车皮很紧张，但火车站负责人看了王菊生掏出供销社的介绍信后，二话不说，马上安排专用车皮，连夜发车。抵达嘉兴后，王菊生带领这群憨实而又笨拙的“耕田行家”继续徒步行走，好像在走一个人的长征，终于在春耕前将这群活生生的耕牛赶到了新仓，一路上草鞋都磨破了好几双。

由于菊生识牛，所以买回的耕牛质好价优，才到新仓镇，就被互助组的成员一抢而空，不法牛贩只有望“牛”兴叹，再也没有空子好钻。

经过两个多月的调研，张德喜写了一份总结材料，以丰富翔实的材料、典型具体的事例介绍了新仓订立结合合同的经验。这份材料最后上报到了省委农村工作部，很快受到重视，并在内部刊物《浙江农村工作通讯》第四十九期上刊登了出来。

当年9月，这篇文章居然出现在了毛泽东主席的案头。12月起，这位相当熟悉且非常重视农村工作的国家领导人亲自动手，开始重新编纂《怎样办农业生产合作社》一书。第二年元月，一本书名为《中国农村的社会主义高潮》的新书，由人民出版社正式出版，公开发行。其中那篇关于“新仓经验”的文章，毛泽东主席将标题改为《供销合作社和农业生产合作社应当订立结合合同》，并亲自加了按语：

> 本书谈这个问题的只有这一篇，值得普遍推荐，文章也写得不坏。供销合作社和农业生产合作社订立结合合同一事，应当普遍推行。

同时，毛泽东主席还对正文做了多处修改，足见他对这篇文章的重视。“新仓经验”就这样走出了平湖，走进了中南海，又经伟大领袖的如椽大笔，修改斧正，最后又从主席的工作台上经出版社正式传遍祖国各地，并以“新仓经验”之名载入史册。

可以毫不夸张地说，“新仓经验”的传播，在当时深刻影响了整个中国农村经济的发展。它在诞生之时，就蕴含着生产、供销、信用三方合作的基因。这种作用力叠加倍增的结合方式，有效地将农民组织起来，极大地提高了农业劳动生产力，促

“新仓经验”批示手稿，现藏于毛泽东同志新仓经验批示展示馆，新仓镇供图

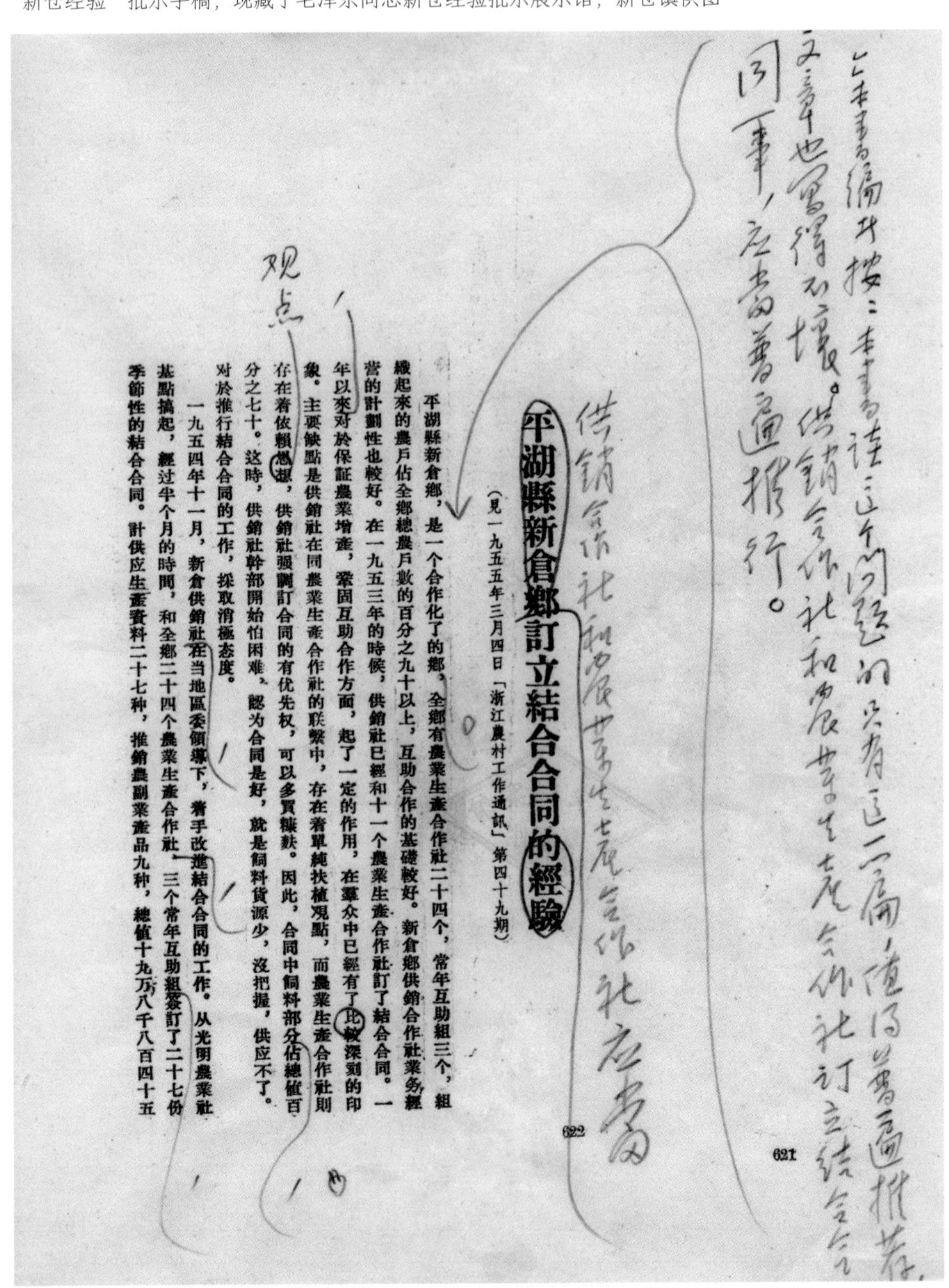

平湖縣新倉鄉訂立結合合同的經驗

（見一九五五年三月四日「浙江農村工作通訊」第四十九期）

平湖縣新倉鄉，是一个合作化了的鄉，全鄉有農業生產合作社二十四个，常年互助組三个，組織起來的農戶佔全鄉總農戶數的百分之九十以上，互助合作的基礎較好。新倉鄉供銷合作社業務經營的計劃性也較好。在一九五三年的時候，供銷社已經和十一个農業生產合作社訂了結合合同。一年以來，对於保証農業增產，鞏固互助合作方面，起了一定的作用，在羣众中已經有了比較深刻的印象。主要缺點是供銷社在同農業生產合作社的联繫中，存在着單純扶植观點，而農業生產合作社則存在着依賴思想，供銷社强調訂合同的有优先权，可以多買糠麸。因此，合同中飼料部分佔總值百分之七十。这時，供銷社幹部開始怕困难，認为合同是好，就是飼料貨源少，沒把握，供应不了。对於推行結合合同的工作，採取消極态度。

一九五四年十一月，新倉供銷社在当地區委領導下，着手改進結合合同的工作。从光明農業社基點搞起，經过半个月的時間，和全鄉二十四个農業生產合作社、三个常年互助組簽訂了二十七份季節性的結合合同。計供应生產資料二十七种，推銷農副業產品九种，總值十九万八千八百四十五

622

621

进了当时的农业生产大发展。

出了名的“新仓经验”并没有因为岁月的变迁而尘封于历史。时光荏苒，虽然半个多世纪过去了，但是这项根植于农村实践的农业生产经验，在几代人的辛勤培育和发扬光大下，历久弥新，依然能绽放出崭新的光华，并在高速发展的新时代又有了新的价值和意义。

在新仓的东南部，新港河、九曲河、东新港的交汇处，有一座美丽的古村落“三叉河”。这座古老的集镇历史悠久，明代隆庆年间，当时的知县谢良弼在此地“浚荡为河”，形成“三叉一河”，因而得名“三叉河”。三条河的交汇处，有一小岛，上面长满芦苇，常有一群群野鸭在此栖息，非常壮观，这个景致可以说是三叉河的标志性景观。村民们的房屋依水而建，白墙青瓦，墙体上多彩的水墨诗画格外醒目。漫步在河边，走在青石古桥上，清澈的河水，游鱼来回觅食，不时飞来几只小鸟嬉戏玩耍，岸边的红花绿叶，楼台亭阁，一派宁静的田园生活。步入村中，你还可以享受到当地的特色小吃“眉毛饺”，这种用本地产的芝麻炒熟后拌上白糖，裹上面皮做成的饺子，咬上一口，满嘴留香。除了眉毛饺外，还有一种叫“印花塌饼”，入口非常软糯，原料是以糯米粉、粳米粉、草头和麦芽粉混合而成，因为有麦芽的成分，还能帮助消化。

以前，这座古老集镇，村民大多延续了传统的生活模式，家家户户都以养猪为业，那时的村中，满是猪圈猪舍，粪水横流，河道淤积，垃圾遍地，空气中到处弥漫着猪粪的气味。

如何让三叉河脱胎换骨，这个“新仓经验”的发源地，又一次运用新仓人的智慧，对环境进行整治，成为平湖市较早实现生猪养殖清零的村落。2016年6月7日，“风情三叉河”集镇美丽乡村建设项目正式启动。三叉河的村民们清楚地认识到，改造为民，改造为己。于是自己筹资、筹物、筹劳，不等、不靠、不要，积极参与自家庭院的改造。走合作之路，各方出资出力，积极参与。仅用了短短五十天的时间，就打造出了一个别致多样、干净整洁、风光旖旎、充满诗情画意的三叉河集镇。当年就被评为浙江省首批美丽乡村“特色精品村”，成了一个深受广大游客喜爱的打卡点。

2. 古朴新仓

新仓有首相当美好的民谣，可以说是豪情万丈地唱出了这座运河古镇的好山好水好风光：

> 新仓新仓，好比天堂。南有海塘，北有山塘，西有河墩，东有白漾。胳膊山边琵琶池，三寺六街十二坊。一派好风光。

一座具有九百多年历史的古镇，自古就有“东乡十八镇，新仓第一镇”的美誉，以民谣的艺术形式如此美妙地自我描述，似乎理所当然。古时的新仓，确有为数不少的名胜古迹，典籍里就有“新仓十景”的记载。昔日街坊，不仅有“三寺六街十二坊”，还有“二十四桥三十六弄四十八堂”未进歌谣。若以昔日繁华与富裕论，新仓人的自夸已算谦虚。不妨就让我们光临新仓，体验一番古镇风貌。

新仓古镇面积其实不大，它不像那些通幽深邃的古镇，古街深巷迂回曲折，纵横错杂。新仓只是一条沿着盐船河北岸的老街，横贯东西。东侧，起自东闸桥，西至偷狗桥为止。盐船河两侧是石铺路，北侧为大街，南侧为小街。历史上的古镇大街，区位布局非常清晰。大街中段的商业最齐全，有绸布庄、百货店、杂货铺以及酒馆饭店等，市场十分繁荣；东西段以粮棉行业为主；港南小街，则以居住为主，略有几家商业小店杂陈其间，总体上构成了一个比较完善的市镇生活版图。市河里，经常停泊着几条小生意船，有的长年驻扎于此，有的常来常往，及时呈现古镇的某种动态变化。

沿街的那些古旧民居，几乎全是依水而建，透着一股典型的江南气韵。那些面街背河的建筑，造房子用的石料都很考究，见方的条石齐整错列，其中还镶嵌着的缆绳石鼻，似乎在无声地诉说着昔日河运的繁忙和旺盛的生命力。

从东闸桥到秀龙桥，岸边街上是时有间断、时而毗接的民居；间断处必有石埠，大小样式各呈姿态，至今还遗存了五六个保存完好，且造型十分气派的大石埠，两侧的壁石上则雕有对称的花纹。城隍桥下的踏埠边，有块条石上镌刻着“星石千年

三叉河小镇一隅，陆一洲摄

在”的字样，分明在静默中传达着这座悠久古镇的文化底蕴和美好愿景。

盐船河两岸，曾经有一条三里长街。街上有几大集市，商贾云集。四乡八村的乡民抑或文人雅士，终日川流不息；后堂的评弹、书场分日夜两档，四季弦歌生生不息。来此享受的雅客们来往很方便，镇上的小火轮一日有数班，近可去平湖县，远可直达大上海，舟楫便利，古镇的生活节奏，显得既宁静又安逸……这番景象与况味，好似桨声灯影里的秦淮河。

然而，繁花似锦的太平景象，却永远定格在民国二十六年（1937）的11月5日，因为正是在这一天，新仓这座千年古镇沦陷，最终彻底毁在了日寇的蹂躏中。一张由日本随军记者拍摄的旧照片反讽式记录了新仓最后的凄美——盐船河道里，行驶着一艘插着太阳旗的小汽艇，艇上坐满了荷枪实弹的日本兵。透过闪着寒光的刺刀，却可见岸边依河而建的楼群，和谐而幽静；楼下临河的木栅里，几扇雕花长窗半敞着，连上面的图案花纹也依稀可辨……几乎在刹那间，樯橹灰飞烟灭。“悲剧是将人生有价值的东西毁灭给人看。”此话是鲁迅说的。后来在当年日寇登陆的地方，平湖市人民政府还刻石立碑，留下永恒的纪念，以此告诫后人勿忘国耻。

旧的新仓镇已经被毁，今日之新仓几乎是战后重建古镇发展过来的。如何保护历史文化遗产，成了古镇改造工程的新课题。新仓是浙江省历史文化名镇，尽管很多名胜古迹被无情摧残，但遗址旧地依然有可能再现。比如单说全长大约三里的新仓老街，附近名胜古迹就比较集中，既有建于元朝的元真观，还有明崇祯年间建的法华禅寺，清朝建的关帝庙、清白祠、芦川书院等，古建不再，神韵犹存。而20世纪六七十年代的那些建筑物，大部分保存完好，依然能产生一种新的乡愁与怀旧。国营商店、供销社、镇政府、工会、法院、银行、文化站和电影院等，均聚集于老街。如何围绕古街进行修复，挖掘好新仓古镇的历史文化风貌成了一项课题，也凝聚了一批跨领域专家和学者的智慧。

改造后的新仓老街，呈现的是白墙黑瓦的古典风，与石铺小径、金字牌匾、牌楼亭台、河面木舟相得益彰，尽量在古色古香的氛围中彰显出江南韵味。盐船河两旁，户户相挨，瓦瓦相连，看上去浑然一体，努力将浓厚的老街气息再现得淋漓尽致，旧貌换新颜，与新仓老轮船码头、陆维钊故里展示馆等景点又连点成线，初步形成了较为完整的人文气息。

盐船河水流清澈，驳岸整齐划一，两岸绿树成荫，一条长约3公里的红色健身步道格外醒目，这是古镇的新气象。镇域的外延也在不断扩大。紧挨古镇，与老街平行是一条宽畅的芦川新街，现代化的建筑群在新街上鳞次栉比，呈现了古镇迎接未来的实力。

3. 书法家陆维钊

新仓不仅有建筑时尚、风格新潮的民宿群，还保留了很多经过修缮的名人故居，它们是古镇上的历史遗存和文化景点，西大街上的陆维钊故里便是其中经典代表。

这是一幢粉墙黛瓦的江南民居，分为主厅堂、东西厢房、芦川书塾等展示空间。主馆内，挂了一幅大气磅礴的书法作品，内容是毛泽东诗词《沁园春·雪》，笔法独特，功力雄浑，非篆非隶，亦篆亦隶，这就是自成门派的“蜾扁体”，陆维钊晚年独创，而今被称为“扁篆”。

书法家陆维钊，1899年3月3日诞于新仓镇西街的一个教师家庭。因其父在他未出生时便得伤寒离世，所以陆维钊从小是由祖父陆少云哺育长大。

陆少云是晚清时期的廪贡生，一生都以教书为业，曾在镇上开设蒙馆。乡民因他训导有方仰慕他的学问，都愿把子弟送到他的私塾。陆少云素来仰慕唐朝著名贤相陆贽，尤其爱读这位嘉兴先辈的《陆宣公集》，对他罢相后说的那句“士不能为国尽力，亦应为医救人”，甚为认同。受此影响，陆少云除了熟读儒家典籍外，兼攻中医，以追求悬壶济世之理想。关键是陆少云热衷书画，擅长工笔山水，而且不拘泥于一家，爱用淡墨不设色；书法始学李北海，后参隶魏。

陆家的住房一面临街，开了一爿洗染店。陆家住在后一间，每天进出都要经过店堂。洗染店的账房先生是个叫潘锦甫的绍兴人，他对书法颇有研究，写得一手好字。因见小维钊聪颖过人，便常教其写字，指导他临习《多宝塔碑》。

后来，陆维钊进芦川小学读书。学校里有位美术教师叫陆柏筠，上海崇明人，也善书法，尤精篆隶。他发现陆维钊的毛笔字刚劲有力，结体平稳，实非一般学生所能企及，认定这个小本家“孺子可教”，便经常在课外单独指导他写篆隶，教他如何临《石鼓文》，如何摹《张迁碑》等。陆维钊悟性极强，一经指点便心领神会，书法水平也与日俱进。陆维钊在七十五岁时，仍对潘陆两位启蒙老师念念不忘，他在回忆中说：“余之学书，实绍兴潘锦甫先生启之，学颜《多宝塔》，时余年十二。其后崇明陆柏筠先生则教余篆隶，终身不能忘也。”

陆维钊的毛笔字早在他十五六岁就读芦川小学时就已经出名了。他常替人写对联、祖宗牌位、广告招贴等，每逢年末洗染店要发“红票”，陆维钊便特别忙碌，因为他写得既快又好，而且敢于当众挥毫，魄力很大，后来甚至连榜书也请他书写。因为个子还小，就端个小木箱站在上面书写榜书。所作榜书得到当地耆宿的一致赞许。其时，祖父陆少云参加编纂《平湖续志》，所撰文稿也由陆维钊代为誊抄。在家乡人的眼里，他不仅是个“小书法家”，而且是个“神童”。

陆维钊兴趣广泛，除写字画画外，还学篆刻，学弹琵琶。他爱上琵琶，也有着一段故事。陆家近邻有一位理发师，弹得一手好琵琶。一天傍晚，陆维钊走过理发店，从里面传出一阵清韵悠扬的音乐声，是那么悦耳，他不禁驻足谛听，呆呆地站立了好长时间。从此，他深深地喜欢上了这种乐器，并恭恭敬敬地拜理发师傅为师，每天晚饭后都准时登门求教，风雨无阻。直到晚年，他还经常指着墙上挂着的琵琶，对学生讲起这段往事，叙述音乐与陶冶性情、沟通书画的关系。

1914年9月，陆维钊以优异的成绩考入秀州书院，离开了家乡。后又考入之江大学，但此年冬季因大病而辍学回到新仓老家，开始研读医学古文。第二年在新仓镇竞存小学当了一年多老师。

1920年陆维钊考入南京高等师范地理部学习，后转入文史部，1925年毕业后应聘清华大学国家研究院助教，为王国维助手。1927年，因祖父和母亲病重辞职而返，曾先后在松江中学、杭州女中、上海圣约翰大学、浙江大学、杭州大学任职。陆维钊终身从事教育工作，潜心研究中国古典文学，擅长诗词，尤专清词，编有《全清词目》，并协助叶恭绰编《全清词钞》，为研究清词提供了重要材料。陆维钊擅画山

陆维钊故里展示馆，盛磊摄

水，学王石谷，执法精备、用墨清丽，兼具董其昌、石涛、程穆清等风韵，晚年酷爱并临摹黄公望《富春山居图》，得其神韵而又有所变化独创，达到“虚中有实”的意境。他画花卉，笔势奔驰；写作，用草书法，劲悍独至，然亦娟秀。如他画松、柏、梅、牡丹等皆能独造妙处，不同凡响。

书法早习魏碑，尤得力于《三阙》《石门颂》《天发神谶》《石门铭》诸碑。对各种书体学无不工，精隶书，正用篆势，兼收草书笔意，自立一面；行草书更着意于整幅风神。晚岁书法熔篆隶草于一炉，成为一种非篆非隶、亦篆亦隶的新体，体扁如隶，笔圆如篆，气盛如草，严谨如楷，知白守墨，苍劲飘逸，蜚声海内外，称“陆维钊字体”，人或称“扁篆”，即古之所谓“螺扁”。陆维钊独新构此体，自辟蹊径，独树一帜。

陆维钊为人品格高尚，不求名利，待人以诚，肝胆照人，为人师表，诲人不倦，熔之于书画艺术之中，格高而意远，观其品，而知见其为人。

4. 风土人情话新仓

每个地方都有自己的风俗，特别是广大农村地区。但平湖新仓一带有一个比较特殊的风俗。

正月半，又称“上元节”。这天，合家吃汤团（汤圆），夜晚迎灯。据明天启《平湖县志》记载：“上元前后三日为元宵节，廨宇街巷札松竹为架，挂彩张灯，金鼓管弦，火树竞胜，乃雨晴欢悴，会有适然，亦不数数也。”又据明万历《海盐县近志》记载，这天平湖乡间还会“束刍田间，击金鼓焚之，曰照田蚕”，“照田蚕”在平湖也称“着田财”“着癞子”，傍晚，农家扎火把、放野火，烧燃岸边茅草，点燃后沿着自己的田岸边边跑边喊，盼今年“五谷丰登、蚕花茂盛”，火焰越旺预兆着收成越好。

其实，这些风俗凝聚了我们民族几千年来农耕文明的精华。过去，农民主要是靠天吃饭，如遇虫灾天祸，收成很低。于是，平湖人在自家田里，用火把将稻草点上，一来可以驱灭一种叫“田蚕”的虫子，二来草灰可以作为来年的有机肥料，久而久之就成了民俗，传承了下来。

近年来，独具匠心的新仓人根据这一民俗，创作出了特色舞蹈节目《着癞子》，先后获得浙江省“文化会亲”精品节目展演金奖，还远赴韩国参加亚洲音乐舞蹈艺术节并获得群舞类金奖。2014年12月，《着癞子》还登上了2015年浙江省非遗电视春晚节目录制的舞台，也是平湖市唯一一个登上该舞台的非遗项目。

生活富裕的地方，对文化生活需求也比较多，在农闲、劳作之余，新仓的农民都喜欢聚集在一起，观看流行在平湖新仓一带，通俗易懂、雅俗共赏的民间地方曲艺，名谓“说因果”，因艺人在演唱时，左手执一钹子，右手持一竹签敲击，作伴奏乐器，被称“钹子书”。

演唱者以竹筷自击钹子掌握节拍，曲调简单，具有吟诵风格，句末略有拖音。演出有说有唱，唱词基本上为七字句，通俗易懂，带有浓郁的乡土气息。平湖钹子书这门民间艺术，不但给人带来了欢乐，还传播了一些文学和历史的知识，有些老农民不识字，讲起“三国”“水浒”来却是头头是道，这都应该归功于听钹子书。平湖钹子书是浙江省著名的民间曲艺形式，自明代万历年间产生，至今已历四百多年。原名“说因果”，长时间在室外“立白地”演唱，后来有了中长篇书目，逐步进入堂馆茶室。新中国成立前后，主要是在城乡茶室演出，欣赏对象以农民为主，故更名“农民书”。1958年，正式定名为平湖钹子书，列为浙江省地方曲种。2008年6月7日，平湖钹子书经国务院批准列入第二批国家级非物质文化遗产名录。

新仓是吴根越角之地，经过长期发展与历史积淀，孕育形成了以盐船河为代表的盐文化、船文化、河文化，以“平湖派琵琶”“平湖钹子书”等为代表的民间艺术文化，以“着癞子”“野米饭”“眉毛饺”为代表的民俗文化，以“一颗印”为代表的民居文化，以“倚阑娇”为代表的花卉文化，以赵汉、黄金台、陆维钊为代表的名人文化，以“新仓经验”为代表的社会主义先进文化，等等，并形成了自己独有的“开放、崇文、融合”的文化特色。2011年，新仓镇荣获首批“浙江省文化强镇”称号。

三、乍浦古港，河海相连

南宋时期居住在当湖畔的鲁应龙在《闲窗括异志》说，宋代时当湖“南北十二里，东西六里，东南则通故邑，西南则近海盐，其东则广陈，其北则华亭接境。舟楫便利，地迥村远”。这里的“故邑”指的是濒临杭州湾的乍浦一带。

乍浦之名，始见于唐贞元五年（789）。古时，凡内河通海处曰“浦”。唐代因嘉兴郡内东注之水，皆会于此而灌入海，也是当年内地各港出入之门户，海上驶来的商船、番舶，驶进蒲山，方始见到“浦门”，含“乍见浦门”之意，故此得名“乍浦”。

在1958年，有位乍浦农民在取土时偶然发现了一处墓葬群。据专家考证，这便是距今五千至四千年的良渚文化时期的戴墓墩遗址。从该遗址出土了大量的古代遗存，主要是良渚文化中晚期的堆积物，包括鼎、罐、豆把、壶等残件，以及玉、石和陶器等六十余件，表明早在新石器时代乍浦地域就已经有人类在活动。

戴墓墩遗址还挖掘出了少量商周时期的器物，在乍浦山外甚至发现了早已陷于海中的秦始皇东巡时所筑的驰道。距今一千两百年前，唐政府置乍浦，并设镇遏使，几经岁月更迭，乍浦之名一直沿用至今。

位于杭州湾北岸的乍浦，是浙北重要的出海口之一，作为重要的贸易商埠，它与东北角出海口的上海港，东南角出海口的定海港形成三足鼎立之势，成为江浙两省门户的海防前哨，素称“西浙藩篱，东瀛门户”。因此，乍浦在历史上一直被称为“东南门户”，是兵家必争之地。

1. 厚重的古港

民国六年，在广州建立军政府，被推举为大元帅的孙中山先生从上海乘巡洋轮抵达乍浦港，面对乍浦一望无际的宽敞海域，感慨乍浦正门出自东海，既无泥沙之害，大远洋轮也可随时进出，因此，他把乍浦看作一个优质港。这之后，他在上海写下了著名的《建国方略》，首次提出了一个构建东方大港的宏伟设想，计划“位于乍浦岬与澉浦岬之间，开一缺口，以为港之正门”。在孙中山的指导下，很快就成立了东方大港建设委员会。然而，受制于当时的政局和国家经济，伟大的梦想终究没能实现。

从地理位置上分析，乍浦港确实自有优势，连接运河，通达四海，因此成为明清乃至民国商贸往来的重要港口之一。

从唐会昌四年，朝廷已在乍浦设置镇遏使，自镇守海疆和办理海运商务以来，乍浦港一直是“海口重镇”。

南宋建都临安后，急需发展对外贸易，便于淳祐六年在乍浦港设提举市舶司，对外开埠，逐渐滋生了一批善于经营东西洋贸易的海商，使国家政治中心南迁之后的杭嘉湖经济更加发达，乍浦港也日趋繁荣。当时乍浦镇的人口已多达五六万，商贾云集，会馆众多，而且龟山到码头一带，分布着大量的仓库。

如果说“海上丝绸之路”的起点是福建泉州，那么乍浦就是“海上瓷器之路”的起点。从乍浦出发到日本长崎，是中日贸易最重要的一条航线，因为乍浦港的出口货物有七成发往日本，其余发往东南亚。航运物资中，除了丝绸、茶叶等中国特产，瓷器便是重中之重。史上有名的龙泉青瓷基本上是通过乍浦港漂洋过海的。正是在这个时间节点上，海上丝绸之路沿线国家开始以China（陶瓷）代称中国。日本著名陶瓷学家三上次男在《陶瓷之路》中，就把这条运输瓷器的海上之路誉为“陶瓷之路”。

在乍浦古镇的总管弄南，有一条小弄，名叫“碗爿弄”。即使现在，在弄堂里外及周边也经常可以发现大量散落的青花瓷片，由此推测碗爿弄曾经可能就是乍浦的瓷器一条街。《中国古代名瓷鉴赏大系——龙泉青瓷》中有这样一段记载：“故宫所藏从康熙到光绪的六件纪年款龙泉青瓷，过去一直被称为‘乍浦龙泉’，认为是浙江平湖乍浦仿烧龙泉窑的产品。”

这段记载其实很有意思，也很值得玩味，传达出的最重要的信息还是“陶瓷之路”上，生意兴隆，龙泉青瓷根本供不应求。于是碗爿弄便成了近水楼台。既然乍浦是南宋时期龙泉窑青瓷的出口集散地，而且输出巨大，民间高手们自然就走上了高仿道路，满足了出口需求之后，也玩起了出口转内销，“乍浦龙泉”就此粉墨登场。

当然，完全可以理解成，这也是宋韵文化在乍浦留下了较为鲜明的历史印记。

到了清康熙年间，乍浦的海外贸易又出现了一个新的兴奋点，再度成为长江中下游以至闽、粤进出口货物的集散地。鼎盛时期，有会馆二十七家，过塘行（中介机构）一百多家，汇聚了日本、越南、泰国、印尼、菲律宾等多国贸易商，在清代对外贸易中，乍浦港独占鳌头，甚至连《红楼梦》这样的小说读本，也能从这个港口出海远行，寻找海外的读者知音。因此，后人还专门在九龙山森林公园内的海边礁石上修建了一座“海红亭”，以示纪念。然而，正如海水潮起潮落，自从开埠通商抢了大势之后，又因自身沙滩淤积，变得不便泊舟，内外交困，乍浦港日渐萎缩，失去了昔日风采。

新中国成立之初，乍浦还是一个落后小港。1974年，上海石化总厂在乍浦镇东南的陈山岸线段，即南宋开港时的码头一带，开建原油码头。随后，交通部将乍浦港列入国家“七五”计划，并由嘉兴市政府对平湖市金丝娘桥至海盐县澉浦镇长山闸港区实行统一管理，真正开启了港口建设的序幕。2002年，乍浦港正式更名为“嘉兴港”，从此羽化成蝶。

如果从天空俯瞰，嘉兴港就像一只在蓝天上翱翔的雄鹰，九龙山是鹰之首，而独山港与海盐港正是它那双雄健有力的翅膀。

只有深入港区，才能真正感受到这只雄鹰的魅力。但见吊杆林立，一眼望不到边；数不胜数的集装箱，在港区里来回穿梭，目不暇接……眼前的嘉兴港已经初步形成公用与专用泊位相配套，内外贸兼营，集装箱、散杂货及液体、化工品装卸功能齐全的综合性国家一类开放口岸。

作为长三角重要的交通枢纽，嘉兴港区已经开始利用自身的气源覆盖能力和区位优势，全面布局氢能产业，这也是国家海洋经济的发展战略的重要组成部分。

2021年7月12日，嘉兴港区首座集加氢和充电于一体的综合能源服务站开业、首条氢能公交线路和首辆氢能重卡示范运行，标志着嘉兴港区氢能产业发展进入了实质性应用阶段。

站在九龙山顶，面对茫茫杭州湾，远眺杭州湾跨海大桥，近观港口，风光无限。

西北处是一片正在开发的氢能源园区，一排排错落有致的现代化厂房，一座座圆形的储气罐，在阳光下闪闪发光，这里便是乍浦的新兴产业，利用石化企业的副产品氢气开发清洁能源。氢能是能源利用的新潮流，绿色发展，能源先行，加快氢能产业发展是实现“碳中和、碳达峰”的重要举措。

日益繁荣的嘉兴港，似一颗熠熠生辉的明珠，镶嵌在东海之滨。天然良港日新月异的发展，给乍浦增添了无限的活力，翻开了历史崭新的一页，乍浦这座千年古镇，又一次走在了时代的前列。革命先行者孙中山构想的宏图伟业，终于在新时代得以实现。

2. 乍浦之殇

登上乍浦九龙山上的南湾，绿树掩映之间，能见到一座用混合土浇筑的炮台。坐北朝南，面向杭州湾，居高临下，扼守着进入乍浦的海上要道。炮台上，陈列着一门由“江南制造总局”承制的铁炮，当时被称为“天下第一炮”。这门大炮，凝聚了洋务运动领袖李鸿章的“强国之梦”，试图“师夷长技以制夷”。然而，就如同不远处汤山脚下西南侧遗存的那座天妃宫炮台一样，让人在悄无声息的历史现场，不得不去面对曾经发生在乍浦，那场最具锥心之痛的战役——乍浦保卫战。

故事要从清乾隆统治时说起。1793年，正值欧洲如火如荼的第一次工业革命时期，英国早就觊觎中国这个神秘的东方大国。为扩大其势力范围，英国政府以祝贺乾隆皇帝八十大寿为名，派遣著名政治家乔治·马戛尔尼率团出访中国。这是西方日不落帝国首次向中国正式派出使节，随员队伍庞大，其中包括天文数学家、艺术家、医生等，而且携带了价值连城的见面厚礼，试图通过谈判打开中国市场。乾隆皇帝见到马戛尔尼后，要他跪拜，但他只肯行英式一膝一跪之礼，坚持不肯行三跪九叩之礼，乾隆帝大为不悦，且看到英方递交的国书后，更是明白英使来访，并非专为祝寿。因此马戛尔尼书面提出的涉及割地和免税的要求，遭到了乾隆的严正拒绝。这是中西交往史上的一件大事，结果是双方不欢而散。

和珅向使团交呈了乾隆帝的回信和回礼后，使团离开北京，经京杭大运河往杭

ZIT
乍浦国际港
QC08
QC07
吊具下:50吨
吊钩下:60吨
ZPMC
上海振华重
TLLU 476549 0
45G1

乍浦嘉兴港码头，贺振摄

州等地参观。这次访问，并非一无所获，此行让他们看到了中国社会的落后状况，为英国商人日后以鸦片为突破口进入中国市场打下了基础。

1820年清道光皇帝即位，此时，鸦片已经侵入中国社会的各个角落，蚕食着中国人的肉体和灵魂。

鸦片的日益泛滥，给清政府的统治带来巨大的冲击，不但在内政、外交上带来麻烦，而且直接影响到军队，当时有人戏谑，称军队是一手拿刀枪、一手拿烟枪，可见鸦片已像病毒似的侵入中国社会的“骨髓”，积重难返。于是，想做“有道明君”的道光皇帝决定对鸦片开刀，并派出禁烟派大臣林则徐前往广东。

道光十八年（1838）十一月十五日，道光帝特颁给林则徐以钦差大臣关防，前往广东查禁鸦片，紧接着就有了震惊世界的“虎门销烟”。一年多以后，英国政府以“虎门销烟”等为借口，决定派出远征军侵华。1840年6月，坚船利炮陆续抵达广东珠江口外，并封锁了海口，第一次鸦片战争爆发。

英国人对当时中国的现状可以说心知肚明——长三角沿线的江南腹地是中国最富庶的区域，也是京城各种物资的供给地，只要控制住长江和大运河两大水系，就等于切断清政府的经济命脉。所以，他们计划从平湖的乍浦港进入，从而撕开清军防线。

道光二十二年（1842）5月7日，英军撤出已经占领的宁波、镇海和定海三城，开始北犯江浙两省的海防重镇乍浦。17日，大批英舰驶入乍浦玉盘洋。18日上午8时许，英军开始全面进攻。他们兵分三路登陆，右路攻天妃宫，中路试图拿下观山，左路逼近唐家湾。三路均遭乍浦守军和乡勇抵抗。

防御右路进攻的是乍浦海防同知韦逢甲，他率领当地兵勇先后两次退敌，并用炮弹击中了一艘英舰，可他本人也不幸中弹，弹片穿透左胁，血流如注，最后为国捐躯。

迎战左路英军的是千总李廷贵和张淮泗率领的三百七十六名陕甘绿营兵，在唐家湾激战一个多小时后，歼敌数十人，使英军前锋受挫。但由于英军火力远优于清军，陕甘兵终因孤立无援，火器用尽，李张两位千总和各位士卒与敌军肉搏战，最后全体官兵壮烈殉国。乍浦人后来为了缅怀光照千秋的陕甘英烈，将他们安葬在小观山下，并立“陕甘兵烈士义冢”石碑以纪念。

左右路英军成功登陆，使守防中路的清军三面受敌，而从陈山嘴登陆的英军又从背后包抄，使其腹背受敌，乍浦水师右营把总韩大荣及其麾下官兵也全部殉国。

5月19日，英国侵略军攻入乍浦城后，已无法辨认旗兵、汉兵还是百姓，到处都是抵抗的军民。军民宁死不屈，以墙壁、建筑物为掩体，坚持抗击入侵者，直至全部阵亡。

英军蜂拥入城，占领乍浦的十天中，是惨无人道的“乍浦十日”，杀人放火，全镇被洗劫一空，甚至连庙宇佛像，也被割首挖目。除焚烧军营外，还焚毁自南门吊桥至萧山街海关及总管街万安桥一带的商店和民居两千多间，来不及逃避者，均遭杀戮。清人朱翔清的《埋忧集》写有《乍浦之变》，其中这样写道：“去年夏，英夷破乍浦，杀掠之惨，积胔塞路，或弃尸河中，水为不流。其最可惨者，尤莫如妇女。”

清政府的腐败造就了军事上的羸弱，但这场乍浦保卫战是我国人民抗击英国侵略者的重要战役之一，体现了乍浦守军顽强的抵抗精神和中国人绝不低头的民族意志。就连英国侵略军军官柏纳德也在《荷尔舰长日记》中说：“凡亲眼看到中国的士兵，以那种顽强的斗志和决心来保卫他们阵地的人，没有一个能对中国的勇敢拒绝给予充分尊重的……迄乍浦战役为止，中国派来抵抗我们的军队，以这次最为精锐。”英海军上尉军官宾汉也在日记中承认：“我们这次损失超乎寻常，伤亡不少，虽然后来攻下了天妃宫炮台，但付出的代价是巨大的。”

乍浦军民不畏强暴、勇敢反抗的大无畏精神，充分显示了我中华民族的英雄气概，是鸦片战争史上打得最出色的战斗之一。

英军撤离乍浦后，进入长江，与另一部英军会合，开始进攻吴淞口炮台。宝山、上海相继陷落。英军溯流西上，于道光二十二年六月下旬攻陷镇江，重演了一场烧杀掳掠的强盗行径。七月初，英军战舰侵入南京下关江面，英国政府迫使清政府签下了中国近代史上第一个丧权辱国的不平等条约——《南京条约》。从此中国丧失了独立自主的地位，开始沦为半殖民地半封建社会。

乍浦南湾炮台，王仪摄

清政府的失败，也惊醒了沉睡中的国民，于是一大批仁人志士开始寻找中国的出路。也许是历史的巧合，如果说导致《南京条约》签订的一条引线是嘉兴的乍浦抗英之战，那么让中国走上振兴道路的星星之火，也正是在嘉兴南湖的游船上点燃。

3. 一方水土一方人

乍浦，一头枕大海，一头连运河，自古繁华富庶，吸引了大批外来精英前来定居。

明朝末年，由于多方势力的政权纷争，使得北方战乱不断。从宋代起就经营棉纱生意的山东邹姓望族也随着南迁的族群，辗转流亡。其间宗族离散，各奔东西。其中有个叫邹阿宝的女子，与父亲相依为命，在南逃途中偶遇书生王玉弟。同为天涯沦落人，于是结伴逃难，王玉弟后被阿宝父招为女婿，三人合为一家。逃到了乍浦，虽然当时乍浦沿海倭患不断，但他们还是决定在此落脚。因为乍浦是棉花种植区，当地都有种棉、纺纱、织布的传统，再则这里有便利的海运港口与大运河的内河码头，航运与贸易方便。

邹阿宝购置了三台织机，凭借纺织手艺，开始以此谋生。不久，儿子邹见山出世。为了继承邹氏“慎终追远，民德归厚”的家族遗风，全家人对邹见山的教育非常重视，从小就教他理解祖训，遵守礼法，刻苦求学。邹见山果然不负众望，传承了家族的织染生产技术，最后在乍浦西巷开出“邹氏追远堂布庄”，从此在乍浦继承祖业，经营起染织贩运布匹的生意。

到了清初，由于社会动乱，战事频仍，清政府又实施海禁，影响经营，布庄生意一落千丈。直至“康乾盛世”，乍浦港海禁结束，生意才回暖，并日渐繁荣。千人小镇开始大步崛起，成了杭州湾口岸最大的名镇，乍浦镇居民连同外来人口，数量达五六万人之多。邹氏家族乍浦支脉的后人抓住了历史机遇，改内销为内外结合，并以外销为主，同时提高产品质量，增加花式品种，扩大经营范围，终于打响了“追远堂”这个品牌。为了重振家业，邹家在乍浦西街建起了五进五排的大宅院，门前高悬“追远堂”匾额，成为当时乍浦的四大名门之一。

鸦片战争爆发后，邹家在西巷一条街的店铺、作坊、仓库、宅院屡遭劫难。到了抗战时期，邹氏祖宅又被日寇的一把大火夷为平地。乍浦邹氏一族只得再次离乡背井，向上海、杭州、苏州等地迁移。

无论遭遇何种变故，邹氏家族始终秉承“慎终追远，民德归厚”的祖训，使邹氏后人英才辈出。其中有一位叫邹修焘，在上海创办了扬子航业公司，开设轮船货运航班，通达天津、秦皇岛、宜昌、汉口等口岸，一度业务十分发达。时逢抗战，邹修焘弃商从军。在担任国民革命军第三十二师别动营副营长时，为打击驻乍浦日寇，他亲赴前沿侦察，夜袭驻乍浦海滨俱乐部据点的日军，并大获全胜。

另有新中国冶金工艺的开拓者，为国家稀土工业做出重大贡献的中国科学院院士邹元爔，也是乍浦邹氏后裔。其父邹宏宾早年是同盟会会员，母亲知书达理，也曾参与过辛亥革命。邹元爔从小就受到良好家风的熏陶，勤奋好学，成绩优异，曾就读于美国匹兹堡卡内基理工学院，并拿到冶金学科的博士学位。于中华人民共和国成立前回国，1952 年应邀担任中国科学院工学实验室主任，将一腔热忱全部献给了中国的冶金和半导体事业。

从邹家走出的名人有二十多位，可谓个个出众：中国第一位芭蕾舞博士邹之瑞，城市史专家邹身城教授，还有物理学博士邹重基，等等。浙江大学原党委书记张浚生在与邹身城教授的交往中，特地为邹门庭训题词：“自处风波居物外，不求功名留人间。白头望九晴方好，共愿和谐天下安。”

乍浦镇人才荟萃，群星灿烂。除了邹氏家族，从乍浦走出来的名人名家，不少成了我国多个行业的翘楚。常为张大千刻印、被誉为“三百年来第一人”的元朱文篆刻大家陈巨来；中国工程院院士，为我国的矿产资源做出杰出贡献的地质科学家，2007 年被评为科学中国人年度人物的陈毓川；从事编辑出版事业的文化名人，一生编辑名著无数，被章士钊推荐给周恩来编辑《柳文指要》“难得的编辑”徐调孚；与张爱玲、苏青比肩的海派才女作家林淑华以及“布衣”词人许白凤等，均出生于乍浦。

4. 浙北最后一个渔村

乍浦临海靠山，乍浦的山与乍浦城区可谓唇齿相依，地质构造表明，系浙西天目山余脉，而且有一个很好听的名字叫“九龙山”。

传说乍浦海边本来无山。一日，渔翁在海边捕鱼，半日没收获。此时，一只大鹏正撕咬着海滩上的白蛇，渔翁急忙过去，赶走了大鹏，救回了受伤的白蛇，带回家，帮它疗伤，待伤愈后，又将它放归大海。此后，他每天捕鱼时，总能满载而归。渔翁过世后，他的独生女继承父业。每当姑娘捕鱼时，总见一位青年人前来帮助。母亲得悉后，被这位纯朴的青年所感动，于是促成了他俩的婚姻。一晃二十多年过去了，他们共生了九个儿子。原来白蛇是龙王三太子，为报答救命之恩，化作年轻人前来相助。龙王见三太子离家不归，就命龟丞相去将他抓回龙宫，却被三太子率九个儿子打败，于是，龙王调集虾兵蟹将前来助战，九个儿子当场战死，渔婆和渔姑娘也被沉入大海。三太子带着遍体鳞伤，向龙王诉说根由，龙王听了后悔不已，大骂龟丞相不如实禀报，即命龟丞相将他们好生安葬，将功赎罪。后来，这些坟墓变成石头山，最东的一座叫“独山”，是渔姑娘变的；海当中的一座叫“外婆山”，是老渔婆变的；连绵不断九个山峰便是九个龙儿变的，故名“九龙山”。龟丞相想把他们拉来葬在一起，但拉了几千年，非但没成功，连自己也成了“龟山”，这座形似乌龟的山现称“汤山”。

汤山呈南北走向，高不过百米，但其山上，林木苍翠，四季蓊郁。山脚下，有一个风光旖旎的海湾，在山的庇护下，此处成了优良的避风良港，渔船可以在这里停泊、歇息。或许是龟丞相有愧于渔夫一家，便给海湾带来了丰富的鱼虾资源。从此渔民们在这里繁衍生息，一座小渔村诞生了。因地处山海交汇的港湾，故有一个朴实的名字——山湾渔村。据史料记载，山湾渔村的祖先大都来自福建的船民，明代乍浦港口渐衰，船民即在乍浦下海捕鱼。又传清乾隆、嘉庆年间，福建水师部分官兵移师乍浦，他们的后裔便成了山湾渔民。天妃宫炮台前，现还存有一座妈祖庙，足以印证那段历史。

山湾渔村是乍浦镇历史上唯一一个专门从事海上渔业生产的渔民村，一代又一代的山湾人常年以船为家，以渔为伴，以捕海鲜为生，一年四季在海上漂流。

每当渔船出海捕捞时，必须将风帆扯起，但桅杆粗大，风帆笨重，要扯起风帆，绝非一人所能为，需集体合力，而且，为保持步伐、用力一致，必须有一人来开号指挥，开号人必须声音洪亮，众人跟着号人的节奏，齐心协力才能拉起风帆。久而久之，山湾渔村就有了一种独特的渔民文化——“渔工号子”。每当“渔工号子”响起，方圆数里的百姓都能听到，有的甚至循声跑到渔民作业场地，聆听这优美动听、高亢激越、铿锵有力的号子，一睹那如火如荼的劳动场面。

据说，1893年，为抵御英军的侵略，乍浦重建南湾炮台，安装阿姆斯特朗铁炮的时候，上百名山湾渔民在号子的带领下，唱起了“渔工号子”，硬是将那尊重达16.7吨的大炮从海边拉至山顶炮位。

在2011年乍浦首届企业文化艺术节闭幕式暨纪念建党九十周年专场文艺晚会上，由十名乍浦镇本地青年演唱的《山湾渔工号子》引起了观众的关注。“拉起个船篷，拉上到杆顶，大家要齐心；扬起那风帆，出海去赶鱼汛……”粗犷、豪放的歌声，带着浓烈海洋气息的美妙声音响彻山湾。代代相传的《山湾渔工号子》像一颗“沧海遗珠”，终于在乍浦的跨越发展中走上了舞台，重现昔日闪耀的光芒。

目前这个具有浓烈乡土气息和神秘海洋风情的“渔工号子”，以一种独特的渔民文化被列入嘉兴市非物质文化遗产名录。

说到山湾渔村的变化，那要从新中国成立以后说起。新中国成立后，山湾渔民当家做主，成立了渔民协会，并组建了渔业生产合作社，逐渐发展为渔业队，捕鱼工具也从小舢板变成机帆船，生产规模也日益扩大。

然而，从20世纪80年代中期，随着改革开放的步步深入，山湾这个被称为“浙北最后一个渔村”的地方也悄悄起了变化，它的东面建起了陈山石油码头，西面建起了乍浦港。港口、码头占用了航道，捕鱼区域日渐缩小，渔民的网具经常被货轮拖拉造成破损，加上海洋的污染，渔业资源的枯竭，海上滩涂也越来越高，淤泥积厚，衰落已成必然。山湾渔村开始告别大海，在绿水青山就是金山银山的理念下，山湾渔村的生态环境发生了巨大的变化。

如今，走上九龙山的滨海栈桥瞭望台，可以看到不时有海鸟在滩涂上觅食，悠然自得，随风飘来的全是海的味道。从空中俯瞰渔村，犹如走入欧洲的风情小镇，山湾里的渔民新村，鳞次栉比，错落有致，色彩缤纷；村内环境优美，背山靠海，主要以农家乐和海鲜为主，其中更以近海小海鲜闻名，这里的小海鲜大多是渔家小船到近海钓上来的鱼，量少鱼杂，但很新鲜。品尝海鲜的同时，可以观山望海，更可远眺杭州湾跨海大桥的雄姿。山村、渔船、海滩、大海组合的全景画，是独一无二的视听与味觉享受，因此，山湾渔村成了远近闻名的食客打卡地，一到周末，便车水马龙，人流络绎不绝。在这里可以尝到最新鲜的海鲜大餐，在这里的海鲜市场，也可以买到各种海鲜产品。

2021年，平湖市乍浦镇成为整个嘉兴市入选浙江省千年古镇地名文化遗产的唯一古镇。

乍浦，一个得天独厚的濒海古镇，一座正在崛起的海港新城。背靠九龙山，面朝杭州湾，山海相连、港城一体。渔村与古镇巧妙结合，海港建设与城镇发展比翼双飞，城乡紧密融合，古镇在更新中传承着千年文脉。

镇区就是城区，走在宽阔的马路上，绿树成荫，高楼林立，一派现代化都市的繁荣景象。在繁华的映衬下，仍保留了许多古镇风貌，对比清光绪版《平湖县志》，现今乍浦城内的街道、护城河、古城墙、纵横交错的内河等城市格局与清代布局一致。东大街的那棵千年银杏依然高大挺拔，枝繁叶茂。老城西南角护城河旁的遗址公园，一座峨巍庄严的城楼显得古朴厚重，门楼上“乍见浦门”四个小篆，见证了古镇的千年历史，穿过门楼，右边的青砖墙上的一段碑文，叙述了乍浦镇名的由来。自古以来乍浦都是内地各港出入之门户，连接运河、通达四海，优越的地理环境，使得乍浦在历史上货贾繁荣、文脉绵延、人物荟萃，曾牵动嘉兴乃之吴越故地的政治、经济与文化命脉。时至今日，这里仍然在发挥其重要作用。

作为浙北唯一出海口，乍浦的嘉兴港与上海洋山深水港、宁波北仑港成鼎足之势，周边高速公路纵横交错，杭州湾跨海大桥穿境而过，浦东、虹桥、萧山、栎社四大国际机场立体环绕，与周边发达城市均实现了“一小时交通圈”，是长三角地区的一个重要交通枢纽。

如今，发达的公路网络替代了昔日作为重要水运通道的乍浦塘，内陆的集装箱车辆通过陆路在此频繁进出，通过嘉兴港延伸至世界各地。

国家级嘉兴综合保税区、国家级化工新材料园区、长三角（嘉兴）氢能产业园、临港现代装备·航空航天产业园均在此落地生根。一条沪平盐城际铁路即将动工，它将结束杭州湾北岸没有铁路的历史。

乍浦将真正迈开全面融沪、融入长三角的脚步，成为长三角一体化发展战略中不可或缺的重要成员之一。

尾声：地嘉人兴，勇猛精进

对于嘉兴这座江南古城的认知，大约很多人都经历过若干层次的递进——起初的印象来自味觉。当20世纪的绿皮火车呼啸而至，缓缓开进嘉兴站时，车窗下那些流动食品车里的嘉兴粽子便“随风起舞”，呼之欲出……从“中国粽子王”的滋味里，南来北往的旅客感受到了鱼米之乡的嘉好与兴旺，兴许还会联想起秀美的南湖——那是中国革命红船的起航地，连着内心深处的家国情怀。通过南湖和红船——这组极富象征意义的城市形象标识，人们从中读出对嘉兴情感上的亲近与认同。

改革开放以后的嘉兴，向五湖四海打开了城市之窗。仿佛就在惊鸿一瞥间，人们发现了运河古镇的精彩，对嘉兴的认识由此又上升到一个新境界：那是盐官海塘边此起彼伏的潮浪声；那是春秋的水、唐宋的镇、明清的建筑和现代的西塘；还有马可·波罗生花妙笔下的澉浦、徐志摩的硖石、查良镛的袁花、丰子恺的石门以及茅盾的乌镇……是世界互联网大会和乌镇国际戏剧节让东西方文化在长三角腹地凝聚与碰撞，绽放出了中国历史文化名城的独特和永久的魅力，引发世界媒体竞相报道，大运河嘉兴古镇也随之成为一个值得研讨与开发的城市发展课题而备受社会各界关注。

2020年春天，嘉兴市委、市政府提出要对运河沿线灿若星河的千年古镇实施以“微改造，精提升”为主旨的保护性开发，将嘉兴打造成具有国际化品质的江南水乡文化名城。2022年5月19日，在第十二个“中国旅游日”到来之际，嘉兴向全国媒体推出一个古镇集群新品牌——“中国古镇看嘉兴”，意味着嘉兴城市的发展到了一个新阶段。

古镇的复兴，其实就是文化的复兴；古镇的变迁，就是产业的迭代；古镇的发展，就是城市的发展。在改革开放以来的四十多年里，嘉兴一直在创新求变，集聚创新要素，发掘创新资源，竭力构建高能级创新平台，为城市的发展与改革推波助澜，浙江清华长三角研究院的筹划与创立就是经典案例。

应该在二十年前，在浙江省委领导亲自谋划、决策与推动下，嘉兴与清华大学在南湖畔共建了一个创新载体。嘉兴本土综合优势，与清华大学的科技和人才优势融合互补，使研究院实现了扎根嘉兴、立足浙江、服务长三角的目标。经过近二十年的长足发展，研究院已经成为产学研试验平台和科技成果转化基地，以及国内一流的新型创新载体，创设了产业互联网研究中心、区域创新大数据研究中心、长三角科创与经济融合研究中心等十四个智库中心。由于在互联网+、生命健康和新材料三大科创高地和柔性电子、生物医药、新材料等十五大战略领域重点精心布局，探索出了一条“高新技术产业发展、传统产业改造升级”的契合浙江发展需要的有效路径，深度助力地方产业转型升级。在“十三五”时期，有两百多位高端人才加盟研究院，成功孵化出麒盛科技、信汇合成新材料、合众新能源汽车等两千五百多家科创企业。同时产生良好的马太效应，先后引进、共建南方科技大学嘉兴研究院、北京理工大学长三角研究院、中电科南湖研究院、乌镇实验室和南湖实验室等一批高端创新载体，为嘉兴的创新发展起到了很好的推动作用。

纵观长三角，嘉兴区位优势非常明显。元代诗人萨都剌在《过嘉兴》中将嘉兴描述为“三山云海几千里，十幅蒲帆挂烟水”，因为嘉兴东临杭州湾，南倚钱塘江，北负太湖，西接天目之水，而京杭大运河纵贯其境，所以他拥有了看见“云帆”与“蒲帆”的视野。在当下的语境里，嘉兴是浙江接轨上海的“桥头堡”，承接上海辐射的“门户”，与沪、杭、苏、湖等城市相距均不到百公里，区位优势非常明显。因此，在享有周边大都市技术与资源溢出效应的同时，嘉兴以浙江高质量发展建设共同富裕示范区嘉善为支点，九座城市共建的长三角G60科创走廊为纵轴，全面推动区域协同创新发展。由于是浙江省全面创新改革试验区，嘉兴聚焦创新资源开放共享、创新政策精准落实、创新人才互认互通等方面进行机制创新，形成一批可复制、可推广的改革经验。

在长达四十多年的改革开放历程里，嘉兴的民营经济也在发生着社会角色的嬗变，从无足轻重到举足轻重，逐步成为城市改革的重要参与者和推动者，成为支撑嘉兴经济社会发展的重要力量，并结出累累硕果：所有县（市）均进入全国县域经济百强县；被评为全国工业稳增长和转型升级成效明显城市，被评为全国首批服务型制造示范城市；农村居民人均可支配收入连续十九年居全省第一……嘉兴的经济总量也因此实现了跨越式发展，全市GDP由1978年的十三亿多元增至2022年的六千七百三十九亿元。由于经济结构持续优化，昔日农业大市发展到今天，工业撑起了整座城市的经济脊梁，以至于2023年开春，嘉兴推出了一个更为宏大的城市发展新目标，即推动嘉兴从“制造大市”迈向“创新智造强市”。

从嘉兴发展的历史来看，嘉兴靠制造业崛起，并以制造业见长，也因制造业发展而欣欣向荣。嘉兴的“制造”与“创新”，如影随行。嘉兴制造业的发展史，实质上就是一部锐意进取的创新史。嘉兴坚持开放兴市、工业强市，正在奋力将自身打造成长三角核心区全球先进制造业基地和创新型城市。

1983年，嘉兴顺利完成撤县建市，城市平台能级随之跃升，在该年成为全国对外开放的第一百四十六个城市。两年后，经国务院批准，又被纳入长江三角洲经济开放区，成为长三角区域协同发展的重要成员。1992年8月，嘉兴经济技术开发区成立，这是浙江省首批批准设立的开发区，具有特殊的历史意义。经过三十年的开放与成长，而今的嘉兴已拥有十四个省级以上的开发开放平台，累计批准设立外资项目近一万个，可谓成效显著，佳绩喜人。

打造开放型城市，城市是平台，外资是活水，企业是主角，外贸是风向标。嘉兴实际利用外资一直稳居全省第一方阵。自2019年以来，嘉兴引进超亿美元项目数量连续三年名列浙江省第一。在实际利用外资总量保持高位运行基础上，“招大引强”成为嘉兴推进更高水平对外开放的一大亮色。事实上，嘉兴利用国家布局国际产能

大运河风情，汉歌文化供图

的“一带一路”，用“两条腿”走路，一边“引进来”，一边“走出去”的策略发展商贸。据数据显示，截至2022年11月底，已有来自一百零五个国家（地区）的外资企业在嘉兴设立九千多个投资项目，累计实际利用外资近四百五十亿美元，目前拥有各类外贸企业八千多家。在浙江省商务厅公布的2022年度浙江本土民营跨国公司“领航企业”名单中，嘉兴的华友钴业、振石控股、福莱特玻璃等五家企业位列其中，成为高质量“走出去”的典范，其中振石控股在印尼投资的三十万吨镍铁项目突破了嘉兴境外投资项目新纪录。另有结合地方产业特色与跨境电商发展趋势，重点推动了五百多家企业利用独立站开展跨境电商业务，累计带来经济效益超三十亿元，可圈可点。

值此城市能级跃升、发展方式重塑、新旧动能转换、治理能力变革的关键时期，在2022年召开的浙江省第十五次党代会上，浙江省委提出一项重要战略决策，即“支持嘉兴打造长三角城市群重要中心城市”。按照“打造长三角城市群重要中心城市”的既定战略规划，2027年的嘉兴，创新动能将更加充沛，联通国内、链接全球的综合枢纽将全面形成，GDP也将迈入万亿元城市俱乐部。到2035年，嘉兴将全面建成量升质优的实力型、动能充沛创新型、内畅外联枢纽型、幸福宜居品质型、改革争先活力型、融通内外开放型、数字引领智慧型的“七型城市”——这就是“长三角城市群重要中心城市”初步架构与战略布局，嘉兴也因此会成为长三角重要的经济增长极，对长三角有着重要影响力的科技创新中心。

古往今来，嘉兴的任何一次飞跃式的变革与发展，大运河均身临“现场”，是永恒见证。这条萌生在春秋、融汇贯通于隋代的京杭大运河从历史的深处汩汩流淌而来，穿城而过，孕育着嘉兴、滋养着嘉兴，是名副其实的“母亲河”。

运河两岸，古镇灿烂。由于交通发达，自古是长三角区域的交通要津，既是京粮漕运的起点，也是国家财政赋税的保障。岁月荏苒，沧海桑田，而今的嘉兴运河古镇和美丽乡村，经济发展势头依然强劲。

由于嘉兴县域经济发展相对均衡，每个地域都拥有自己的特色支柱产业和文化品牌，从而奠定了嘉兴乡镇发展的基础。2022年，嘉兴五县市可谓“八仙过海，各显神通”，再次全部进入“百强县”榜单——海宁，大力发展潮文化和皮影戏文化，并且具有一个标志性、引领性的产业——泛半导体产业，在短短几年时间内从无到有，迅猛崛起；桐乡，凭借世界互联网大会永久落户乌镇的优势，做强“乌镇IP”的同时，始终抓牢数字经济；平湖主打先进装备制造、新材料战略性主导产业等的产业链。在这座“叔同故里，瓜灯之城”，文化搭台，经济唱戏，把瓜灯活动办成节日庆典，吸引外资企业在平湖落地生根。平湖县的乍浦镇更是强势崛起，升至2022年度浙江十大强镇第五位，在2022年公布的“全国高质量发展五百强镇榜单”上，排名第二十三位。秀洲区的王江泾镇、王店镇，海宁市的长安镇，桐乡的濮院镇、乌镇镇、崇福镇、西塘镇均进入了五百强榜单，在全国超过两万个建制镇中脱颖而出，彰显出大运河嘉兴古镇高质量发展的超强生命力。

在开天辟地、敢为人先的“红船精神”和“勤善和美、勇猛精进”的城市精神双重指引下，意气风发的嘉兴人继往开来，加快建设智造创新强市，为将嘉兴打造为长三角城市群重要中心城市提供强大的实体根基、实业支撑和实力保障，以期在长三角一体化的国家战略的实施进程中，担负起一座国家级历史文化名城应有的社会责任和历史使命。任重道远，未来可期。

参考文献

1. 袁锦贵. 嘉兴人文精神的历史记忆：100个嘉兴历史文化遗珠拾粹[M]. 北京：学苑出版社，2013.

2. 冬雪心境. 帝国的凛冬：银子、辫子和面子[M]. 北京：中国画报出版社，2017.

3. 风城杜哥. 晚清危亡录：战争，以鸦片为名[M]. 天津：天津人民出版社，2018.

4. 丰子恺. 缘缘堂随笔集[M]. 杭州：浙江文艺出版社，1983.

5. 董宏猷. 中国有了一条船[M]. 杭州：浙江少年儿童出版社，2021.

6. 嘉兴市志编纂委员会. 嘉兴市志[M]. 北京：中国书籍出版社，1997.

7. 平湖县志编撰委员会. 平湖县志[M]. 上海：上海人民出版社，1993.

8. 嘉兴市秀洲区政协教科卫体与文化文史学习委员会，嘉兴市秀洲区王江泾镇人民政府. 闻川志稿：注释本[M]. 北京：中国文史出版社，2020.

9. 《新仓镇志》编纂领导小组. 新仓镇志[M]. 北京：中华书局，2012.

10. 嘉兴市秀洲区王江泾镇地方志编纂委员会. 王江泾镇志[M]. 北京：方志出版社，2021.

11. 石门镇镇志编纂委员会. 石门镇志[M]. 北京：方志出版社，2002.

12. 黎庆慧. 平湖派琵琶[M]. 杭州：浙江摄影出版社，2014.

13. 袁瑾，陈宏伟. 江南网船会[M]. 杭州：浙江摄影出版社，2015.

14. 全国政协文史和学习委员会，政协浙江省嘉兴市委员会. 运河名城　嘉兴[M].

北京：中国文史出版社，2015.

15. 王立.濮院记忆[M].北京：团结出版社，2020.

16. 王立，陈滢.人文濮院[M].杭州：浙江人民出版社，2014.

17. 徐自谷.崇福名人[M].杭州：浙江人民出版社，2014.

18. 桐乡市政协教科卫体与文化文史学习委员会，桐乡市崇福镇人民政府.崇福古镇商贸旧事[M].北京：中国文史出版社，2019.

19. 陆明，邵洪海.秀洲名镇记[M].上海：上海书店，2019.

20. 李燕萍.乌镇味道[M].杭州：浙江人民出版社，2014.

21. 章建明.乌镇史话[M].杭州：浙江人民出版社，2014.

22. 章晓艳.乌镇胜迹[M].杭州：浙江人民出版社，2014.

23. 金天麟.窑乡的文化记忆[M].上海：上海文艺出版社，2019.

24. 梅晓民.王店再忆[M].北京：中国文史出版社，2018.

25. 沈晔冰.悠悠棹歌[M].杭州：浙江人民出版社，2021.

26. 蒋国强.西塘记忆[M].北京：团结出版社，2020.

27. 杨自强.嘉兴有意思[M].杭州：浙江工商大学出版社，2018.

28. 秀洲区委区政府史志办公室.《岁月秀洲》系列丛书：名胜古迹[M].北京：中华书局，2015.

29. 海宁市人民政府硖石街道办事处.硖川记忆[M].北京：中华书局，2013.

30. 朱彝尊.鸳鸯湖棹歌[M].杭州：浙江古籍出版社，2012.

31. 朱岩.南龙回首：海盐澉浦古镇历史文化的前世今生[M].杭州：西泠印社出版社，2020.

32. 楼琳琅.麟湖村韵：油车港镇十六个村庄的故事[M].嘉兴：吴越电子音像出版，2021.

33. 张觉民.麟湖印象系列丛书：麟湖糕文化记忆[M].嘉兴：吴越电子音像出版，2019.

34. 张觉民.麟湖印象系列丛书：油车港农民画（内部刊物）.

35.《鲍郎盐场》，鲍翔麟著，《海盐文史资料》第49期（2007年11月）.

36.常棠.澉水志四种[M].杭州：西泠印社出版社，2012.

37.王健飞.澉浦镇志[M].北京：中华书局，2001.

38.《油车港镇志》编纂委员会.油车港镇志（内部刊物）.

39.《南北湖志》编纂委员会.南北湖志[M].北京：中华书局，2005.

40.《海宁皮影戏复活 年轻人肩负起传承推广重任》，2010-3-16，https://www.chinanews.com/qxcz/news/2010/03-16/2172851.shtml.

41.《"活着"的原汁原味的千年水乡古镇——路仲古镇游记》，2022-07-30，https://www.163.com/dy/article/HDHG2G360553HGMT.html.

42.《缪惠新：嘉兴农民画艺术家》，中国青州农民画网，2017-09-19，https://www.sohu.com/a/192984807_99953422.

43.杨钦朝，张校闻，《从"造船"到"画船"！秀洲农民画家用画笔诠释乡情》，浙江日报，2020-09-12，https://baijiahao.baidu.com/s?id=1677585321462976361&wfr=spider&for=pc.

44.《朱林兴：采野菱》，2017-07-04，https://www.sohu.com/a/154300918_182423.

45.梅易雯，《1951年，王店圆筒粮仓群建造的故事》，2021-10-12，https://baijiahao.baidu.com/s?id=1713393115538915142&wfr=spider&for=pc.

后记

2021年4月，浙江省发布了《大运河诗路建设、钱塘江诗路建设、瓯江山水诗路建设三年行动计划（2021—2023）》。根据该计划，“大运河诗路建设”要求坚持“以诗为线索，以文化为灵魂，以水道为脉络，以富国强省为导向”，推动大运河诗路的文化复兴和区域高质量发展。在此大背景下，嘉兴市发展与改革委员会牵头发起了“嘉兴运河古镇”的写作出版项目，这也是嘉兴市“中国古镇看嘉兴”大型文旅推广活动的重要内容之一。很幸运，我们“汉歌文创”团队有幸受邀参与了该项目的前期动脑会议，并最终成为该项目写作组的执行成员。

接受任务之初，我们既欣悦又忐忑，感觉这是一场机遇与挑战并存的“说走就必须写”的旅程，这也是“汉歌文创”团队的崭新开始——我们曾写过企业家传记、企业史和品牌推广书，以及由上海智库委托的商业创新案例样本，也写过改革开放、美食美酒、乡村报道等，但是撰写关于古镇的书籍还是大姑娘上轿——头一回。

在我们的构想里，这部书籍应该涉及嘉兴乡镇人文历史、经济发展、风土人情以及名人掌故等诸多方面，是一部内容客观、文史准确且具有一定研究价值的“官修嘉兴运河古镇史”。编撰与创作目的，主要还是为了推广大运河文化，提升嘉兴的城市知名度和影响力，并作为嘉兴市发改委的宣传交流文本，从政治、文化和经济三个方面，梳整嘉兴运河古镇的改革开放成果，呈现未来发展战略思路，表现嘉兴的文化自信。

项目启动伊始，我们就已经意识到了创作的难度。要在较短的时间内，完成对二十几座具有漫长建镇史的运河古镇的发掘与解读，并且还要在设定好的每座古镇八千字至一万字的体量内找到古镇之泉眼和亮点，既要表现出古镇的灵魂与风貌，又要做到文史信息的准确，同时顾及古镇的“昨天、今天与未来”，要具备一定的研究价值；还要让行文具有趣味性，甚至可以适当涉及些许稗官野史，增强可读性，最为关键的是，还必须要在合同约定的时期内完成，并进入出版流程。这显然是一项非常有难度且具有挑战性的写作任务。

写作难度的客观所在，其实还是源起于嘉兴这座国家级历史文化名城本身的深度。每一座嘉兴古镇，无论你如何表述，万言文稿所呈现的，都将是遗憾的艺术。因为所有的嘉兴运河古镇，本身就是一部精彩纷呈的百科全书。古往今来，千百年的历史文化积淀，使它们光芒四射，遐迩闻名。再精彩到位的叙述，也只能挂一漏万。因此，我们的理解是，对于嘉兴运河古镇的阅读与书写，是一次富有价值与意义的“抛砖引玉”。

嘉兴的历史恢宏深厚，而又十分低调且内敛。对于全国人民来说，嘉兴可能更多地只留存在南湖红船、嘉兴精神以及嘉兴粽子等相对单一的印象里。殊不知，如果能够顺着运河进入嘉兴境域，肯定会发现，江南水乡原来如此秀美，历史文化积淀如此深沉，让乌镇与西塘等千年古镇能够吸引世界的目光，难怪在2022年，嘉兴敢于底气十足地告白：中国古镇看嘉兴。

在采风过程中，我们项目创作组成员秉持着这么一个质朴的信念，那就是要竭尽全力将本书写好，希望通过这本书的出版与传播，让更多的读者真正地“看见”嘉兴，“看见”江南大运河嘉兴段，“看见”河畔旁的那一座座个性斐然、风采飞扬的古镇，并像我们一样，慢慢地爱上嘉兴，爱上运河古镇。

起初，与大多数人的想法一样，项目组成员都认为对于嘉兴运河古镇的采风与书写，是一场非常有趣的“旅行”。可是随着采访的深入，对运河古镇的认知越来越深时，才豁然大悟——原来这次创作是如此艰难。

创作之初，疫情就以其席卷世界的威力阻挡住了我们行进的脚步。项目启动伊始，我们兵分两路，一路沿着嘉善塘行进，走访了嘉善县的西塘镇和干窑镇；另一路的采风行动从平湖塘启程，与平湖当地文化学者进行了深入交流。紧接着，两个创作小组又集中对桐乡的长安镇、崇福镇和乌镇等杭州塘沿线的运河古镇进行采风，并在当地发改局配合与协助下，与当地镇政府成功接触。前期工作进展顺利，也取得了相应的收获。可是新一波疫情突如其来，采风工作暂时中断，让人心急如焚。但是面对不可抗的困难，嘉兴发改委方面做得很好，下属二区二县三市的发改局，帮助我们收集资料、邮寄志书，通过微信传输文史资料，接受电话采访，等等，冲破疫情火力网，一以贯之地支持我们的工作，使我们这些创作执行者备感温暖。因为，这不是只有我们一个团队在战斗。

当我们再次抵达海盐，已经是若干月后，那时海盐疫情警报才刚解除三天。尽管好事多磨，但迟到的采风却得到了丰厚的“补偿”。海盐县发改局副局长陈磊，以超级文史爱好者、海盐地方史研究者的身份，亲自在博物馆为我们讲解海盐的“四徙六析”，让我们全身心地进入古海盐的时光隧道，真正地认识了海盐的历史进程，正所谓塞翁失马，焉知非福。从项目委托方的工作人员身上，我们看到了嘉兴人的性格特征和优良品质。

在创作的推进过程中，嘉兴市发改委给了我们很大的鼓励与支持。从最初的脑筋激荡会，到启动前期调研和规划布局，再到2022年的新春过后，副主任周彬对该项目提出了很多行之有效的指导意见，尤其在文本研究价值与提升可读性方面。事实上，在听取各位专家意见后，我们对书籍结构做过较大的调整，将原先以嘉兴行政区域为依托的章节划分，调整为以运河河道走向串联起沿岸古镇的方式，在这方面，周彬副主任的坚持与支持，使书籍文本最终能更上一层楼，在此深表感谢。另外，社会发展与改革处副处长李鹏始终和我们一起战斗，他不仅是本项目的联络人，更是我们的好朋友。是他为我方联络地方发改局，聘请专家，还事无巨细地及时地将嘉兴市的政策动态、文旅信息以及专家建议等内容传递过来，为我们的采风与创作起到了相当积极的作用，同样非常感谢。

在本次项目的实施过程中，我们从现实工作这一侧面，更加多元化、深层次地领略了“今日之嘉兴”，了解嘉兴人的低调、敬业与温良恭俭让。当然也因马不停蹄的采风与探索，我们对嘉兴乡镇的地域文化特质有了更为丰富的理解，对嘉兴这座地嘉人善之城，有了更加全面的认识。

在创作过程中，嘉兴市的各路“神仙”与作家学者也向我们伸出了“援助之手”，他们的建议与批评，使我们获益匪浅。尤其要感谢崔泉森老师。作为嘉兴市知名运河专家，他从最初的脑筋激荡会起，就一直关注这本书的成长。尤其在我们准备调整章节板块，开始以运河叙事为驱动力来讲述古镇，重新构建章节的过程中，崔老师给了我们很多指引。另外，作为专家顾问的杨自强、薛荣、陈双虎、邓钰路、张晓平、邓中肯等诸位老师也为本书提出了很多中肯、专业的意见，在此一并深表感谢。因受创作组成员自身才学的限制，本书还有很多不尽如人意处，谨请各位专家和读者予以批评指正。

汉歌文创项目创作组
2023年2月